STIFTER · WERKE UND BRIEFE

ADALBERT STIFTER
WERKE
UND BRIEFE

HISTORISCH-KRITISCHE
GESAMTAUSGABE

IM AUFTRAG DER KOMMISSION
FÜR NEUERE DEUTSCHE LITERATUR
DER BAYERISCHEN AKADEMIE
DER WISSENSCHAFTEN
HERAUSGEGEBEN
VON ALFRED DOPPLER UND
HARTMUT LAUFHÜTTE

BAND 8,2

VERLAG W. KOHLHAMMER
STUTTGART 2010

Redaktion und Textkonstitution der Nr. 3 und 88:
Johannes John

SCHRIFTEN ZU POLITIK UND BILDUNG

TEXTE

HERAUSGEGEBEN
VON WERNER M. BAUER

INHALT

TEXTE

⟨1.⟩ Albumblatt ⟨Aus Ludwig Mielichhofers Album⟩. 11
⟨2.⟩ Albumblatt 12
⟨3.⟩ Zur Psichologie der Thiere................ 13
⟨4.⟩ Albumblatt für eine Schülerin. Für Julie Koch .. 21
⟨5.⟩ Albumblatt für das Album des Freifräuleins
 Emilie von Schlechta 22
⟨6.⟩ Albumblatt für das Album der Baronin
 Josephine Remekházy...................... 23
⟨7.⟩ Albumblatt 24
⟨8.⟩ Albumblatt 25
⟨9.⟩ Albumblatt 26
⟨10.⟩ Der Staat................................ 27
⟨11.⟩ Albumblatt 40
⟨12.⟩ Die Fahnenweihe der Linzer Nationalgarde 41
⟨13.⟩ Der Empfang des Erzherzogs Johann in Linz ... 43
⟨14.⟩ Nekrolog (Alois Kaindl, Lederfabrikant in Linz). 47
⟨15.⟩ Wiener Stimmungsbild..................... 50
⟨16.⟩ Reformen im Unterrichtswesen 53
⟨17.⟩ Die octroirte Verfassung................... 58
⟨18.⟩ Albumblatt für das Album des Fräuleins
 Bettina Ringseis 65
⟨19.⟩ Albumblatt für das Album des Fräuleins
 Emilie Ringseis........................... 66

INHALT

⟨20.⟩	Albumblatt für das Album des Fräuleins Marie Ringseis	67
⟨21.⟩	Was ist Freiheit?	68
⟨22.⟩	Wie wird die Freiheit eingeführt?	71
⟨23.⟩	Wer sind die Feinde der Freiheit?	75
⟨24.⟩	Die Sprachverwirrung	79
⟨25.⟩	Der Census	82
⟨26.⟩	Wahlvorsicht	86
⟨27.⟩	Wen man nicht wählen soll	89
⟨28.⟩	Die Zukunft des menschlichen Geschlechtes	93
⟨29.⟩	Vergleichung unserer Lage mit der des alten Römerreiches	97
⟨30.⟩	Noch ein paar Merkmale über unsere gegenwärtige Lage	100
⟨31.⟩	Ueber die Befürchtung eines unglücklichen Ausganges in Ungarn	103
⟨32.⟩	Ueber unsere gegenwärtige Lage (Fortsetzung)	106
⟨33.⟩	Die Wahl des Gemeinde-Ausschusses in Linz	109
⟨34.⟩	Mittel gegen den sittlichen Verfall der Völker	111
⟨35.⟩	Noch einige Mittel zur Verbesserung unserer sittlichen Lage	114
⟨36.⟩	An die kleineren Gemeinden Oesterreichs	117
⟨37.⟩	Schlußwort über unsere sittliche Verbesserung	120
⟨38.⟩	Erziehung in der Familie	123
⟨39.⟩	Ein Einwurf	126
⟨40.⟩	Wirkungen der Schule	129
⟨41.⟩	Die Schule des Lebens	136
⟨42.⟩	Die Schule der Familie	140
⟨43.⟩	Ueber Palmerstons Rede	144
⟨44.⟩	Die Landschule	148
⟨45.⟩	Nutzen der Landschule	156
⟨46.⟩	Die Bürgerschule	160
⟨47.⟩	Die Feier des Geburtstags des Kaisers in Linz	164

⟨48.⟩	Die Wissenschaftsschule	168
⟨49.⟩	Die Kunstschule	172
⟨50.⟩	Schlußwort über die Schule	176
⟨51.⟩	Bildung des Lehrkörpers ⟨I.–II.⟩.	180
⟨52.⟩	Dankfest aus Anlaß der Beendigung des Aufstandes in Ungarn	186
⟨53.⟩	Bildung des Lehrkörpers ⟨III.–IV.⟩.	188
⟨54.⟩	Aus Oberösterreich	196
⟨55.⟩	Der 4. October.	199
⟨56.⟩	Die Fahnenweihe des Regiments Wohlgemuth. .	201
⟨57.⟩	Bildung des Lehrkörpers ⟨V.–VII.⟩.	204
⟨58.⟩	Noch ein Nachwort über die Schule.	213
⟨59.⟩	Ein Wort über die Gemeindebildung.	216
⟨60.⟩	Noch ein Wort über Gemeinden	219
⟨61.⟩	Nachtrag zu dem in der Linzer-Zeitung, Nr. 222, vorkommenden Aufsatze über das provisorische Gemeindegesetz.	222
⟨62.⟩	Der 25. November in Linz	226
⟨63.⟩	Aufruf und Dank	228
⟨64.⟩	Was ist das Recht?	231
⟨65.⟩	Ueber die Bezirks-Hauptmannschaften	235
⟨66.⟩	Die Ehrung Martin Brauners	237
⟨67.⟩	Dr. Alois Fischer, der Statthalter von Oesterreich ob der Enns	239
⟨68.⟩	Eigenschaften des Rechtes	244
⟨69.⟩	Folgen des Rechtes	247
⟨70.⟩	Persönliche Rechte	250
⟨71.⟩	Die einzelnen Personenrechte.	253
⟨72.⟩	Rechte über den Körper	257
⟨73.⟩	Ansprache bei Eröffnung der Unterrealschule in Linz.	261
⟨74.⟩	Einleitende Worte ⟨zu der Monatsschrift „Die deutsche Volksschule"⟩.	265

INHALT

⟨75.⟩	Patriotische Feier in Linz	269
⟨76.⟩	Vorbereitungen zum Empfange der Braut des Kaisers	274
⟨77.⟩	Albumblatt im Radetzky-Album, als Ehrenkranz des unsterblichen Helden	275
⟨78.⟩	Über Kopfrechnen	276
⟨79.⟩	Der Empfang der Braut des Kaisers	291
⟨80.⟩	Rede ⟨Vorgetragen bei der Eröffnung des Lehrerseminars⟩	294
⟨81.⟩	Kirche und Schule	297
⟨82.⟩	Albumblatt	304
⟨83.⟩	Albumblatt für Josephine Stifter	305
⟨84.⟩	Aufruf zu einer Sammlung für Friedberg	306
⟨85.⟩	Für das Stammbuch des Dr. Franz Isidor Proschko	309
⟨86.⟩	Albumblatt für Julius Pazzani	310
⟨87.⟩	Albumblatt für K. M. Benkert	311
⟨88.⟩	Die Volksschule in Oberösterreich in den Jahren 1850–1865 (Aus meinem Amtsleben)	312
⟨89.⟩	Winterbriefe aus Kirchschlag	318
⟨90.⟩	Kaiser Maximilian	345

⟨1.⟩ ⟨ALBUMBLATT. AUS LUDWIG MIELICHHOFERS ALBUM⟩

Ich weiß nur das Eine, daß ich alle Menschen, die eine Welle dieses Meeres an mein Herz trägt, für dies kurze Dasein lieben u schonen will, so sehr es nur ein Mensch vermag – ich muß es thun, daß nur etwas, etwas von dem Ungeheuren geschehe, wozu mich dieses Herz treibt – ich werde oft getäuscht sein, aber ich werde wieder Liebe geben, auch wenn ich nicht Liebe glaube – nicht aus Schwäche werde ich es thun, sondern aus Pflicht. Haß u Zank hegen oder erwiedern ist Schwäche – sie übersehen u. mit Liebe zurük zahlen ist Stärke.
Wien am 16$^{\underline{ten}}$ October 1837

Adalbert Stifter.

⟨2.⟩ ⟨ALBUMBLATT⟩

Das Leben ist eine lange, lange Brüke, wenn man davor steht: ist man hinüber, so sind es nur einige Querbäumchen, über die man gegangen.

Wien am 5/4 1845
                        Adalbert Stifter.

⟨3.⟩ ZUR PSICHOLOGIE DER TIERE

Obwohl ich von meiner Jugend auf daran gewöhnt worden bin, wenn ich in einem Buche las, wo von der Seele der Thiere die Rede ist, die armen Dinge schlechtweg abgefertigt zu sehen, daß sie nehmlich Sinne, sinnliches Streben, aber keine Vernunft haben: so glaubte ich es schier von Jugend auf nicht, u beobachtete sie lieber, ob ich nicht Erscheinungen an ihnen entdecken könnte, die mich eines Bessern belehrten, od vielmehr, ich setzte an ihnen schon alles voraus, was ich selber in mir hatte, nur daß sie's nicht so verstünden wie ich, u wenn ich ihre Thätigkeiten sah, so leitete ich sie von denselben Trieben u Beweggründen her, wie die meinigen; denn sonst hätte ich ja nicht mit ihnen reden, u ihnen Vorstellungen machen können, wie ich es leider mit zwei sehr schön gesprenkelten Ochsen meines Vaters, u mit dem grossen graugetigerten Hunde that, der Nero hiess – kurz das Thier war mir ein in eine mehr od minder unkenntliche Knospe eingewickelter Mensch, den wir an uns locken u ein wenig erziehen können, worauf er dann manche unserer Neigungen u Thorheiten theilt, wie das Pferd u der Hund.

Wie sehr ich in diesen Voraussetzungen meiner Kindheit recht hatte, od nicht, weiss ich in diesem Augenblicke noch nicht, nur die Thatsache muss ich bekennen, daß ich noch immer in Beobachtungen begriffen bin, u dass ich noch immer mit Thieren, denen mich der Zufall näher bringt als andern, gern rede, u auf ihre Antworten Bedacht nehme.

Da habe ich nun allerlei erfahren, aus dem zwar nicht hervorgeht, daß das Thier ein Mensch sei, aber doch, daß es sehr ähnlich einem Kinde sei, das stets ein Kind bleibt, u dass es in seinem Innern u Bereiche Dinge habe, von denen wir uns nichts träumen lassen, u dass wir erst recht bedeutende Entdekungen machen würden, wenn wir das eine od das andere Thier so studierten, wie die Kinder, od wenn wir gar schon sehr viele Grammatiken der Thiersprache u Dialecte fertig hätten.

Ohne mich nur auch im Geringsten für einen Forscher od gar Entdeker in diesem Fache auszugeben, will ich doch versuchen, einige wenige Züge aus dem Seelenleben der Thiere nahmhaft zu machen, mit denen ich vermöge meines Umganges mit ihnen u vermöge meiner Liebe zu diesen armen Stiefgeschwistern des Menschen bekannt geworden bin. Ich will hiebei auch auf gar kein System sinnen, sondern meine Thiergeschichten so folgen lassen, wie sie mir einfallen, u ich will in diesen Blättern so lange solche Geschichten liefern, bis ich keine mehr weiss. Da ich auch nur wahre Thatsachen liefere, so kann ich auch keine andern erzählen, als die ich selber erlebt habe, da ich für die Wahrheit der andern nicht einstehen kann, am wenigstens für die Wahrheit derer, die man nur von unbestimmten Hörensagen weiß.

Ich beginne also meine Geschichten.

Daß große Hunde von kleinen oft die sonderbarsten Dinge erdulden, ohne sich zu erzürnen, während sie doch von ihres Gleichen nicht den kleinsten schelen Blik ertragen, ist eine allbekannte Thatsache. Ich sah oft einen ernsten ruhigen Fleischhauer-Bullenbeißer gelassen fortgehen, wenn ein eifriges radikales Schlosshündchen gegen seine Beine fuhr, u ihm seinen äussersten u letzten Zorn zu erkennen gab. Aber auch bei andern Thieren finden sich ähnliche Züge. Ich erfuhr einen solchen an einem gewaltigen, fürchterlichen Stiere.

Der Stier gehörte einem Müller, der seine besondere Freude daran hatte, das ganz ungewöhnlich grosse u schöne Thier ganz ungewöhnlich böse zu wissen. Es gelang ihm auch so sehr, daß am Ende niemand im Stande war, dem Stiere nahe zu kommen, ihm Futter zu geben, ihn anzuhängen, od ihn in die Verplankung hinaus zu treiben, als er. Jeder andere hätte sein Leben dabei gewagt. Der Müller erzählte dieß oft, u pflegte sich desselben zu rühmen. Eines Tages standen wir am Fenster seiner Oberstube, u er zeigte uns mit Triumph seinen Stier, der eben in obbenannter Verplankung unter Kühen herum ging, die neben ihm wie Pigmäen erschienen. Plözlich sahen wir, daß das eiserne Gitterthor der Verplankung nicht nur offen sei, sondern daß der Stier auch durch dasselbe hinaus gehe. Wir erschraken, weil wir dachten, er könne, ehe der Müller hinab käme, ein Unheil anrichten, aber ganz starr wurden wir, u der Müller im buchstäblichen Sinne unbeweglich, als wir sahen, daß auf der Wiese, ausser der Verplankung die eigenen Kinder des Müllers spielten, ein Mädchen von zwei, u ein Knabe von vier Jahren, u daß der Stier gerade auf die Kinder zu gehe. Es war zwar nicht ganz nahe an dem Gitterthore, aber daß der Stier die Kinder gesehen habe, zeigte sein gerades Hingehen auf diesen Punkt, u endlich auch das Beginnen seines Brüllens u das Aufwerfen der Erde durch seine Hörner. Aber gerade auch durch das Brüllen wurde der Knabe aufmerksam auf den Stier, u sah, daß derselbe ausser der Verplankung sei, was eigentlich nicht sein sollte. Er nahm also seine Kindergeissel, die er zufällig bei sich hatte, ging dem Stiere entgegen, schwang die Geissel, u rief: „Gehst!" Das Mädchen blieb sizen, u schaute zu. Der Stier wendete auf die kindische Drohung um, schritt dem Gitterthore wieder zu, u der Knabe trieb ihn vor sich her. So weit ging die Folgsamkeit, daß, wenn der Knabe die Geissel stärker schwang, das Thier sogar in ein schwaches Laufen über ging, daß ihm die mächtige Fahne seines Halses u die gewaltigen Glieder schlotterten. Als er wieder in der Verplankung war, machte der Knabe sich anstemmend auch sogar noch das eiserne Gitterthor zu, daß es anschlug, u daß wir deutlich das Einfallen der Klinke bis herauf zu uns hörten. Dann ging er wieder zur Schwester, u spielte fort. Der Stier aber ging unter den Kühen herum, warf seinen Kopf in die Höhe, schnupperte in der Luft, od er rieb sich seinen dicken Nacken an den Planken.

Der Müller war des andern Tages krank.

Ich habe einmal ein Hündchen gehabt, das so klein war, daß ich es häufig in seiner Jugend im Winter mit mir in der Manteltasche herum trug, in welcher es, wenn ich an einer od der andern Wohnung meines Freundes anläutete, heftig zu bellen begann. Als es älter wurde, war zwar die Manteltasche zu klein, aber es schlof noch recht bequem in einen Reisepelzstiefel hinein, wenn ganz vorn in der Zehe ein Zukerstükchen stak, das heraus zu holen war. Von den unzähligen Proben, wo es Zeichen seiner Seele gab, nur eine:

Wir waren einmal eben im Begriffe, unsere Wohnung zu wechseln, u es standen die Geräthe u andere Dinge im Zimmer unordentlich herum, untern andern auch ein grosser Wandspiegel, der so an die Mauer gelehnt war, daß die spiegelnde Seite gegen das Zimmer gekehrt war, wodurch alle Sachen in ihrer ganzen Unordentlichkeit hinter dem Glase sichtbar wurden. Diess geschah auch mit dem Hündchen, das unter den Dingen herum ging, u plötzlich sein Abbild im Spiegel erblikte. Es lief näher, u wollte mit seinem Doppelgänger spielen. Allein der kam nicht heraus. Muffi – so hiess das Hündchen – ging vorsichtig näher, strekte den Hals, der innere that es auch so – sie strekten die Hälse immer näher, bis sich beide Nasen am Glase berührten. Aber nun wurde in Muffis Angesichte die Bethörtheit sichtbar, die ihn ergriff – denn es roch nichts, u nach seiner Berechnung mußte der andere nothwen-

dig riechen. Er strengte seine Nase immer neuerdings an, u die
Haare auf seinem Halse sträubten sich, daß sie gerade empor
standen. Endlich kam ihm ein Gedanke – er liess plözlich von
dem Riechen ab, lief dem Spiegel entlang, u hinter denselben
hinein, um dort zu schauen: allein war er früher bethört
gewesen, so war er jezt völlig geschlagen, – eine solche Rath-
losigkeit habe ich in meinem Leben noch nie in einem Angesichte gesehen, wie die war, mit welcher der Hund hinter dem
Spiegel hervor kam. Leise auftrettend, Fuss für Fuss hebend,
mit eingezogenem Schweife ging er dem Körbchen zu, in
welchem sein Polster lag, auf dem er gewöhnlich zu ruhen
pflegte, gerade wie sich Menschen von Orten fortschleichen,
an denen es ihnen nicht geheuer ist, um die etwa dort befind-
lichen Gespenster zu betrügen. Offenbar muss ihm seine
Fantasie eine unauflösliche Unheimlichkeit vorgespiegelt haben, mithin Mächte, die all seine Kräfte lähmten u vernich-
teten.

Ganz anders benahm sich in einem ähnlichen Falle ein Bok
aus meiner Bekanntschaft, d. h. ich hatte zwei Freunde, die in
ihrer Kindheit einen gemeinschaftlichen Bok hatten, welcher,
da sie grösser wurden, das Gnadenbrot im Hause bekam. Er
war schon ziemlich betagt, u daher so stille u weise, daß man
ihn zuweilen nicht bloß im Hofe, sondern auch im Garten, auf
dem Rasen, u im Hause herumgehen sah, u daß ihn sogar die
Hofräthin, die Mutter der beiden Knaben, bei dem Barte
nahm. Aber wie es geht, wenn etwas sein will – am Pfingst-
sonntage war zufällig nicht nur das Thor des Landhauses
gegen den Garten zu offen, sondern auch das Eisengitter an
der Stiege, die zum ersten Geschoße hinauf führte. Der Bok
ging durch beide, u stieg über die glatte, wohlgebohnte höl-
zerne Stiege hinauf. Oben hatte der Zufall, der alles kartete,
auch die Salonthür offen. Im Salon war ein in die Wand
gefügter grosser Spiegel, der bis auf den Boden herunter

reichte. Der Bok ging auf den Parquetten hin, daß seine Klauen auf dem Holze klapperten — aber mit eins sieht er den andern im Spiegel — er stuzt, der andere auch, er weicht einen Schritt zurük, der andere auch, er legt seinen Naken ein, der andere auch — — pumps! beide Stirnen sind aneinander wie Eisenhämmer — in dem Spiegel ist ein riesenhafter Stern gestossen, der Bok weicht wieder zurück, hinter dem Glase war doch ein wenig hohler Raum, die Scherben waren gegen innen gebeugt, u aus jedem sah ein ergrimmter Bok heraus. Eben als der, der außen war, sich wieder richtete, (er war wegen Glätte des Bodens gar auf beide Kniee nieder gefallen) um gegen alle innern einen neuen Stoss zu thun, kam die Hofräthin, die Gönnerin des Bokes, dazu, u sah ihren alten Schützling in dieser seiner Lage — sie umfasste seinen Hals, u zog ihn, der sich mit allen vier Füssen dagegen sträubte, aus dem Salon. Unten stand er später am Hofe, u über die Stirne, über die Augen, u bis zu dem ehrwürdigen weissen Barte hinab rannen die Blutstropfen.

Weil ich einmal in den Böken bin, so will ich gleich noch eine Geschichte hersetzen, wodurch die Neugierde, seltsame, ernst-komische Art, ich möchte sagen, der Humor dieser Thiere einleuchtend wird.

Ich weiss nicht, wie es kömmt, daß Böke so gerne zu Gespielen von Buben gemacht werden, u daß sie sich selber so wichtig u ernst vorkommen, wenn sich ein Knabe mit ihnen abgibt, od gar, wenn sie angeschirrt u angespannt sind? Sie folgen einem Buben auch gerne, weil er gleichsam ein Kamerad ist, während ein Mädchen, wenn sie einen Bok ihres Bruders von der Stelle haben will, ihn vergeblich bei den Hörnern nimmt, u nach Kräften anzieht: das Quatrupes sezt die vier Füsse ein u ist nicht von der Stelle zu bringen. Es muß etwas Verwandtes in der Energie eines Buben u eines Bokes sein — od schmeichelt ihm der Uibermuth eines Knaben, weil

er selber übermüthig ist, u ist ihm die Sittsamkeit u Stille eines
Mädchens zuwider — od hat er Respect vor den empirischen
Prügeln des Buben, u lehnt er sich gegen Mädchen auf, weil er
ihre Furcht u Schwäche sieht; denn in der That, wenn überhaupt von mehreren Kindern eines von einem Bok nieder-
gestoßen wird, so ist es weit eher ein Mädchen als ein Knabe.

Wir wollen nicht weiter eingehen, u unsere Geschichte
erzählen. Wir hatten als Knaben — drei Brüder, je um ein
Jahr verschieden, der vierte schlief noch in der Wiege u verstand noch keinen Bok zu würdigen — wir drei hatten also
einen ruhigen, schäzungswürdigen, schneeweissen Bok, der
mit den Vorderfüssen auf den Kirschbaum stieg, od mit uns
auf der Strasse entlang lief, wenn er nicht etwa mit blauen,
grünen, gelben, rothen Bändern angethan, gezäumt war, u
einen der Buben als Wagen hinter sich herzog. Im Sommer,
wenn alle Ziegen Milch geben mußten, in dem staubigen
Stalle standen, u sonst nichts als nützlich waren, stand er neben
uns in Mitte der blühenden Wiesen, an einem Rosenstrauche,
od neben den grünen Feldern, deren Schilf die Luft, wie seinen
Bart streichelte u säuseln machte. Im Herbste durfte er gar in
dem Garten, u in den Beeten herumstehen, od an den abfal-
lenden Gesträuchen naschen. Eines Morgens — eben im späten
Herbste, ich glaube am Simonitage war es — ging der Bok ab,
seine Stelle im Stalle war, da die Thür geöffnet wurde, leer
gefunden worden, ein Zeichen, daß er die ganze Nacht nicht da
gewesen war — wir erinnerten uns auch wirklich, daß wir ihn
Abends, als die vielen Nüsse auf dem Schüttboden neben dem
Getreide ausgeschüttet worden waren, im Garten vergessen
hätten — alle drei flogen wir hinaus, aber er war nicht da, ein
starrer weisser Reif lag auf den Gräsern u Kräutern, in dem
Reife waren keine andern Spuren, als die unserer eigenen
Füsse, also muß der Bok auch die ganze Nacht nicht da
gewesen sein — — wo ist er? wie weit kann er gegangen sein,

wenn er die ganze Nacht gerade aus gewandert ist? Ein großer Schmerz riß ein, alle drei Brüder rükten suchend aus — beim Schmid war er nicht, in den Kramwiesen nicht, in den Berggärten nicht, er war nicht auf dem Mitterwege, er stand unter keinem Thore, u frass an keiner Heke.

Um neun Uhr kamen wir alle drei wieder nach Hause, u keiner hatte den Bok gesehen od erfragt. Die Mutter sass im Vorhause, hatte eine Schwinge mit Flachs vor sich, u sortirte die Steine desselben, ohne von unserem Schmerze od unsern Klagen sonderlich ergriffen zu sein — da kam die Schwester, die einzige, die eher froh als traurig über unsern Verlust war, weil sie unsern Freund stets gefürchtet hatte, u oft von ihm bedroht worden war, sie kam schluchzend u weinend bei der Hausthüre herein, schön angezogen, das Gebetbuch in der Hand, u auf die bestürzte Frage der Mutter, was sie habe, sagte sie: „Nein, was man mit dem Boke für eine Schande hat, jezt ist er gar in der Kirche gewesen, ich sass in unserm Bürgerstuhle, u alle Leute haben auf mich geschaut." — Wirklich wurde unser Bok gefunden, u es wies sich aus, daß er in die Kirche gegangen war. Er stieg die Treppen bis zum Hauptthore hinauf, ging hinein, u schritt bei der dünnen Wochenbevölkerung der Kirche zwischen den Stühlen fast bis zu dem Pfarrer vor — dann wandte er sich um, u als der Schulmeister einen der Sängerknaben vom Chore absendete, um den Bok zu vertreiben, begegnete der Knabe auf der Stiege bereits dem Boke, der auch auf den Chor hinauf steigen wollte. Den vereinten Kräften zweier Buben gelang es, den ungeschlachten Kirchenbesucher hinaus zu bringen. Das Schluchzen der Schwester stillte sich nach u nach, wir drei aber waren selig, daß der Bok wieder gefunden ist.

⟨4.⟩ ⟨ALBUMBLATT FÜR EINE SCHÜLERIN. FÜR JULIE KOCH⟩

 Nicht, was Du von mir wissen lerntest, nicht, was Dir Geist und Denken übte, danke mir, sondern wie mild und gut Du bist. Traue Dir selbst und traue den Deinen! Wenn Dir das aus meinen Worten in das Herz geflossen, danke mir's! Dann werde ich noch als Greis mit weißen Haaren, wenn ich Dich loben und Dich preisen höre, wie Du ein trefflich, herrlich Weib bist, stets mit Freuden sagen: Sie war einst meine Schülerin.
⟨*Wien, Mitte 1845*⟩

⟨5.⟩ ⟨ALBUMBLATT FÜR DAS ALBUM DES FREIFRÄULEINS EMILIE VON SCHLECHTA⟩

Die großen Thaten der Menschen sind nicht die, welche lärmen, obgleich zuweilen die Wunder des Augenbliks, z. B. plözliche Aufopferung, Hingebung und dergleichen groß seyn können; aber in der Regel sind die Eingebungen von Affecten, die eben so gut und sogar meistens, Schwäche seyn können; das Große geschieht so schlicht, wie das Rieseln des Waßers, das Fließen der Luft, das Wachsen des Getreides – darum ist irgend eine Heldenthat unendlich leichter und auch öfter da, als ein ganzes Leben voll Selbstbezwingung, unscheinbaren Reichthum und freudigen Sterben.
Wien am 8. März 1847
                              Adalbert Stifter

⟨6.⟩ ⟨ALBUMBLATT FÜR DAS ALBUM BARONIN JOSEPHINE REMEKHÁZY⟩

Im gesammten Leben ist nichts größer als die Religion und Kunst, im einzelnen nichts größer als das Herz.
Wien am 13ten April 1847.   Adalbert Stifter.

⟨7.⟩ ⟨ALBUMBLATT⟩

Es ist eine fast durchgängige Erfahrung – u ich glaube sogar Naturgesez, – daß die Sanftmuth nur bei der Kraft wohnt: das Andere was man bei weichen Menschen gerne so nennt, ist nur Schwäche u Unfolgerichtigkeit.
    Wien am 21^(ten) April 1847
                                      Adalbert Stifter

⟨8.⟩ ⟨ALBUMBLATT⟩

Mir scheint die wahre Gemüthsgröße des Menschen in einer lebenslänglichen Unterordnung seiner Triebe u Leidenschaften unter die Vernunft zu bestehen, wenn dies aus Grundsaz u mit Bewußtsein geschieht. Das andere, was wir oft so nennen, die Wunder des Augenblikes, die prächtig auflodernden Thaten, können eben so gut das Ergebniß der Schwäche sein, als der Stärke. Oft sind sie sogar nicht einmal sittlich.

Wien 2ᵗ Mai 1847   Adalbert Stifter

⟨9.⟩ ⟨ALBUMBLATT⟩

Die Thaten der Aufopferung, der plözlichen Kraftentwiklung, der Hingabe des Lebens selbst halten wir mehr für Wunder des Augenblikes als für Größe, weil sie auch oft der Schlechte vollbracht hat: aber ein ganzes Leben voll Rechtthun, voll Selbstbezwingung, voll Maß, verbunden mit einem heiteren ruhigem Sterben halten wir für wirkliche Größe; denn dies hat der Schlechte nie erreicht.

Wien am 6$^{\underline{ten}}$ November 1847.
                              Adalbert Stifter
Geboren zu Oberplan im Budweiser-Kreise im Jahre 1806.

⟨10.⟩ DER STAAT

⟨I.⟩

Es dürfte nicht an der Unzeit sein, wenn wir für unsere Leser, die sich bisher weniger mit Staatsangelegenheiten befaßt haben, einige Grundzüge dieses Gegenstandes angeben.

Wenn ein Mensch ganz allein wäre, z. B. auf einer Insel im Meere, dürfte er mit den Gegenständen der Insel thun, was er wollte. Sobald aber ihrer zwei sind, müssen sie sich in's Einvernehmen setzen, wie sie die Sachen verwenden wollen, weil jeder das Recht hat, zu leben und seinen Geist und seine sittlichen Kräfte auszubilden. Je mehr Menschen also in einem Erdraume bei einander sind, desto nöthiger ist eine bestimmte Ordnung, welcher sie sich zu fügen haben, daß ein jeder seine körperlichen Bedürfnisse befriedigen, und seinen Geist ausbilden könne. Selbst wenn alle Menschen so gut wären, daß keinem je eine böse That einfiele, würde doch eine solche Ordnung nothwendig sein, weil sonst durch Unkenntniß, durch Mangel an Erfahrung oder durch Zufälle die Ernährung und Entwicklung der Volksmenge in Verwirrung gerathen könnte. Ist es ja bei der besten Ordnung nicht immer zu verhindern, daß nicht manchmal durch traurige Schicksale Unglück über das Volk komme. Daß in der geregeltesten Ordnung nicht Jeder alles erreichen könne, was er wünscht, oder wozu er eine Begierde hätte, und daß mancher Einzelne durch Unglücksfälle, durch eigenes Verschulden, durch schwache Kräfte oder andere Dinge in Noth gerathen könne, wird wohl jeder Vernünftige begreifen. Aber daß sich nur durch Ordnung und Eintheilung das allgemeine Beste der Menschheit entfalten könne, ist eben so gewiß. Die festbegründete Ordnung gibt jedem Einzelnen das Gefühl der Sicherheit, und in diesem Gefühle setzt er sich mit Andern in Verkehr, daß sie wechselweise durch Geschäfte das bekommen, was jeder braucht. Der Landmann bestellt seine Felder, weil er sie sicher weiß, er bringt die Früchte auf den Markt, weil er weiß, daß dort die Käufer sind. Der Handwerker arbeitet seine Erzeugnisse aus, weil sie viele Tausende von Menschen suchen. Je geordneter die Verhältnisse sind, desto mehr brauchen die Menschen, weil sie auch Verdienst haben, desto mehr kann der Handwerker hervorbringen, desto mehr kann er auch wieder Arbeiter beschäftigen. Der Kaufmann macht im Gefühle der Sicherheit Bestellungen in entfernten Ländern, er führt die Producte derselben herbei, und sendet die unsrigen wieder dahin. Selbst die Wissenschaften und die Religion können nur im Bewußtsein der Ordnung und Sicherheit gedeihen. Wenn diese Ordnung durch irgend etwas gestört wird, und für den Einzelnen das Gefühl der Unsicherheit oder auch nur bloße Furcht eintritt, so sind die Folgen sogleich sehr traurig. Jeder hält mit dem, was er sonst in den Verkehr bringen würde, zurück, er will abwarten, bis die Zeiten sich beruhigen. Der Landmann, wenn er nicht muß, behält seine Früchte daheim, wer ein bares Geld hat, versteckt es, weil er es nicht sicher anlegen kann, der Mangel an Umlauf des Geldes bringt den Kaufmanne, den Wechsler und Andere in Verlegenheit oder zum Sturze, und bereitet immer einer großen Zahl von Menschen Jammer und Verarmung. Man läßt in solchen Zeiten nicht bauen, man schafft sich keine Geräthe ein, man erspart, wo man kann, ja man wartet mit dem Nothwendigsten auf ruhigere Zeiten, daher der Handwerker und seine Arbeiter in Unthätigkeit und Noth kommen, und mit diesem wieder alle Jene, die mit ihnen in Verbindung sind. Die Störung der Ordnung bringt also große Uebel in einem großen Umfange herbei, und würde, wenn sie lange dauerte, die Menschheit gänzlich zu Grunde richten. Daher ist es eine alte Regel, daß man dort, wo man die eingeführte Ordnung umändern und verbessern will, nur allmählich verfahren müsse, daß sich die neuen Dinge leicht anschließen, und in keinem Augenblicke das Gefühl der Ordnung und Sicherheit wanke. So kann man über große Strecken der Aenderungen ungefährdet hinüber kommen. Daraus erhellt auch, daß es die heiligste Pflicht, ja die größte eines jeden Bürgers ist, daß er die Ordnung aufrecht zu erhalten strebe, und jedes auf das Sorgfältigste meide, wodurch sie gestört werden könnte. Er macht sonst viele, und darunter auch sich selbst unglücklich. Wenn sich bei einer bestehenden Ordnung durch viele Jahre Bedürfnisse zu einer Aenderung angehäuft haben, und nicht erledigt wurden, oder auf eine nicht entsprechende Weise, so geschieht es nicht selten, daß sie dann alle auf einmal unabweislich auftreten, und die ganze bisherige Ordnung plötzlich geändert wird. Dieses erzeugt natürlich im Augenblicke des Umsturzes das Gefühl der Unsicherheit, und manchmal auch noch lange nachher, bis nämlich die neue Ordnung fertig ist, und man sich in dieselbe hinein gelebt hat. Mit dem Gefühle der Unsicherheit beginnen alle Uebel, die davon abhängen. Es ist jedes Mal ein großes Unglück, wenn es in einer hergebrachten Ordnung dahin kömmt, daß man sie plötzlich ändern muß. Dieses Unglück liegt nicht nur in der Natur der Plötzlichkeit selber, sondern wird auch durch die Natur des menschlichen Geistes vergrößert; denn ein Theil der Menschen will gar keine Aenderungen oder nur kleine; ein anderer will aber alles und jedes ändern. Beide dieser Partheien haben Mißtrauen gegen einander, erblicken in jedem Schritte geheime Plane, oder spiegeln sich solche in Furcht und Besorgniß vor. Man schreitet da in der Erregung gegenseitig zu Maßregeln, und da sind schon in vergangenen Zeiten Thaten geschehen, bei deren Lesung oder Erzählung die menschliche Seele schaudert. Wenn daher in einer Ordnung eine plötzliche Aenderung nöthig geworden ist und sich eingestellt hat, <u>so soll man das Gefühl der Unsicherheit so kurz als möglich zu machen suchen</u>.

Dies geschieht, wenn man zuerst deutlich den <u>allgemeinen Weg</u> aufstellt, in dem alles andere liegt. Die mit diesem Wege Betrauten sollen ihn ehrlich und fest gehen, und die Andern Vertrauen haben. Die zwei Parteien sollen sich nähern, daß sie beide sehen, daß sie nicht so schlimm seien, wie sie von einander ⁺gemeint haben. Wer Privatzwecke hat, lasse sie ruhen, denn sie liegen im Ganzen, und die ungestüme Verfolgung würde sie eher vereiteln, weil dadurch das Allgemeine in Gefahr kömmt. Die Ungeduldigen mögen erkennen, daß nicht alles auf einmal geschehen könne, und daß sie durch gewaltsames Dringen das Gefühl der Unsicherheit vermehren und verlängern, und dadurch gerade der Gegenpartei in die Hände arbeiten. Denn Alle welche von ruhigen Gewerben und Geschäften leben, werden bei andauernder Besorgniß der Unsicherheit zur Verzweiflung gebracht, und wünschen lieber die alte Ordnung, die sie doch selber abschaffen geholfen haben, zurück. Die Geschichte erzählt manche Beispiele, wie neue Ordnungen nicht nur wieder in die alten, sondern in weit härtere zurückgefallen sind. Es gibt auch ⁺solche, welche glauben, daß in der neuen Ordnung alles erlaubt sei, diese sollen bedenken, daß das keine neue Ordnung, sondern ganz und gar keine wäre, und daß daher alles, wodurch die Menschen ernährt und erhalten werden, zu Grunde gehen müsse, und ganz gewiß auch sie selber. Wenn bei plötzlichen Uebergängen jeder gewissenhaft sieht, daß durch keine Aufregungen die Gesellschaft in Furcht ⁺komme, so erhält nach und nach die ⁺Volksmenge wieder ein Gefühl von Sicherheit, man beginnt mit dem Verkehre; Verdienst und Arbeit stellt sich ein, und es kommen die guten Wirkungen der Umänderung früher zum Vorscheine, als sonst. Unter dem Schirme der äußeren Ruhe können auch dann die gesetzmäßigen Aenderungen, die in dem allgemeinen Wege liegen, besser und sicherer zu Stande kommen. Die Geschichte erzählt uns auch Beispiele, daß es in Ländern so hergegangen sei, und daß sie sich bald in allen Zweigen des menschlichen Lebens gehoben haben.

Ich werde im Verlaufe dieser Schrift zu meinen theuren Mitbewohnern unseres schönen Vaterlandes von den Wegen sprechen, die das Menschengeschlecht seit vielen tausend Jahren abwechselnd eingeschlagen hat, um die Ordnung ⁺zu erhalten, und ich werde namentlich von den allgemeinen Wegen „Constitution ⁺und Preßfreiheit" reden, die bei uns in jüngster Zeit festgesetzt wurden, und in denen das Andere liegt, was man ⁺ansprechen kann, wenn wir es nur edel und geschickt zu entwickeln verstehen.

II.

Ich habe versprochen, die allgemeinen Wege darzulegen, die die Menschen in mehreren Jahrtausenden eingeschlagen haben, um in ihren Angelegenheiten die nöthige Ordnung herzustellen.

In dem Urstande der Menschen, wo sie erst anfangen Kenntnisse zu sammeln und sittliche Begriffe zu bekommen, dann überhaupt, wo Menschen sehr dünne wohnen, gibt sich die Ordnung aus den natürlichen Banden der Verwandtschaft. Der Familienvater ordnet an, was in der Familie zu geschehen hat, und die Familie gehorcht. Jede Familie ist da ein Staat. Diese Ordnung hat viele Gefahren. Wenn ein Erdraum dichter bevölkert wird, und die Familien sich näher sind, entwickelt sich unter ihnen Streit, die Familien bekriegen sich, und die Sicherheit ist zerstört. Daher hat man Bündnisse geschlossen, wo mehrere Familien sich zu einem mächtigeren Ganzen zusammenthaten, um Angriffe leichter hintan zu halten. Gewöhnlich schlossen sich Familien von einer gemeinschaftlichen Abstammung also von gleicher Sprache und gleichen Sitten zusammen. Die Oberleitung führte meistens das Haupt der angesehensten oder mächtigsten Familien. Man nennt eine solche Vereinigung von Menschen gleicher Sprache und gleichen Sitten <u>ein Volk oder eine Nation</u>, und ihre obenangegebene Einrichtung eine <u>väterliche +(patriarchalische) Regierung</u>. Ein solches Volk und eine solche Regierung zusammen, machen den <u>väterlichen Staat</u> aus. Die Anordnungen des Oberhauptes werden ohne weiter zu fragen, befolgt, so wie das Oberhaupt sie aus eigenem gut gemeinten Ermessen gibt. Daher heißt ein solcher Staat auch ein <u>unbeschränkter oder absoluter</u>. Wenn sich das Oberhaupt auch Räthe oder was immer für Gehilfen beigesellt, so haben diese doch keine beschränkende Gewalt, und der Wille des Oberhauptes bleibt die Richtschnur, an die sich die Handlungen der Untergebenen zu halten haben. Man nennt die Art und Weise, nach der etwas zu geschehen hat, <u>ein Gesetz</u>. Im absoluten Staate gibt also nur der Wille des Oberhauptes die Gesetze. Dieser Staat hat bei einer gewissen Bildungsstufe des Volkes große Vortheile. So lange die Unterthanen nicht geschickt genug in Leitung von Angelegenheiten sind, und mit großem Vertrauen zu dem aufblicken, der sie zu leiten versteht, so lange das Oberhaupt weise und gut genug ist, die Angelegenheiten richtig und zum Wohle des Allgemeinen zu lenken: so lange kann es kaum einen besseren und einfacheren Staat geben. Allein diese Verhältnisse bleiben nicht so, wenn sie auch einmal da waren, und es kommen dann für den absoluten Staat große Gefahren. Sie liegen in der Natur des menschlichen

Geistes und Herzens. So lange das Oberhaupt den meisten Staatsgliedern noch an Verwandtschaft näher steht, und die natürliche Liebe hegt, sorgt es auch mit bester Meinung für ihr Glück, aber wenn der Staat groß ist, und das Oberhaupt die wenigsten Glieder kennt, so ist es ihnen auch fremd, und hat keine andere Triebfeder als die Pflicht. Nun aber kommen zu dem Regenten viele Menschen, die von ihm Vortheile erwarten, auch viele, die Gutes wirken wollen, alle geben sie ihm Rathschläge, geradezu oder verdeckt, und die meisten schmeicheln seiner Macht. So kann es kommen, daß er den Zweck aus +den Augen verliert, und den Staat als sein Eigenthum ansieht, aus dem er so viel Nutzen als möglich ziehen will. Selbst wenn er dies nicht thut, sondern aufrichtig das Beste aller anstrebt, so ist es oft nicht möglich, sich genau von der Lage der Dinge im Staate zu unterrichten, da die Räthe oft diese Lage unrecht berichten, oder sie selber nicht genugsam in Erfahrung bringen können. Hieraus fließen nun Gesetze, welche Staatsgliedern nicht nur keinen Nutzen, sondern Schaden bringen müssen. Sind die Unterthanen noch nicht geschickt genug, Einsicht in die Staatsdinge zu haben, so gehen sie nach und nach blos der Verkümmerung ihrer Angelegenheiten entgegen; haben sie aber bereits die Fähigkeit, Staatsdinge zu beurtheilen, so tritt zum Bewußtsein der Verkümmerung auch noch der geistige Schmerz und Zorn hinzu, daß es so ist, wie es ist, und die Staatsglieder fühlen sich unglücklich. Wann das Volk einen bedeutenden Grad von Geistesbildung erlangt hat, so ist diese geistige Entrüstung über Mißstände schmerzlicher empfindlich, als materielle Uebel, die man bei geistiger Zufriedenheit auf die eine oder andere Weise leichter erträgt. – Hiezu kommt noch, daß oft durch Eroberung oder andere Umstürze unberechtigte Menschen an die oberste Spitze kommen, und hauptsächlich, wenn sie des Besitzes nicht sicher sind, die kurze Zeit zur Befriedigung ihrer Absichten benützen, und den Staat aussaugen und drücken. Auch ist es ersichtlich, daß in absoluten Staaten von der Weisheit und Güte des Regenten, und von der Geschicklichkeit, seine Räthe zu wählen, nicht nur Vieles, sondern Alles und Jedes abhängt.

Um nun diesen Gefahren, welche sich früh oder spät in solchen Anordnungen der Menschen einfanden, zu begegnen, ist man auf verschiedene Mittel verfallen. Man hat gesagt: „Laßt uns den Regenten selber wählen, daß wir den tüchtigsten und besten bekommen, nicht aber den zunächst gelegenen, aus einer mächtigen oder reichen Familie." Es hat beim ersten Anblicke den Anschein, daß dies wirklich das beste Mittel ist, den Mann der größten Tauglichkeit und des allgemeinen Vertrauens an die Spitze zu bringen. Als sie aber zur Wahl schritten, sahen sie, daß sie meistens nicht den rechten Mann gewählt, und außerdem noch große Uebel herbeigeführt hatten. Die Wahl ergab darum nicht den rechten Mann, weil viele der Wähler nicht die Kenntnisse besassen, den tüchtigen und gutgesinnten Mann heraus zu finden, weil andere sich durch Worte und Vorstellungen einen Mann einreden ließen, weil wieder andere durch Geld oder sonstige Zumuthungen von Mächtigen sich bestimmen ließen, und weil endlich ein Theil schon vor der Wahl mit dem künftigen Herrscher über Bedingungen übereinkam (Wahlcapitulation), die er dann, wenn er gewählt wurde, zu ihren Gunsten erfüllen mußte. So bekam man einen schwachen Regenten, der von einer Partei abhing, der schon von vornherein die nöthigen Schritte für den Staat nicht thun konnte, und der, weil nach ihm leicht eine andere Familie zur Regierung kommen mochte, am leichtesten versucht wurde, den Staat nur zu seiner Bereicherung und zur Vergrößerung seiner Hausmacht zu benützen. Manche Wahlkönige, die viel Gutes gewirkt hatten, hätten noch mehr wirken können, wenn sie nicht auf allen Seiten durch Bande und durch Rücksichten auf ihre Wähler beengt gewesen wären. Viele Wahlkönige aber konnten wegen der Macht und Störigkeit ihrer Wähler durch ihr ganzes Leben lang, nichts Erhebliches leisten. Ja, manchmal suchten mächtige Wähler absichtlich ein schwaches Oberhaupt an die Spitze zu bringen, damit sie, wenn sie schon nicht in Person regieren konnten, doch auf andere Weise desto beliebiger zu schalten und walten vermöchten. Große Uebel aber stellten sich ein, da die Wahl bereits mehrere Male vorkam; denn jedesmal wurde sie von einem Schwanken und Erschüttern des ganzen Staatsgebäudes begleitet. Jeder, der Aussicht zum Throne zu haben vermeinte, setzte Alles in Bewegung, um sich Anhänger und Wähler zu verschaffen, da sich nun die Bestrebungen Vieler entgegenstanden, suchten sie einander zu überbieten und zu besiegen, und so geschah eine Aufregung der Leidenschaften durch Gewalt, durch Drohung, durch Schmeichelei, durch Bestechung, welche nicht selten zu Blutvergießen, gewiß aber immer zum Stillstand aller Staatssicherheiten führten. Daher nahmen die Menschen lieber zur Erbfolge ihre Zuflucht, d. h. sie bestimmten, daß nach einer festgesetzten Regel der Thron vererbt werden solle. Gewöhnlich wurde der erstgeborne Sohn des Regenten sein Nachfolger, im Falle kein Sohn da war, ging die Regierung auf die nächsten Seitenverwandten und deren Abstammung über. In vielen Staaten konnten sogar Weiber folgen. Es tritt wohl hier der Mißstand ein, daß sich nicht Kraft, Weisheit und Regententugend vererben lasse, wie andere Güter, daß daher auf einen großen, kraftvollen, tüchtigen Vater, ein schwacher und wenig begabter Sohn folgen konnte; allein die Menschen ließen sich diese Uebel viel lieber gefallen, als die eines Wahlreiches, wo bei einem Thronwechsel nicht untergeordnete Güter, sondern allemal gleich das ganze Land in Gefahr kam.

Ein anderes Mittel, die Gefahren der Alleinherrschaft (Monarchie) zu vermeiden, lag in der Republik. Die Menschen sagten: „Laßt uns ohne einen Herrscher unsere Angelegenheiten selber abthun." Sie hatten hierin verschiedene Arten. Entweder kamen alle zusammen, berathschlagten über ihre Verhältnisse, und machten durch Mehrheit der Stimmen einen Beschluß, welchen Beauftragte, ebenfalls durch Stimmenmehrheit gewählt, in Vollziehung setzen mußten. Diese Art zeigte sich bald als die allerunbrauchbarste. Weil alle zusammen kamen, so kamen auch die Unverständigen, die Unwissenden und die Schlechten, und diese drei Classen zusammen machten oft die Mehrzahl. Wer nicht tüchtig genug war, konnte die Sache nicht in ihrer Ganzheit fassen, er verfiel nur auf ein einzelnes Merkmal (Symptom) und verfocht mit der Heftigkeit, welche beschränkten Menschen eigen zu sein pflegt, weil sie nur weniges und nur das nächste sehen, seine Ansicht über das Merkmal. So zersplittert sich die Sache in ihre Theile, und kein noch so gut durchgeführter Theil konnte die Sache selber retten. Im Abstimmen überschrien und übertobten sie einander, und wenn das endliche Ziel heraus kam, war es ein anderes, als das man angestrebt hatte. Wurden nun solche Dinge durchgeführt, so zeigten sie sich überall unzulänglich, der Staat kam in Gefahr, die ⁺Schwankungen wurden größer, und der verzagte Pöbel schrie nun nach einem Manne, der sein Vertrauen hatte, und der helfen könne. Der Mann wurde mit unbedingter Vollmacht bekleidet, und rettete gewöhnlich auch den Staat – aber in seiner unbedingten Vollmacht, die ihm nicht selten bis zum Lebensende blieb, war er ja ein König, wenn er auch den Namen nicht hatte. Zuweilen thaten sich Männer hervor, welche die rathlose und zersplitterte Menge durch ihr Wort leiteten, große Redner, welche die Meinung, die dem Ganzen Noth that, als Meinung jedes Einzelnen zu erzeugen verstanden, und in der Abstimmung den Beschluß hervorbrachten, den sie als den tauglichsten erkannt hatten. Solche Männer waren auch Könige, und regierten oft ihr Leben lang, wenn auch das Volk meinte, sie hätten gar kein Amt inne. Ein großes Uebel entstand in solchen Staaten, wenn die Mehrzahl der Mitglieder unsittlich war; denn dann verfolgten die Einzelnen in den Abstimmungen ihre eigenen habsüchtigen Zwecken, und dem Ganzen konnte nie Heil werden, was gerade in einer verderbten Gesellschaft um so nothwendiger war. Wenn jeder Einzelne verständigweise und gut ist, dann ist diese Regierungsart eine der besten, aber dann ist überhaupt jede leicht eine der besten. Noch ein Uebel stellt sich ein, wenn der Staat groß ist, und die Stimmenden eine bedeutende Menge ausmachen; denn dann wird die Leitung der Berathschlagungen immer schwieriger und ist endlich bei einem gewissen Anwachsen der Menge gar nicht mehr möglich. Es geschah daher fast überall in der Welt, wo solche Staatsformen entstanden, daß sie meistens in Königthümer ohne Namen und dann mit Namen übergingen. Ja sogar, es ist nichts leichter, als daß aus absoluten Volksregierungen (Demokratien) absolute Monarchien entstehen; denn wenn einer sich zum †Lieblinge des Volkes zu machen weiß, und geschickt seinen Vortheil versteht, so muthet ihm das Volk in seinem Vertrauen alles zu, es überträgt ihm alles, legt alle Gewalt auf ihn, alle Angelegenheiten, alle Ehren, freut sich hiebei seines Helden und hat einen König, ehe es dies selber weiß. Wenn es die Sache inne wird, ist rückgehen meistens zu spät; denn der Mann hat Anhang und Macht gewonnen, und behauptet sich als Herrscher. Die Geschichte erzählt Beispiele, wie Völker gerade um ihre unbändigste Freiheit durch einige wenige Künste gebracht worden sind.

Man hat, um solche Uebel zu vermeiden, die Republiken auch anders gemacht. Man ließ nicht alle Staatsglieder an der Regierung Theil nehmen, sondern man wollte die Besten (was im Griechischen Aristoi heißt) dazu verwenden. Ein solcher Staat hieß dann eine Aristokratie. Diese Regierungsart wäre gewiß eine der vorzüglichsten, wo nicht die allervorzüglichste, wenn sie nicht an zwei Unmöglichkeiten scheiterte und nach dem Zeugnisse der Geschichte auch immer gescheitert ist; nämlich an der <u>Unmöglichkeit, die Besten zu finden, und sie fortdauernd als solche zu erhalten</u>. Ist es schon sehr schwer, einen <u>einzigen</u> als König zu wählen, der der tauglichste sei, so ist es noch unendlich schwerer, <u>viele</u> zu bestimmen, welche am besten die Regierung führen sollen. Wollte man sie wählen, so würden all die Unruhen, wie bei Wahlkönigen, nur noch verworrener und stürmischer kommen, daher man andere Bedingungen festgesetzt hat, aus denen sie ein für allemal zu erkennen seien: nämlich bestimmte Abstammung, Möglichkeit der Bildung, Vermögen, Stand, Ansehen und dergleichen. Aber alle diese Bedingungen brachten nicht die volle Gewähr, daß man die Besten habe, sondern nur die Angesehensten, Mächtigsten, Reichsten. Aber auch gesetzt, daß sie die Besten gewesen wären, so blieben sie es nicht; denn da auf solche Weise die Regierung bleibend bei einigen wenigen Familien war, so konnte es nicht fehlen, daß sich diese unter sich zu stärken versuchten, daß sie die Regierung zu ihrem Vortheile gebrauchten, und nicht leicht eine neue Familie in sich aufkommen ließen; wodurch die andern wieder gereizt und eifersüchtig wurden und Verschwörungen spannen, was wieder zur Folge hatte, daß die Machthaber sich desto strenger benahmen. Die Geschichte erzählt Beispiele von solchen Republiken, wo ein solcher Druck herrschte, wie es je in den völligsten Despotien der Fall gewesen sein konnte.

Man stellte Republiken in neuerer Zeit auch so zusammen, daß die gesetzgebenden und die vorzüglichsten vollziehenden Gewalten auf bestimmte Zeiten gewählt wurden und daß man die Art der Wahl in einem reiflich erwogenen Gesetze feststellte. Diese Republik hat bei weitem größere Vorzüge, als die beiden früheren. Daß sie aber je nach der Wahlart bald zur

Demokratie bald zur Aristokratie hinneigen könne, begreift
⁺sich.

Daß die Republiken in ihrer äußeren Oberfläche unruhiger sein müssen, als die Monarchien, liegt in der Natur der Sache, indem da abwechselnd viele Menschen an der Regierung betheiligt sind, und namentlich auch die oberste Leitung gewählt werden muß. Eine andere Thatsache steht auch bei Republiken fest, in deren Gründe wir hier nicht näher eingehen können, nämlich daß sie überall, wo man sie bis jetzt in der Geschichte durch längere Zeit beobachten konnte, eine größere Kriegs- und Ländersucht entwickelten, als Monarchien.

In neuer Zeit hat man auch, um die Gefahren der absoluten Monarchie und der Republik, namentlich in Ländern, deren Lage, Sitten und bisherige Gewohnheiten der letzteren ungünstig waren, zu umgehen, einen anderen Weg eingeschlagen, man behielt nämlich die Monarchie, beschränkte sie aber durch eine sogenannte <u>Constitution</u>. Ich werde davon in meinem nächsten Aufsatze sprechen.

⟨11.⟩ ⟨ALBUMBLATT⟩

Ist gleich der Mensch mit seinem Herzen u Geiste für die Menschen das Entzükendste, so hat er doch Makeln, die uns wehe thun, während die Natur uns zwar nie mit der Lebenswärme anspricht, wie der Mensch, aber uns auch niemals Schmerzliches zufügt.
   Wien am 22^(ten) April 1848

Adalbert Stifter

⟨12.⟩ ⟨DIE FAHNENWEIHE DER LINZER
NATIONALGARDE⟩

Wir feierten gestern in unserer Stadt ein schönes Fest. Es wurden nämlich drei Fahnen für die Nationalgarde geweiht und von ihr in Empfang genommen. Der Platz der in einer so reizenden Gegend liegenden Stadt Linz war auf das festlichste geschmückt, ein Altar war auf seiner Mitte errichtet, zu beiden Seiten desselben stand ein freundlicher Säulenbau, von den meisten Häusern wehte die deutsche Fahne, und alle Fenster waren mit Teppichen geziert. Der sehr schöne Tag und die glänzende Sonne verherrlichten das Fest. Von einer sehr zahlreichen Zuschauermenge umstanden bildete die Nationalgarde ein Viereck, ⁺innerhalb dessen die heilige Handlung von dem Bischof und vielen Priestern verrichtet wurde. Als dieß vorüber war und die Zeugen sich eingetragen hatten, wurden die Fahnen dem Wehrkörper übergeben und, während die Geistlichkeit unter Glockengeläute sich wieder in die Pfarrkirche entfernte, in den Lüften entfaltet. Von einer glänzten die deutschen Farben hernieder. Als man die Volkshymne spielte, wurde dem Kaiser, dem man wohl mit mehr Recht den Namen des Guten beilegen könnte als mancher Herrscher seinen schimmernden Beinamen trägt, von allen Anwesenden ein wiederholtes vom Herzen kommendes Lebehoch gebracht. Zuletzt zog die Nationalgarde unter dem Gruße aller Beiwohnenden und unter dem freundlichen Wehen der Tücher der

Frauen in Zügen vorüber. Ihre Haltung ist in Bezug der kurzen Uebungszeit musterhaft zu nennen. Das ganze Fest hatte etwas so religiös erhebendes und feierliches, daß ich nicht umhin konnte Ihnen davon zu berichten. Diese Würde und dieser Ernst den Nationalgarden und Zuschauer behaupteten, däuchte mir sehr am Platze, weil eine schwere wohl zu behandelnde Zeit über uns hängt, und weil unsere Brüder in den heißen Schlachtfeldern Italiens ihr Leben täglichen Beschwerden und täglicher Todesgefahr mit solcher Entschiedenheit entgegentragen daß wir trotz der vielen Arbeit, die wir zu Hause haben, alle Tage mit Liebe und Anerkennung ihrer denken sollen. Möchte in den Angelegenheiten unsers Vaterlandes eben so Weisheit, Rath, Besonnenheit, reifliches Ueberlegen und Selbstbezwingung am Platze seyn und fortdauernd herrschen, als bei diesem kleinen aber nicht bedeutungslosen Feste die Empfindung der Würde und Feierlichkeit des Augenblicks in allen Herzen der Bewohner der schönen Hauptstadt des Landes ob der Enns zu erkennen war.

⟨13.⟩ ⟨DER EMPFANG DES ERZHERZOGS JOHANN IN LINZ⟩

Heute gegen 8 Uhr Morgens kam der Erzherzog-Reichsverweser auf seinem Wege von Frankfurt nach Wien, wohin er zur Eröffnung des Reichstags geht, in unserer Stadt an. Er wurde schon gestern Abends erwartet. Zweihundert weißgekleidete Mädchen, mit dem deutschen Bande um die Schultern und mit Blumen in den Locken und an der Brust, standen am Landungsplatze des Regensburger Dampfschiffes um ihn zu empfangen. In Mitte dieser festlichen Kinderschaar standen Officiere, Staatsdiener und Bürger um den Erwarteten zu begrüßen, und längs des Gestades war die Bürgerwehr aufgestellt, umgeben von einer Menge Volks, welches dem Feste beiwohnen wollte. Das ankommende Schiff brachte aber die Nachricht daß der Erwartete erst am nächsten Morgen eintreffen werde. Viele Freude war vereitelt; denn die Stadt, der Hauptort jenes Landes in welchem ein großer Theil der Berge liegt die unser Erzherzog so liebt, hat einen doppelten Antheil an dem Manne: erstens als deutschem Reichsverweser, welchen Antheil sie mit allen deutschen Städten und Ländern theilt, und zweitens als Mann ihrer Berge, welchen sie nur allein mit den freundlichen angränzenden Gebieten besitzt. Fünfhundert Fackeln waren in Bereitschaft um ihm einen Festzug und ein Lied darzubringen, und in allen Häusern wurde gerüstet um feierlich zu beleuchten. Aber es mußte stumm und dunkel bleiben. Heute Morgen wurde er in derselben Art wie gestern ⁺erwartet. Unter dem heiter glänzenden Himmel flog endlich das Dampfboot mit vielen Flaggen geziert die Donau herunter. Als der Erzherzog auf dem Verdeck erblickt ward, tönte ihm ein tausendstimmiges Hoch zu. Als er die Treppe des Landungsplatzes betrat, empfingen ihn die Mädchen. Eines reichte ihm einen Blumenstrauß, ein anderes auf silbernem Teller in einem geschnitzten Holzbecher einen Labetrunk dar, den er freundlich annahm. In Bezug auf diesen Becher muß ich erwähnen daß er erst in neuester Zeit von einem jungen Mann, Johann Rint, den sein eigener Hang zu Arbeiten dieser Art hintrieb, geschnitten wurde, und daß er nicht etwa eine gewöhnliche Holzschneiderei, sondern im wahren Sinn ein Kunstwerk ist. Er mahnt durch den gothischen Styl und den Fleiß an die so schönen Werke des Mittelalters. Die Bürgerwehr von Linz und Urfahr, durch die Bewunderung dieser Arbeit angeleitet, erwarb den Becher um ihn dem Erzherzog zum Geschenk zu reichen. Darum sind auch um den Rand des Untersatzes die Worte eingegraben: „Dem deutschen Reichsverweser von der Nationalgarde zu Linz und Urfahr. Am 17 Jul. 1848." Das Mädchen sprach bei der Ueberreichung des Bechers ungefähr folgende Worte: „Deutsche Frauen und Jungfrauen können bei dieser ernsten Zeit nichts hervorragendes thun, aber sie bitten und flehen zu Gott daß er das Werk gelingen lasse, und daß er den Mann der sich ihm nun zuwendet, mit langem Leben, mit Kraft und mit Gesundheit ausrüste. Sie bitten daß er von ihnen zum Willkomm als deutscher Reichsverweser in deutschem Becher einen deutschen Trunk annehme." Dieß that der Erzherzog, und trank allen zum Willkomm zu. Hierauf wurde er unter dem Vortritt der Mädchen und gefolgt von all den Empfangnehmenden und Theilhabenden, unter dem Spiele des Volksliedes, unter jubelndem Lebehochruf, unter unaufhörlichem

Schwenken der Tücher und unter dem Donner des Geschützes
von dem Regensburger Schiffe bis zu dem von Wien begleitet.
Auf dem Verdecke desselben sprach er zu den Anwesenden,
dankte für den Empfang, erkundigte sich nach manchem
Manne, und drückte, als man auf sein neues Amt hinwies,
seinen redlichsten Willen und seine ernsteste Absicht aus zu
arbeiten was er nur könne. Hier wurde ihm auch der Becher,
den er früher wieder auf den Teller gestellt hatte, von der
Bürgerwehr als Geschenk übergeben, das er mit Freude und
mit Anerkennung annahm und gut zu verwahren befahl. Wir
wünschen dem Künstler, der die zarten Rebengewinde nur für
sich geschnitten hatte, Glück daß sein Werk in solche Hände
kam, und daß es durch den Moment der Zeit historische
Bedeutung gewinnt; wir wünschen auch der Linzer und Ur-
fahrer Bürgerwehr Glück zu dem Gedanken das Kunstwerk für
diesen Zweck erworben zu haben; denn die Kunst, bisher nur
Eigenthum und leider auch oft nur Magd von Privatleuten,
soll nun Eigenthum von Körperschaften, und wir hoffen es zu
Gott, von der deutschen Nation werden. Als das Schiff in
Bereitschaft war, verabschiedete sich der Erzherzog von der
Begleitung; diese zog sich zurück, und der Dampfer seine
Geschütze lösend, mit Flaggen bedeckt, wendete sich in einem
zierlichen Bogen von der Zuschauermenge, welche Lebewohl
nachrief, in den Donaustrom hinaus, und flog mit seiner wir-
belnden Rauchsäule in der Richtung nach Wien zu. Das Fest
ein durchaus würdiges und schönes war von der ganzen Menge, das sah man deutlich, in seiner Wesenheit empfunden. Der
Schreiber dieser Zeilen, ein Mann in reifen Jahren und bedeutungslosen Festgeprängen von Herzen abhold, war in seinem Innersten erschüttert und konnte sich der Thränen kaum
erwehren, wenn er bedachte wieviel hier auf einem Manne
ruhe, welches Zutrauen ihm entgegen komme, und wie viel
Segensreiches in der Zukunft liegen könne oder auch Unglück-

liches. In diesem Sinne ist es auch daß er das Fest für sehr bedeutend in der Zeit ansieht, und daß er die Beschreibung desselben zur Verbreitung im deutschen Vaterlande in die Spalten Ihres Blattes sendet.

⟨14.⟩ NEKROLOG. (ALOIS KAINDL, LEDERFRABRIKANT IN LINZ.)

Am 10. November d. J. starb in Linz ein Mann, der eine Zierde und ein Beispiel dieser Stadt, der Bürgerschaft, und man kann unbedenklich sagen, der Menschheit war. <u>Alois Kaindl, Lederfabrikant, 64 Jahre alt, vertauschte an diesem Tage, Nachmittags um halb 4 Uhr, das Zeitliche mit dem Ewigen</u>. Der Schreiber dieser Zeilen, obwohl an Jahren jünger und an Güte diesem Manne nicht gleich, erfreute sich dennoch seiner Achtung und Liebe, und möchte ihm deshalb gerne diese Zeilen, gleichsam wie eine Blume, wie einen Zoll seiner Verehrung, auf das Grab niederlegen.

Alois <u>Kaindl</u> baute im J. 1816 sein auf dem untern Graben stehendes Haus, bezog es im J. 1817, und waltete darinnen bis zum J. 1847, wo er das Geschäft, wegen Ueberhandnahme seiner Krankheit, eines Herzklappenfehlers, an seine beiden Söhne abgab.

Im Zeitraume dieser 30 Jahre betrieb er sein bürgerl. Gewerbe mit der Umsicht und Sorgsamkeit, die den guten Hausvater und den rechtlichen Bürger bezeichnet. Aber so groß auch der Vorzug in unseren Zeiten ist, durch sein Leben hindurch sein Geschäft rechtlich und ehrenvoll geführt zu haben, so theilte er doch diesen Vorzug, wir wollen es hoffen, mit Vielen: aber mit Wenigen mochte er einen andern Vorzug theilen, nämlich den der Vortrefflichkeit seines Charakters.

NEKROLOG. (ALOIS KAINDL, LEDERFRABRIKANT IN LINZ.)

Hierin kann er vielen, vielen von uns als Muster vorleuchten. Wie freundlich und achtungsvoll er einem Jeden begegnete, der mit ihm in Berührung kam, wissen Alle, die je mit ihm auch nur einige Augenblicke zu verkehren hatten. Wie unbedeutend auch der Mensch war, der mit ihm redete oder von ihm etwas erbat, er behandelte ihn doch mit Achtung und Zuvorkommenheit, ja, er that hierin immer eher zu viel, als zu wenig. In seinem Hauswesen und in seiner Erscheinung war er sehr einfach, er hätte sich geschämt, Prunk oder Aufsehen zu zeigen. Er war fast immer im Grenzbezirke seines Hauses, und liebte es, wenn ihn alle seine Leute „Herr Vater" nannten. Hierin war er der Bürgersmann der alten Zeit, die, leider! immer mehr zu entschwinden beginnt. Was aber die Blüthe und der Gipfelpunkt dieses Mannes war, war sein unerschütterlicher Edelmuth und die unbeschreiblich tiefe Güte seines Herzens. Er übte die Tugend unscheinbar und beharrlich, als Bedürfniß seines Wesens. Er liebte alle seine Leute, selbst den Geringsten, sorgte fast mit Aengstlichkeit für sie, und wenn einer krank war, besuchte er ihn oft in der Nacht noch, sprach ihm zu, und reichte ihm Arznei. So war er auch für alle Fremden. Er war hülfreich und hingebend. Wie Viele mag er beschenkt haben, wie Viele tröstete er, wie Vielen gab er Rath; denn auch in der Erfahrung des Lebens und selbst in mancher Wissenschaft war er bewandert, obwohl er diese Dinge sorgfältig verbarg. Wenn es sich um Rechte handelte, die er eintreiben konnte, so verzichtete er lieber darauf, sobald er dem Andern zu wehe thun sollte, oder gar Gefahr lief, daß derselbe in der Folge unehrlich würde. Es war überhaupt der Faden, der sich durch sein ganzes Leben zog, daß jeder ehrlich und rechtschaffen sein möchte. Bis zum Jahre 1837 unterstützte ihn in seinen Handlungen eine Gattin, über deren ungewöhnliche, sowohl häusliche, als sittliche Vortrefflichkeit jetzt noch nach eilf Jahren nur eine Stimme der Anerkennung herrscht. Wie sehr er sie geliebt hatte, geht aus dem Umstande hervor, daß ihn bei ihrer Todeskrankheit einmal einer seiner Leute vor Tagesanbruch in dem Garten knieen, und mit aufgehobenen Händen Gott um das Leben seiner Gattin bitten sah. Aber sie starb. Er ehrte sie durch fortgesetztes Wittwerthum, durch Erziehung der Kinder, und dadurch, daß er manche ihrer Pflichten in Wohlthun und Pflege übernahm. Die Tage vor seinem Tode, in denen er völlig klaren und ruhigen Geistes war, bat er Alle um Verzeihung, denen er nie etwas anderes, als Liebes und Gutes gethan hatte. Wie leicht ihm bei seiner tiefen Religiosität das Gewissen gewesen sein muß, beweist die freundliche Miene, mit der er im Tode da lag, wie er sie im Leben gehabt hatte, ja, sie wurde am zweiten Tage noch freundlicher und leutseliger. Diesem Manne wird die Erde leicht sein, und wenn er Fehler gehabt hat, so werden sie in dem Buche des Himmels nicht aufgeschrieben sein.

Macht in Amt und Würden, Größe und Ansehen durch Geburt, ja selbst die glänzendsten Begabungen und Talente sind nichts und verschwinden gegen das einzig Große, was der Mensch zu erreichen vermag: <u>die Rechtschaffenheit und Schönheit des Charakters</u>; der Verstorbene hatte sie; darum werden Alle, denen er in der Erinnerung lebt, begreifen, daß ein Freund sein Andenken bei seinen Mitbürgern erneuen und ihm diese warmen Worte über das Grab nachsenden will.

<u>Wien</u>, im November 1848.

⟨15.⟩ ⟨WIENER STIMMUNGSBILD⟩

Ich bin nach einer 8monatlichen Abwesenheit wieder hieher zurückgekehrt, um mich ein wenig über die hiesige Stimmung und das politische Leben Wiens in seiner neuen Entwicklungsepoche zu unterrichten. Wenn jemand, der Wien in der größten Aufregung verlassen hat, nun nach längerer Abwesenheit die Stadt wieder sieht, so hat ihr äußerer Zustand den Anblick der größten Ruhe; denn daß Patrouillen gehen, daß Kanonen an manchen Stellen der Basteien stehen, kann doch wohl nur diejenigen beunruhigen die vor solchen äußeren Zeichen den innern Zusammenhang und die Größe der Verhältnisse nicht zu sehen vermögen. Aber im Innern der Gemüther ist eine gewaltige Veränderung vorgegangen. Ich habe viele der menschlichen Freiheit und der menschlichen Entwicklung von Vernunft und Sitte aufrichtig zugethane Menschen gesprochen. Ich habe ihr Urtheil gesucht, weil ich sie als aufgeklärte, gebildete und gemäßigte Menschen kannte, die einer menschlichen Anständigkeit und einem ordnungsmäßigen Verstande folgten. Alle diese waren vor dem März von der innigsten Ueberzeugung ausgegangen daß unser Volk mündig sey, daß es in praktischen Dingen einen sichern Blick habe, und daß es unverzeihlich sey wenn man ihm nicht den größten Theil der Verwaltung seiner Angelegenheiten in die Hand gebe. Nun, nachdem fast zehn Monate vergangen sind, nachdem die Menschen das beobachtet haben was geschehen ist, sprechen sie die betrübende Ueberzeugung aus daß das Volk im allgemeinen den Beweis geliefert hat daß es unmündig sey, daß es der ⁺Verantwortlichkeit ungehemmtester Selbstregierung nicht gewachsen sey, daß es Freiheit und Despotie im eigenen Innern nicht unterscheiden könne, daß es jeder Verführung bloß liege und daß es als Opfer seiner eigenen Leidenschaften nur Stürme und Verwirrung herbeizuführen vermöge. Es ist daher eine Ordnung und eine Regierung nur möglich wenn ein strenges und strenge durchgeführtes Preßgesetz, wenn ein Nationalgardengesetz, ein tüchtiges Associationsgesetz, und wenn wohlgeordnete Gemeindegesetze bestehen. Wenn diese Ansicht richtig ist, dann ist es auch der Satz daß es keine absolute Freiheit gibt, sondern nur eine der jedesmaligen sittlichen Entwicklung entsprechende, und daß es die heiligste Pflicht des menschlichen Geschlechtes, namentlich seiner Regierungen ist diese sittliche Entwicklung immer mehr zu erweitern, und daher unser Geschlecht jener Freiheit entgegenzuführen die ihm im höchsten Gipfel seiner Vollendung gebührt. Daß es auch solche gibt die nur in der allergrößten Strenge, gleichsam in einem ewigen Belagerungszustande das Heil sehen, und daß andrerseits manche wieder in jeglicher Ungebundenheit ihr Ideal erblicken, ist begreiflich, aber ich glaube nicht zu irren wenn ich den obigen Ausdruck als den der größten Mehrheit und der größten Bildung bezeichne. Der Belagerungszustand ist so mild daß man sich nicht dadurch berührt fühlt, im gewöhnlichen Leben gewiß nicht, das Geschäftsleben hob sich sogar bedeutend, und wenn die Maßregel zur Hintanhaltung jener Erschütterungen und jener Tyrannei, die den Staat an den Rand des Abgrunds zu bringen drohte, angeordnet und ausreichend ist, so mögen manche Unannehmlichkeiten die dieser Zustand bringt hingenommen werden; ganz unerträglich werden ihn nur jene finden deren Treiben eben dadurch beendigt werden sollte. Die Ministerien sind sehr thätig, man bereitet die organischen Gesetze, deren ich oben gedachte, vor, und sie werden gewiß von guter Wirkung seyn; nur sollte, meine ich, das Ministerium das Volk immer in Kenntniß seiner Thätigkeit erhalten, und eine verständliche Ansprache, Artikel u. drgl. veranlassen, weil sonst seine Gegner Boden gewinnen und die Menge die beliebte Formel gebraucht: „sie thun schon wieder nichts." Besonders bereiten sich, was nicht genug zu wünschen und zu beschleunigen ist, im Unterrichtsministerium organische und humanistische Entwürfe vor, die wirklich in unserm Oesterreich sehr wohlthätig werden können, und von denen ich Ihnen nächstens sprechen werde. Zu meinem Erstaunen vernahm ich hier von unserm jungen Herrscher allgemein bekannte gute Züge, von denen man in der Provinz gar nichts weiß. Er ist sehr ernst, für seine Jahre zu ernst, wie man sagte, aber er meinte selbst das Leben sey so ernst daß sich der Ernst eines Menschen schon dazu gezieme, er arbeitet sehr angestrengt, bekümmert sich um alles und wendet den wichtigen Dingen seine größte Aufmerksamkeit zu. Hiebei ist er sehr bescheiden, und erinnert sich gerne seiner geringen Jahre und bittet um den Rath bewährter edler Männer. Er spricht mit Ueberzeugung von der Größe der Aufgabe die ihm geworden, und von der Verantwortlichkeit die auf ihm laste. Als man ihm eröffnete daß er Kaiser werden müsse, als er sich lange gesträubt hatte und endlich den eindringenden Beweisen daß er so handeln müsse wich, sprach er die Worte: „Leb' wohl, meine Jugend." Diese Dinge weiß man vielfach aus seiner Umgebung, und von Leuten die mit ihm in Berührung kamen. Wenn von der Königin Victoria eine interessante Kleinigkeit bekannt wird, steht sie in allen englischen Blättern, und von diesen Dingen wird bei uns nichts bekannt, und sie würden doch so wohlthätig in dem Volke wirken. Einen ganzen Tag geht schon das Gerücht daß Pesth in den Händen der kaiserlichen Truppen sey.

⟨16.⟩ ⟨REFORMEN IM UNTERRICHTSWESEN⟩

Es war wohl schon längst die Nothwendigkeit anerkannt – nicht bloß in Oesterreich, sondern ich meine fast in der ganzen Welt – daß man in dem Erziehungs- und Unterrichtswesen Verbesserungen einführe. Es war eine tausendjährige Sünde daß man ganze Schichten der menschlichen Gesellschaft in einem Zustande ließ in welchem sie, menschlich unfrei und unentwickelt, die Opfer ihrer Leidenschaften waren, und in bewegten Zeiten dem Staate, der besseren Gesellschaft und sich selber die Gefahr des Untergangs bereiteten, welchen zu vermeiden stets Mittel der Gewalt und der fürchterlichen Vertilgung des menschlichen Lebens angewendet werden mußten. Wenn man die Frage stellt wer bei diesem nothwendigen Zwange mehr in der Schuld sey, die gesittete Gesellschaft welche die tiefer stehende emporzuheben versäumte, oder die Massen die am Ende, wenn sie einmal eine Allgemeinheit des Affectes ergriff, mit der blinden Nothwendigkeit von Naturgewalten wie Hagel, Feuer, Ueberschwemmung wirkten, so stellt sich wohl die Antwort von selber dar. Der Zwiespalt wächst aber mit dem Wachsen der Bevölkerung immermehr, und er kann durch nichts beseitigt werden als eben dadurch daß man jene tausendjährige Schuld sühne; wie jedesmal den Sittlichkeitsforderungen des menschlichen Geistes Genüge thun, ihn beglücken, ihnen aber widerstreben das Unglück der Gesellschaft herbeiführen heißt. Es scheint hiebei fast als sey dem naturrohen Affecte nur darum seine große thierische Energie verliehen, daß er die Hintansetzung der sittlichen Entwicklung um so furchtbarer räche, der Menschheit die Augen öffne und sie an ihre Pflicht mahne. Wenigstens muß begonnen werden. Wenn auch nur ein klug entworfenes, in die Ferne der Zeit hinwirkendes System dem Uebel völlig abzuhelfen im Stande ist, so kann man doch schon in der Gegenwart die Grundlagen des Systems legen, die Anfänge veranlassen und vorerst den unaufschieblich dringenden einzelnen Forderungen begegnen. Ich werde Ihnen nächstens in einigen Briefen die Allgemeinheit eines solchen Systems entwickeln, wobei ich mich glücklich schätzen würde wenn nur einiges davon wahrhaft praktisch annehmbar wäre, und beschränke mich für heute Ihnen von einigen Anfängen zu berichten mit denen man in Oesterreich in die Bahn eines sittlich gebotenen Verfahrens eingelenkt hat. Es war bei Besetzung der Lehrstellen des höheren Unterrichts bisher der Gebrauch der Concursprüfungen gewesen, die schriftlich waren, einen Tag dauerten und von einem kleinen mündlichen Vortrag gefolgt waren, der die Gabe des Sprechens von Seite des Candidaten darthun sollte. Zur Begutachtung der Ausarbeitungen waren Fachmänner des Lehrkörpers bestellt, die auch Vorschläge machten. Als Lehrstoff hatte man vorgeschriebene Lehrbücher, von denen nicht abgegangen werden durfte, und der Schüler hatte niemand an den er sich wenden konnte als den in dem Fach ein für allemal angestellten Lehrer. Bei diesem System, das mit großer Vorsicht entworfen schien, stellte sich doch bald die nothwendige Folge desselben heraus, die Unfreiheit der Geistesentwicklung und das Maschinenartige des Erlernens. Der Lehrer, durch seine Concursarbeit auf das Einzelne gewiesen, pflegte auch das Einzelne, konnte in selbem ein tüchtiges Concurselaborat liefern, den Lehrstuhl besteigen und konnte doch in Uebersicht und Beherrschung des Ganzen, gleichsam in der Beseelung seines Gegenstandes, vollkommen unfähig seyn. Der mündliche Vortrag durch den er sich bei der Prüfung beglaubigen mußte, konnte aufgesetzt und eingelernt, und der endliche Professor doch der Begabung durch seinen Mund die ganze Zuhörerschaft an sich zu fesseln gänzlich entbehren. Und jedermann weiß doch wie zauberisch das gesprochene Wort zu wirken vermag, während das geschriebene oft beinahe kalt läßt. Durch sein ihm vorgeschriebenes Lehrbuch war er des Spielraumes seiner Kräfte, der Liebe und Ueberzeugungskraft seiner von ihm selbst erfundenen Gedanken beraubt, und mußte in Vorlesung des vorgeschriebenen Buches mechanisch und langweilig werden, was sich in jedem Jahre der verdrießlichen Wiederholung steigerte. So wurde wirklich bei unsern Universitätsstudien, statt eines freien Spiels der Geisteskräfte zu selbständigem Urtheil und Schluß, nur ein trauriges Abrichtungswesen erzielt und noch dazu in der Jugend viel Widerwille gegen das Lernen erzeugt. Um nun dem ursprünglichen Geistestriebe des Erschaffens und Erwerbs wieder seinen Raum zu geben, wurde auch bei uns das Institut des Privatdocenten eingeführt, als solcher Männer die sich in der Allgemeinheit ihres Wirkens, in der Beseelung ihres Gegenstandes und in der Liebe ihrer Zuhörer vorher beglaubigen konnten, also eine Freiheit im Lehren und Lernen herauf-führten. Da aber bei der bisherigen Lage unseres Schulwesens alle öffentlichen Merkmale solcher Männer beinahe ganz mangelten, so mußte man zur Beglaubigung derselben zu vorläufigen Maßregeln schreiten, nämlich Ausweisung durch ein Doctordiplom, durch ein geschriebenes Werk oder durch eine Abhandlung, ein Colloquium mit dem Lehrkörper des Faches und endlich eine Probevorlesung. Es ist natürlich daß bei ausgezeichnetem Rufe in einem Fache von diesen Dingen abgegangen wird. Auf diese Weise bekommen wir einen Stand der genugsam Raum hat seine Lehrfähigkeit in jeder Richtung hin auf das freieste zu bethätigen, und der uns die künftigen Professoren liefern wird. Diese letzteren werden von nun an auch nicht mehr durch Concursprüfungen ernannt, sondern von dem Lehrkörper der Anstalt vorgeschlagen. Die Bedingungen sind daß von dem Bewerber (Inländer oder Ausländer) geschriebene oder gedruckte Abhandlungen über das vorzutragende Fach vorliegen und er sich über die Gabe des mündlichen Vortrages ausweise. Auch solche die sich nicht beworben haben, kann der Lehrkörper vorschlagen. Nur in dem Falle daß der Lehrkörper sich bei keinem der Bewerber vollkommene Beruhigung verschaffen könnte, oder dieß das Ministerium bei den Vorgeschlagenen nicht im Stande wäre, kann subsidiarisch eine Concursprüfung angeordnet werden, nur sind hiezu jetzt zwei Tage bestimmt, und die Fragen müssen so eingerichtet seyn daß der Beantworter Gelegenheit hat sich über Geist und Totalität seines Faches ausbreiten zu können. Das Ministerium setzt dann eine Commission (nicht weniger als drei) ohne Bevorzugung einer Lehranstalt zur Prüfung der Concursarbeiten nieder. Das Gutachten kann auf Verlangen dem Candidaten ausgefolgt werden. Da hier häufig von dem Lehrkörper einer Anstalt die Rede ist, so ist zu bestimmen wer darin begriffen sey. Es besteht derselbe aus den Professoren (ordentlichen und außerordentlichen), aus den Privatdocenten und dem Vorstande. Soll der Lehrkörper leitend auftreten, so müssen die beigezogenen Privatdocenten zwei Jahre ununterbrochen an der Anstalt gelehrt haben, und ihre Zahl darf nicht ein Drittel der der Professoren übersteigen, welche Zahl sie aus sich selbst wählen. Wir begrüßen diese Maßregeln mit Freude, namentlich da wir uns immer seit einer Reihe von Jahren mit dem Erziehungswesen abgegeben und oft mit großem Schmerze eine Verbesserung desselben herbeigewünscht haben. In einem aus so vielen veralteten und doch sehr innig verbunde-

nen Theilen bestehenden System kann nicht alles auf einmal geändert, ja manches muß vorläufig geschont werden, daß mit dem Veralteten nicht auch das Taugliche untergehe. Zudem sind die Hindernisse, theils von der ⁺Natur der Sache, theils
5 von der Beschränktheit der Mittel und dem Widerstand des Alten herstammend, unglaublich groß; doch wir hoffen daß der den Unterricht leitende Körper nicht ermatten oder auf halbem Weg stehen bleiben werde.

⟨17.⟩ DIE OCTROIRTE VERFASSUNG

Am 8. März ist in unserer Provinzial-Hauptstadt Linz vom Balkone des Rathhauses die von Sr. Majestät dem Kaiser für die ganze Monarchie gegebene Verfassung verlesen worden.

Wir wollen über diese Erscheinung zu unseren Mitbürgern einige Worte reden und zu diesem Behufe mit jenem Schlagworte beginnen, das jetzt in Aller Munde ist, und das doch von so Wenigen verstanden wird – mit dem Worte: <u>Freiheit</u>.

Die Freiheit ist die Abwesenheit der Beschränkung. Im absoluten Sinne können wir sie nur an Gott vorhanden denken, nämlich: Abwesenheit <u>jeder</u> Beschränkung. Der Mensch hat Schranken, nämlich die Naturgesetze. Niemand kann unabhängig sein von der Schwere, dem Wetter, der Luft, der Sonne, u. dgl. Der Mensch braucht zu seiner Existenz eine Menge irdischer Dinge, und diese begehren die Triebe in ihm, die oft mit Ungestüm hervortreten, und dann <u>Affecte</u> heißen. Der Affect ist an sich egoistisch, er will nur seinen Gegenstand an sich allein heran reißen. Darum ist die Vernunft in dem Menschen, die da sagt, <u>daß alle gleichmäßig existiren müssen, und daß jeder seine Affecte dahin zu bändigen hat, daß alle gleichmässig, als vernünftige Wesen, ihrem Vernunftzwecke: größter menschlicher Vervollkommnung, nachgehen können.</u> Man heißt jenes Benehmen, daß jeder unbeirrt seiner menschlichen Vervollkommnung entgegen gehen kann, <u>Gerechtigkeit</u>, und die Nichtbeschränkung der Gerechtigkeit, ist

<u>menschliche Freiheit</u>. Freiheit ist also nicht die Erlaubniß zu jeder möglichen That, das wäre nur Freiheit für einen, und Sclaverei für den andern, und würden wir alle insgesammt diese Freiheit ausüben wollen, so wäre ein Krieg Aller gegen Alle die Folge, also gerade die Vernichtung der Freiheit. Die Freiheit ist also eigentlich der leere Raum, den die Menschen mit sittlichen Thaten erfüllen sollen. Je größer der Theil ist, den einer in Anspruch nimmt, um ihn mit allerlei anzufüllen, desto kleiner wird der Rest für die Uebrigen. Wären wir alle absolut vernünftig, so würden uns <u>alle</u> Handlungen erlaubt sein; denn wir würden dann von selbst keine begehen, die gegen die Gerechtigkeit wäre, und der Staat, als Schutzanstalt gegen Uebergriffe, wäre gar nicht nothwendig, sondern wir brauchten höchstens eine Ordnungs-Commission, welche zu sorgen hätte, daß nicht durch die Elementar-Ereignisse, oder durch Irrthum Verwirrung in der Gesellschaft entstände. Die Gegner der Freiheit sind die Affecte, welche ein Uebermaß für sich verlangen, und daher einen Abgang für den andern. Daß diese Affecte nicht übergreifen können, dafür ist der Staat da. Je mehr der Mensch noch seinen Affecten hingegeben und je weniger er vernünftig entwickelt ist, desto nöthiger ist der Staat, desto mehr müssen die Affecte gebunden sein, und desto weniger können die Handlungen sein, die den Menschen unbedingt frei gegeben sind. Die Freiheit ist also kein unmittelbar bestimmtes Gut, daß in seiner gewissen Gestalt immer und allzeit dem Menschen gebührt, <u>sondern die Freiheit ist an ein Maß gebunden, und dieses Maß heißt Vernunftentwickelung. Je größer diese Entwickelung, desto größer die Freiheit</u>. Da nun nirgends die Vernunftentwicklung eine absolute ist, so bestimmt in jedem freien Staate die Verfassung, wie viel den Staatsbürgern in die Hände gegeben wird, und wie. Verfassungen sind also das Maß der Freiheit, gemessen an dem Grade der Vernunft-Entwickelung.

Nicht jene Verfassung ist daher die beste, welche die größtmöglichste Menge von Freiheit giebt, sondern welche die der Vernunft-Entwickelung angemessenste giebt. Was darüber wäre, würde dem vernünftigen Gebrauche entrückt, und den Affecten anheim fallen. Die größten Feinde der Freiheit tauchen daher allemal in Zeiten auf, wo gerade die Freiheit geboren werden soll. Es sind das diejenigen Menschen, die ihren Affecten hingegeben sind, die recht viel Handlungen für sich haben möchten, die daher für eine unermeßliche Summe von Freiheit stimmen, d. h. die Losbindung der Affecte verlangen. Je mehr der Mensch der Sclave seiner Affecte ist, je weniger er die Tugend der Mäßigung und Gerechtigkeit kennt, desto mehr will er Freiheit, d. h. Willkühr. Und wenn er sie hat, thut er die Thaten seiner Affecte, verringert den Wirkungskreis anderer, und übt an ihnen Gewalt. Die Folge davon ist Furcht, Verzagung, Mißtrauen, Verarmung – und endlich Hülferuf um jeden Preis, selbst mit Waffen und mit dem Verluste der Freiheit. Daher kommt die Erscheinung, daß so oft in der Geschichte die größten Freiheitsbestrebungen mit einem viel kleineren Maße derselben endigten, als man hätte erwarten sollen, ja oft ganz dem Militär-Despotismus anheim fielen. Daher kann man den Völkern nicht genug die Lehre zurufen: „Mißtraut euren Drängern, die euch mit unermeßlicher Freiheit und mit ewigen goldenen Gütern zu überhäufen versprechen, sie sind meistens durch die Gewalt ihrer Affecte herabgekommene Menschen, die nun wieder von ihren Affecten getrieben werden, sich großen Spielraum und große Befriedigung zu erwerben, um, wenn sie ihn haben, wieder herabzukommen, und alle die mitzureißen, die ihnen vertrauten."

Dies vorausgeschickt, kommen wir auf unsern Gegenstand zurück. Der Kaiser von Oesterreich hat seinem Reiche eine Verfassung gegeben. Da erhebt sich nun der Vorwurf: Warum hat er sie nicht von den Staatsbürgern selber machen lassen, warum hat er nicht abgewartet, bis der Reichstag, der doch zu dem Zwecke zusammen gekommen war, dieselbe fertig gebracht hätte? Es ist ein jedesmaliger Zug bei großen Freiheits-Bestrebungen, daß die Menschen selber die Freiheit machen wollen, und nichts scheint natürlicher und billiger, da sie doch selber am Besten wissen müssen, wie reif sie seien, und welch' großes Maß sie ertragen können. Aber doch läuft eine Täuschung mit. Man hält gewöhnlich sein <u>Verlangen</u> nach Freiheit für <u>Reife</u> zu derselben, und weil in solchen Zeiten die Affecte selbst nüchterner Menschen aufgeregt sind, so gehen diese Affecte eben ihre gewohnten Wege und verlangen ein Uebermaß von Befriedigung. Daher kömmt jener merkwürdige Zug der Geschichte, daß sogenannte constituirende Versammlungen jederzeit von ihrem Zwecke ab zu allerlei andern Machtäußerungen gerissen werden, und daher sehr viel Zeit brauchen, daß sie ferner ebenfalls von Gefühlen ergriffen sind und daher dieselben vor dem Verstande vorwalten lassen, daß sie drittens aus diesem Grunde weniger auf die Lage des Landes sehen, sondern sich große, das Herz erhebende und erschütternde Ideen vorschweben lassen, die sich auch meistens in tönenden Worten kund geben, und daß sie daher endlich meist eine Verfassung zu Stande bringen, welche eine Theorie ist, und erst des Zusammenhanges mit dem Lande, für welches sie gegeben ist, harrt. Nur in Nordamerika war es anders; dort handelte es sich aber nicht, eine Freiheit erst zu erzeugen, sondern die schon aus England mitgebrachte, auf amerikanischem Boden nur selbstständig zu machen, und nach Maßgabe zu verändern.

Es war dies daher mehr ein Krieg wie zwischen unabhängigen Mächten, und zudem ist Amerika ein Glück zu Theil geworden, wie es nicht jede Bewegung alle Tage zu erwarten das Recht hat, nämlich zwei Männer zu besitzen, wie Washingthon und Franklin. Trotz der Bedenken bezüglich constituirender Versammlungen scheint es doch der natürliche Weg der Dinge und der Gemüther zu sein, sie gewähren zu lassen, ihre Verfassung anzuwenden, sie ihre Mängel von selbst enthüllen und durch die neugewonnen Einsicht des Volkes abändern zu lassen. Aber dies alles erfordert, daß der Staat, indessen die Verfassung gemacht und versucht wird, nicht andern großen Gefahren ausgesetzt ist, und durch ihre Verlängerung selber in die Frage seiner Existenz oder Nichtexistenz geräth. Die Gründe, welche die Regierung Sr. Majestät bewogen haben können, selber eine Verfassung zu geben, statt zu warten, bis der Reichstag die seinige zur Sanction vorlegen kann, sind in dem in würdiger und edler Sprache verfaßten Kundmachungs-Patente enthalten. Das Land ist im Zustande des Ueberganges, jeder hält in seinen Unternehmungen so viel als möglich zurück, bis er in den Zustand der Gewißheit kömmt, Handel, Gewerbe, Künste stocken, die Verarmung geht in einem erschreckenden Grade vorwärts, dieser Zustand muß geändert werden, und es muß ein Vertrauen erweckender, der der bestimmten Gesetze eintreten. Zudem ist jeder Uebergangszustand der eigentliche Boden der Staatsexperimente: jeder versucht am Staate zu ändern, zu verbessern, neu zu gestalten, daher in solchen Zeiten Umstürze, Umtriebe, Aufstände und dergleichen zu befürchten sind, welche die ungewisse Lage wieder verlängern und Gewaltmaßregeln nöthig machen, die der Freiheit nicht förderlich sind. Abgesehen davon, daß es vielleicht unmöglich gewesen wäre, die von dem Reichstage vorgelegte Verfassung zu sanctioniren, war nicht zu erwarten, daß dieselbe in kurzer Frist zu Stande gekommen wäre, da das bisher Geförderte so lange Zeit brauchte, und der Wichtigkeit des Gegenstandes nach und der schwerfälligen Bewegung großer Versammlungen zufolge brauchen mußte, – während welcher Frist sich der unheimliche Boden, den ein höchst verbrecherisches Beginnen in Wien erzeugt hat, immer mehr erhitzt und es wahrscheinlich zu einem Racheausbruch und zu Conflicten gebracht hätte, die wieder eine neue Verschiebung und Verzögerung erzeugt haben würden. Zu dem kömmt noch, daß die endlich fertig gewordene Verfassung doch nur für die in Kremsier vertretenen Länder gültig gewesen wäre.

Die Lage der Monarchie ist aber nun eine wesentlich andere. Die Siege in Italien und Ungarn haben die Sache umgestaltet. <u>Ein</u> Band kann nun das ganze Reich umschlingen. Diesen Grund halten wir für den wichtigsten und hauptsächlichsten, der den Kaiser trotz vielen anerkennenswerthen Arbeiten des Reichstages zu dessen Auflösung bestimmt haben mochte; denn sollen wir nicht in eine nachtheilige Zersplitterung verfallen, und sollten wir dem Principe der Selbstconstituirung treu bleiben, so müßten wir warten, bis Ungarn und Italien völlig aus dem Kriegszustande erlöst wären, dann müßten wir einen constituirenden Reichstag aus dem ganzen Reiche berufen, und dieser müßte wieder von vorne anfangen, was doch wahrlich wegen der oben angeführten Lage des Landes nicht wenig gefahrdrohend gewesen wäre. Nehmen wir daher das auf einem andern Wege gekommene freudig an, lassen wir das Vaterland durch neues Andringen gegen eine verliehene Verfassung (die wir nicht selbst gemacht haben), nicht neuerdings in Stürme und Unglück gehen, und wenn die gegebene Verfassung, wie wir nach erster flüchtiger Lesung vermuthen, den Bedürfnissen des Reiches entspricht, dann laßt uns einmal aufhören zu zerstören, laßt uns endlich redlich und muthig bauen, laßt uns die Gabe unseres jungen edlen Kaisers freundlich und treu aufnehmen, laßt uns die so nothwendigen Gesetze für die Ordnung der Länder zu Stande zu kommen machen, und laßt uns zuletzt die Veränderungen, die in der Verfassung noch noth thun mögen, in dem neuen, edlen, starken, gesinnungsvollen Reichstage, der zusammenberufen wird, in Vorschlag, in Berathung und Wirksamkeit bringen. Dies ruft euch ein Mann zu, der seit seiner Jugend die Freiheit mit allen Kräften seines Herzens geliebt hat, aber die reine sittliche Göttin, die von allen verehrt wird, ohne sich einem ausschließlich zu ergeben: nicht die Dirne, die bald mit dem und bald mit jenem Buhlschaft treibt, ihm Größe, Macht, Gewinn und Ansehen vorlügt, und die andern in Willkühr und Tyrannen-Banden gefangen hält.

⟨18.⟩ ⟨ALBUMBLATT FÜR DAS ALBUM DES FRÄULEINS BETTINA RINGSEIS⟩

Aus Menschen, die vollkommen hart, in Entbehrungen aller Art, u den Einflüssen der Naturgewalten ausgesezt, erzogen werden, entstehen nicht selten große Gemüther: nur muß ihnen, daß sie groß werden, irgend wo im ersten Leben der Engel des Göttlichen erscheinen – seis im Rauschen des Flusses im Wehen des Waldes im Glänzen der Sterne oder in der Tiefe eines liebenden Herzens – sonst werden sie nur stark.

Linz am 23ten April 1849

Adalbert Stifter

⟨19.⟩ ⟨ALBUMBLATT FÜR DAS ALBUM DES FRÄULEINS EMILIE RINGSEIS⟩

Es ist viel leichter, gewisse einzelne große Thaten zu thun, jene Wunder des Augenbliks, die wir anstaunen, als ein Leben voll Rechtschaffenheit u Sebstverläugnung zu führen, u dann mit Freude u Gelassenheit zu sterben: zu jenem gehört ein Augenblik der Größe u Begeisterung (oft nur Leidenschaft) zu diesem Größe selbst.
Linz am 23ten April 1849.
Adalbert Stifter

⟨20.⟩ ⟨ALBUMBLATT FÜR DAS ALBUM DES FRÄULEINS
MARIE RINGSEIS⟩

Es gibt nur zwei göttliche Dinge auf dieser Welt: das Eine
göttlich an u für sich, die Religion, das andere göttlich in
dem Kleide des Reizes, die Kunst. Diese zwei sind das
Höchste auf Erden. Wer etwas anderes über sie stellt,
etwa Gewerbe Wissenschaft Staatseinrichtungen, der verkehrt die Ordnung der Dinge, u sezt das Mittel über den
Zwek.
 Linz am 23ten April 1849
Adalbert Stifter

⟨21.⟩ WAS IST FREIHEIT?

Kein Wort ist in der neuesten Zeit so oft ausgesprochen worden, als das Wort Freiheit; aber man kann ohne Uebertreibung behaupten, daß unter Hundert, die es ausgesprochen, kaum Einer ist, der weiß, was das sei. Viele meinten, weil wir unter der vorigen Regierung nicht frei waren, so gelte jetzt alles nicht mehr, was früher gegolten hat; Andere meinten, die Freiheit bestehe darin, daß man alles thun dürfe, was man nur wolle, und daß, wenn früher Ausgelassenheit, Trunkenheit, Geschrei, Verwegenheit und dergleichen als schlecht und verachtungswürdig betrachtet wurde, dieß jetzt nicht mehr der Fall sei, und daß der, der recht lärmt und sich ungeberdig stellt, der Allerfreieste sei. Wieder Andere glaubten, jetzt dürfe man gar keine Begierde mehr unterdrücken; denn sonst sei man ja gar nicht frei, und Manche, die sich gar keinen Begriff machen konnten, meinten zuletzt, die Freiheit sei etwas, was uns Alle überhaupt glücklich mache, und jetzt sei es gut, man brauche sich nicht weiter umzuschauen. Daher meinten sie, wenn Einer keine Arbeit habe, sei ein Anderer schuldig, sie ihm zu geben, und wenn keine vorhanden ist, so müsse er ihm den Unterhalt auch ohne Arbeit geben. Ja Viele sagten, die Besitzer hätten nun lange genug besessen, und es müßten jetzt die anderen wohlhabend werden, die es bisher nicht waren. Mehrere glaubten endlich sogar, daß die Freiheit völlige Gleichheit sei, daß Keiner dem Andern mehr Achtung schuldig sei, daß Tugend, Bildung und Vernunft den einen Menschen nicht besser mache, als den andern, der sie nicht hat, ja daß die Verständigeren und Gebildeteren der Freiheit gerade schädlich seien, weil sie den beliebigen und außerordentlichen Forderungen der andern entgegen traten. So meinten die Leute.

Diese Freiheit wäre so verworren, wie der babilonische Thurm; sie wäre aber auch verbrecherisch und würde uns unter die Thiere herabstürzen. Bei ihr wäre keine Familie mehr möglich und kein Eigenthum; denn das Weib könnte beliebig von dem Manne gehen, der Mann von dem Weibe, und der Knecht könnte das Eigenthum des Herrn begehren. Diese Freiheit wäre die der Thiere im Walde, die auch thun dürfen, was sie wollen, aber gegen die man auch thun darf, was man will. So frei waren damals die Menschen, als sie noch ganz wild waren, und noch nicht zum Schutze in einen Staat getreten waren. Es durfte jeder alles thun; aber wenn zwei zusammen gingen, und Einen erschlugen, so hatte dieser keine Hilfe, und er war das unfreieste Ding, das man sich in der Welt denken kann. Darum traten sie aber zusammen in den Staat, machten Gesetze, die sie schützten, und setzten eine Gewalt ein, die die Gesetze aufrecht hielt. Jetzt waren sie frei und jetzt konnte sie Keiner mehr zwingen.

Die menschliche Freiheit ist also etwas ganz anderes, als pure Ausgelassenheit. Wir sind freilich in einem Stücke alle ganz gleich, aber nur in diesem <u>einzigen</u> Stücke, nämlich wir haben Alle vor Gott die nämliche Pflicht, <u>immer besser, rechtschaffener und sittlicher zu werden</u>. Diese Pflicht hat Arm und Reich, Groß und Niedrig, Mächtig und Schwach. Diese Pflicht macht den Menschen zum Menschen und unterscheidet ihn von dem Thiere, das weder Tugend noch Laster kennt. Diese Pflicht hat der Mensch allein, und er darf in derselben nicht gestört werden. <u>Das aber ist die menschliche Freiheit, daß</u>

WAS IST FREIHEIT?

<u>Keiner den Menschen in der Pflicht der Sittlichkeit und Tugend stören darf.</u> Keiner darf den Menschen stören, wenn er sich ein Weib in der Ehe verbindet, wenn er liebe Kinder hat und sie in Gottesfurcht und Rechtlichkeit erzieht, wenn er sich durch ehrliche Arbeit ein Vermögen zu erwerben oder das von seinen Aeltern empfangene zu erhalten sucht, wenn er sich und die Seinigen immer edler zu machen und immer mehr mit Kenntnissen zu bereichern strebt, und wenn er zuletzt mit Ruhe und Gelassenheit seinem Tode entgegensieht. Er darf aber auch zur Erreichung dieser Dinge von keinem Andern etwas fordern, wodurch der Andere dann seine Pflichten nicht erfüllen könnte. <u>Dadurch sind wir dann alle frei, dadurch sind wir dann alle gleich</u>. Darum verlangt gerade die echte Freiheit die meiste Selbstbeherrschung, die Bändigung seiner Begierden, die Gerechtigkeit, daß man dem Andern nicht zu nahe trete, daß man sich nicht willkürlich räche, sondern einen Schiedsrichter einsetze, der den Streit ausgleiche, und daß man für sich eher zu wenig fordere, als zu viel. Darum ist die echte Freiheit viel schwerer auszuführen, und verlangt einen viel tüchtigeren Mann, als die Schreier wissen und sind, die für sich einen ungeheueren Haufen von Freiheit verlangen, für andere nichts. Ich werde in einem nächstem Aufsatze sagen, wie man die Freiheit einführen kann, und wie man sie gewöhnlich stört.

⟨22.⟩ WIE WIRD DIE FREIHEIT EINGEFÜHRT?

Die Menschen haben sehr bald, schon in den urältesten Zeiten, eingesehen, daß sie, wenn sie die Güter dieser Welt ungeschmälert genießen sollen, in Verbindungen treten müssen, wodurch jeder Einzelne geschützt werde. Auch damit jeder seinen Pflichten nachgehen und seine größte Vervollkommnung erreichen könne, ist es nothwendig, daß er nicht jeden Augenblick angegriffen werden kann und sich vertheidigen muß. Deßhalb treten viele zusammen und schützen einer den andern. Nur dann ist man wahrhaft und in der That frei, wenn man seinen rechtlichen Geschäften und seinen menschlichen Pflichten nachgehen kann, ohne daß man zu befürchten hat, daß man von Jemandem gehindert werde. Nur dann ist man wahrhaft frei, wenn man auf Wegen und Straßen, zu Hause und auf dem Felde, bei Tag und bei Nacht vollkommen sicher sein kann, daß einem weder am Körper noch am Eigenthume ein Leid oder ein Zwang zugefügt werden könne. Wenn einer sagt, man sei noch freier, wenn man nicht bloß die guten Thaten ungehindert ausführen kann, sondern auch alle möglichen anderen, so irrt er sehr; denn wenn einer alle möglichen Thaten thun darf, so darf er mich auch an meinem Körper beschädigen, er darf mich an Weib und Kind, an Haus und Hof beschädigen; dann ist er selber wohl viel freier, ich aber dafür viel unfreier, und alle Diejenigen auch viel unfreier, die seinen Angriffen ausgesetzt sind. Die Freiheit aber gehört für alle gleich, keiner darf mehr haben und keiner weniger, weil wir Alle das gleiche Recht haben, uns zu vervollkommnen und ein ehrliches Leben zu führen. Nur die ungehinderte Ausführung der guten Thaten allein ist die Freiheit; denn diese schaden Niemandem, nützen allen, und machen uns alle gleich an Ansehen und Achtung. Daher muß eine Anstalt getroffen werden, daß keiner von einem andern angegriffen werden könne, oder wenn es doch geschehen wäre, daß ihm sein Schaden wieder vergütet werde. Diese Anstalt kann ein Einziger allein nicht machen, weil er sich gegen Angriffe nur mit Gewalt vertheidigen könnte, und gegen die Uebermacht allemal erliegen müßte. Daher treten sehr viele in einen Bund, und machen, daß die Uebermacht immer zur Abwehr jeder Angriffe vorhanden sei. Ein solcher Bund ist <u>ein Staat</u>; das Land, auf dem der Bund ist, heißt man <u>das Reich</u>, und die Menschen, die den Bund machen, sind <u>ein Volk</u>. Solche Staaten finden wir schon in den ältesten Zeiten der heiligen Schrift, Assyrien, Babilonien, Egypten und Judäa. Weil aber in den Staaten nicht Jeder alle Augenblicke mit den Waffen in der Hand da stehen und warten kann, ob nicht einem ein Unrecht angedroht werde, das man dann gemeinschaftlich abwehren wolle, so hat man eine Macht gegründet, die im ganzen Lande vertheilt ist, und die die Störungen, die dem Einzelnen drohen könnten, hintanhält. Diese Macht hält die Sicherheit des Staates aufrecht, daß Jeder auf seinen Wegen und Stegen gehen kann, und nicht befürchten darf, daß ihm etwas Böses geschehe. Alle Staatsglieder müssen zur Aufrechthaltung dieser Macht beitragen, entweder durch Geldmittel oder durch Stellung der nöthigen Mannschaft, dieß sind Pflichten im Staate. Weil aber Viele im Staate sein können, die nicht genau wüßten, was ein Angriff ist, was Recht und was Unrecht ist, so haben die Völker, die nur schon auf einen kleinen Grad von Ausbildung gekommen sind, gewöhnlich Bücher verfaßt, in denen das für alle Staatsbürger aufgeschrieben ist. Solche Bücher heißt man Gesetze. Weil aber trotzdem noch Streit und Verwicklung im Staate möglich ist, so sind die Gerichte eingesetzt, die den Streit schlichten. Niemand darf sich selber beliebig Hilfe schaffen, weil er zu weit gehen und in einen Angreifer ausarten könnte. Da der Staat ein Menschenwerk ist, so ist wohl nicht zu erwarten, daß er ganz fehlerfrei sei, und daß gar keine Störung vorkommen könne. Jener Staat ist der beste, in welchem die größte Sicherheit herrscht und die wenigsten Störungen vorkommen können. Man sieht aus diesem, wie lächerlich es sei, wenn Jemand meint, er habe eine Freiheit errungen, wenn er etwas gegen das Gesetz thut; denn wenn wir Alle das thäten, so würden wir Alle Angreifer sein, und würden die Güter der Welt und die Sicherheit und Freiheit Aller zerstören, und den Ruin des Ganzen herbeiführen. Es nützt nichts, wenn Einer sagt, das Gesetz sei schlecht; denn das könnte am Ende Jeder zu jedem Gesetze sagen, und es würde das Unterste zu Oberst gekehrt. Wenn ein Gesetz untauglich ist, oder es mit der Zeit wird, so muß man mit vernünftiger Ueberlegung, mit verständigem Wort und mit Beweisführung daran gehen, daß es auf dem gebräuchlichen Wege umgeändert wird. So lange es aber besteht, muß man ihm unbedingt gehorchen, daß die Würde und Majestät des Staates unverletzt bleibe, weil darin allein die Sicherheit Aller liegt. In den freiesten Staaten, die wir bisher kennen, ist immer die Achtung vor dem Gesetze am allergrößten gewesen, ja die Engländer, die sich auf solche Dinge verstehen, gehorchen sogar mit Eigensinn einem dummen Gesetze, so lange es noch besteht, weil das Gesetz heilig ist, und weil keiner für so staatsunklug angeschaut werden will, daß er die Heiligkeit des Gesetzes nicht einsehe, und weil keiner so lächerlich sein will, daß er nicht einmal wisse, daß er durch

Verletzung des Gesetzes nicht dem Gesetze, sondern sich selber eine Wunde schlage.

Ein anderes Mal wollen wir von den Feinden der Freiheit sprechen.

⟨23.⟩ WER SIND DIE FEINDE DER FREIHEIT?

Wenn wir einmal wissen, was die Freiheit ist, so wird es auch sehr leicht sein, sagen zu können, wer die Feinde derselben seien. Die Freiheit besteht darin, daß jeder seinen menschlichen Verrichtungen und Vervollkommnungen mit Sicherheit nachgehen kann, ohne befürchten zu dürfen, daß er darin gestört werde. Die vorzüglichsten und einzigen Feinde der Freiheit sind daher alle diejenigen Menschen, welche mit heftigen Begierden und Neigungen behaftet sind, die sie immer auf jedem Wege, der ihnen einfällt, befriedigen möchten. Der Geizige will Geld, wenn er es auch wie immer erwirbt; der Verschwender will auch Geld, er will es sehr heftig, natürlich, um es schnell wieder hinauswerfen zu können; andere sind ehrgeizig, sie können gar nicht sehen, daß einer etwas thue, was Lob einträgt, sie wollen alles selber thun, wollen dafür gelobt sein, drängen sich überall zu, drängen andere weg, und beschimpfen und verläumden Alles, was andere thun und was sie selber thun möchten, wenn sie es auch nicht können und verstehen; oft wirkt auch noch der Vortheil auf sie, welchen sie bei dem Geschäfte hoffen. Das Traurige bei solchen Menschen ist das, daß sie, wenn sie ihren Begierden nachhängen, immer unersättlicher darin werden, und endlich alles angreifen, um sich nur befriedigen zu können, und zuletzt in Ruin und Verzweiflung gerathen. Da werden sie erst recht unzufrieden und suchen alles umzustoßen, was ihnen eine Schranke setzt. Die meisten Leute, welche in ihren Vermögensumständen abgewirthschaftet haben, werden dann Tadler der bestehenden Gesetze, und möchten alles anders und besser haben, das heißt sie möchten wieder schnell und ohne Mühe zu etwas kommen. Wären wir alle gut, vernünftig, gerecht und billig gegen den Nebenmenschen und begingen wir keinen Eingriff in die Rechte des andern, so wäre kein Staat, kein Richter, kein Amt, kein Militär nothwendig, höchstens brauchten wir eine Kommission, die dafür zu sorgen hätte, daß nicht durch Zufall ein Schaden oder eine Verwirrung entstünde, zum Beispiel durch Feuer, durch Gewitter, durch Krankheiten und dergleichen. Aber weil es Menschen gibt, die mit Wegsetzung über alle Vernunft nur ihre Begierden befriedigen möchten, so sind Anstalten nöthig, daß solche Menschen bei ihren Begierden nicht die Rechte anderer angreifen; oder wenn sie es gethan haben, daß der Beschädigte wieder in sein Recht eingesetzt werde und Schadenersatz bekomme. Darum sind Gesetze, sind Aemter, sind Armeen nothwendig. In ruhigen Zeiten, wo die Menschen ihren Geschäften nachgehen, gelingt es auch immer, wenn die Gesetze und Aemter gut sind, die verbrecherischen Menschen im Zaume zu halten und das Land vor großen Schaden und vor Unsicherheit zu bewahren. Aber fürchterlich und ein wahrhaftes Verderben werden solche Menschen, wenn die Ruhe des Landes gestört wird und eine Revolution entsteht. Es ist zuweilen wahr, daß Gesetze und Anstalten, und daß die Leute, die damit umzugehen haben, einer Verbesserung bedürfen, da geschieht es auch manchmal, daß die Forderungen so laut werden, daß sich die Köpfe so erhitzen, daß ein Aufstand in dem Lande ausbricht. Da kommen nun diese Leute herbei, es ist ihnen eine heiß erwünschte Gelegenheit, die Gesetze, die Aemter, alle Schranken, die ihren Begierden bisher entgegen gestanden sind und die ihnen daher verhaßt sind, niederzureißen und alles auf einmal zu erlangen, was sie bisher immer gewünscht haben. Da sagen sie nun dem Volke, das sei die Freiheit, daß man alle Gesetze, die uns eingeschränkt haben, umstoße, daß man dieselben anders, und zwar so mache, daß dem Menschen schier alles erlaubt sei, daß man das Ansehen der Obrigkeit nicht mehr achte, sondern selber regiere, und daß man sich überhaupt unter nichts mehr beuge, als was sie für gut finden. Das Volk thut nun das, es wird selber erhitzt, die thierischen Begierden erwachen, gute Menschen thun sogar Dinge, die sie nachher bitterlich bereuen, die Volksführer beginnen zu regieren, können es nicht, greifen zu den gewaltigsten und zerstörendsten Mitteln; andere wollen es ihnen noch zuvor thun, übertreiben es noch mehr, es kömmt Verwirrung, Zerstörung und Ruin des Landes hervor, bis sich endlich die Menschen in Verzweiflung erheben und mit Kanonen und Waffen ein Ende machen. Das sind meistens die Ausgänge von Revolutionen, und es kömmt die Militärherrschaft. Manche Freiheiten, die das Volk sonst erlangt hätte, wenn es sich mäßig und Vertrauen erregend benommen hätte, werden durch jene Hetzer verdorben und verloren, und das Land ist wie aus Wunden blutend geworden. Daher ist die heiligste Lehre der Geschichte: <u>Suche eher auf unermüdliche, aber ruhige Weise die Abhilfe deiner Uebel, wenn es selbst Jahre lang dauert, ehe du dich in die Verwirrung und in das Elend einer Revolution stürzest.</u> Man weiß nie, wohin sie führt, die aufgeregten Menschenmengen thun, was sie wollen, sie gehen weit über das Ziel hinaus, das man Anfangs gesetzt hatte, und es wird Verwirrung, Noth, Angst, Verarmung, Gräuel, und endlich der Bürgerkrieg, wo ein Theil des Landes gegen den andern ist, und sich beide verderben. Ich habe einmal das Gleichniß gesagt: wer zu einem Zwecke eine Revolution anhebt, der gleicht einem thörichten Bauer, welcher sagt, er wolle die Hälfte seiner Scheuer abbrennen, – dann kann er das Ding nicht mehr erretten, er sieht die Scheuer, das Haus, den Hof, das Dorf, die Stadt abbrennen und ist in Verzweiflung.

⟨24.⟩ DIE SPRACHVERWIRRUNG

Nicht bloß mit dem Worte Freiheit ist es geschehen, daß man sich alles Mögliche und alles Unmögliche darunter vorstellte, sondern unzähligen anderen Wörtern erging es ebenfalls nicht besser: sie mußten das bedeuten, was jeder wollte oder sich einbildete, oder seinem Vortheile gemäß hielt. Selbst neue Wörter machte man sich, um mit ihnen das durchzusetzen, wozu man eigentlich Vernunftgründe gebraucht hätte. Es läge an der ganzen Sache nichts; zu allen Zeiten hat es eine große Anzahl Menschen gegeben, die mit den Worten nicht umzugehen wußten, und ihnen die närrischsten Bedeutungen gaben: aber in unserer letzten Vergangenheit hat diese Sprachverwirrung Gefahr erzeugt, und hätte uns leicht in unabsehbares Unglück bringen können; denn die Leute, die den Worten eine falsche Bedeutung gaben, wollten diese Bedeutung auch durchführen. Wir heben hier nur Eines hervor. Alle Welt sagte: <u>Jeder muß im Staate vertreten sein</u>, der Bürger durch den Bürger, der Bauer durch den Bauer, der Handwerker durch den Handwerker, denn diese verstehen ihre Angelegenheiten am besten und urtheilen am sichersten. Jeder hat dieses Recht. Welcher Mißbrauch und Irrthum liegt hier im Worte <u>Vertreten</u> und in dem Worte <u>Recht</u>! Das unbezweifelte Recht, welches das Volk hat, <u>ist das, daß es gut regiert werde</u>, ob es das Regieren selber kann, und es selber immer in Menge thun muß, ist eine andere Frage. Wenn man sagen kann, das Volk verstehe in Menge das Regieren nicht, und es würde Verwirrung kommen, wenn nur Jeder sich vertrete und für sich alles wollte, so ist es sogar die heiligste Pflicht, daß nicht das Volk regiere, sondern die aus dem Volke, die es verstehen, sie mögen aus was immer für einem Stande genommen sein. Und das Regieren zu verstehen, ist wahrhaft keine Kleinigkeit, wenn man die unermeßliche Anzahl Dinge bedenkt, auf die der Staatsmann denken und sie in Einigung bringen muß. Das muß durch eine Reihe von Jahren durch Fleiß und durch Festigkeit des Karakters gelernt werden. Kann doch das schlechteste Ding nicht ohne Lernen zu Stande kommen. Ich will das unterste aller Beispiele wählen. Wenn mir einer einen Haufen Ruthen bringt und sagt, ich solle einen Besen daraus binden, so werde ich aus den Ruthen allerdings ein Ding zusammenflechten, das einem Besen gleich sieht; aber wie wird ein Besenbinder lachen, wenn er das Ding sieht, und wie werden alle Umstehenden lachen, wenn der Besenbinder seinen kunstgerechten Besen neben den meinigen legt. Und was ist ein Besen für ein schlechtes und leichtes Ding gegen das Regieren, das doch in letzter Zeit jeder können wollte, wenn er am Ende auch nicht im Stande war, sein kleines Häuschen zu regieren. Es ist allerdings wahr, wir müssen nicht alle Regierungsgewalt in einige Hände legen und uns dann nicht mehr darum kümmern, gehe es wie es wolle; sondern wir müssen Männer haben, die in Weisheit, in Ruhe und Mäßigung die Sache austragen, und sich gegenseitig aneifern, belehren und vor Irrungen bewahren; aber das müssen auch Männer sein, die einen festen, guten Karakter haben, die die Kenntnisse besitzen und den heiligsten, ernstesten Willen zeigen, das allgemeine Beste zu erzielen, aber nur das allgemeine, nicht das ihrige. Wenn wir eine Maschine hätten, die die Tauglichsten und Besten von den andern heraussuchte, wären wir freilich am glücklichsten daran, aber auch ohne

DIE SPRACHVERWIRRUNG

diese Maschine werden sich schon Mittel finden lassen, wenigstens der Hauptsache nach, die tüchtigsten Männer kennen zu lernen und sie zur Wirksamkeit zu bringen. Ich werde ein anderes Mal davon reden; jetzt will ich nur noch zeigen, zu welcher Lächerlichkeit wir kämen, wenn jede Klasse der menschlichen Gesellschaft ohne Unterschied der Bildung sich vertreten dürfte. Wenn ich sage, der Taglöhner weiß am besten, was ihm nützt, der Arbeiter ebenfalls, und so weiter: so muß ich folgerichtig auch sagen, die Weiber sollen durch Weiber, ja die Jungfrauen durch Jungfrauen, die Eheweiber durch Eheweiber, die Witwen durch Witwen, – und endlich sogar die Schulkinder durch Schulkinder vertreten werden; denn diese alle wissen am besten, was ihnen nützt. – Ja wenn Alle auf der Welt wüßten, was ihnen nützt, dann wären wir glücklich, dann gäbe es nicht Betrug, Bevortheilung, Haß, Verwirrung und dergleichen. Verlassen wir uns auf die großen und edlen Männer unseres Volks, suchen wir diese zu bekommen, sie vertreten uns besser als wir uns selbst, sie vertreten uns gewiß; denn das ist das Merkmal des großen und guten Menschen, daß er immer zuerst auf das Ganze und auf Andere sieht, auf sich zuletzt.

⟨25.⟩ DER CENSUS

Ich habe neulich gesagt: wenn wir auch keine Maschine haben, die uns die Tüchtigsten und Besten als unsere Vertreter von allen übrigen heraussucht, so lassen sich doch noch Mittel finden, auch ohne diese Maschine zu den Tüchtigsten und Besten zu kommen. Aber ziemlich schwer sind diese Mittel zu ersinnen. Wenn alle Menschen unterrichtet, gut und mit ihren Nebenmenschen bekannt wären, so wäre das leichteste Mittel die Wahl; sie würden schon den Edelsten, den Unterrichtetsten und den Tauglichsten wählen. Allein da die Menge der Menschen von den meisten Dingen, um die es sich im Staate handelt, keinen Begriff hat, so kann sie auch nicht wissen, ob der, den man wählen will, einen Begriff hat; ungefähr als ob ich sagte, in einem Bezirke soll eine Sternwarte gebaut werden, und die Gemeinden des Bezirkes sollen den Professor der Sternkunde wählen. Ferner, da nicht alle Menschen gut sind, würden die Schlechten die Wahlen zu ihren schlechten Zwecken leiten wollen, sie würden nicht nur selber schlecht wählen, sondern würden auch den andern minder Unterrichteten falsche Vorspiegelungen, Worte, Gründe, Thatsachen geben, daß er auch schlecht wähle, so daß endlich der gewählte Vertreter gar kein Vertreter mehr wäre, und etwas ganz anderes sagte und thäte, als im Sinne seiner Wähler gelegen war. Er würde nur für sich und seine Zwecke handeln. Das Land hätte eine Vertretungsregierung und wäre doch nicht vertreten. Dieß erkannten schon die Alten und hatten bei ihrem Staatsleben Bedingungen gestellt, die einer an sich haben mußte, wenn er sollte gewählt werden können. Diese Bedingungen hießen sie Census oder Schätzung, weil man darnach den Mann schätzen konnte. Da sie nicht Jeden zu jeder beliebigen Wirksamkeit gelangen lassen konnten, waren diese Bedingungen oft sehr strenge. So hielten es alle Zeiten, welche besonnen in ihren Staatsdingen vorgehen wollten. Nur in Zeiten, wo alles mit Gewalt überstürzt wird, wo alle Köpfe und Herzen entflammt sind, rufen sie gewöhnlich: Wir sind alle gleich, Gott hat keinen Unterschied in den Menschen gemacht, daher sind wir Alle zur Vertretung berufen. So wählen sie dann auch, senden die Verschiedensten zu ihrer Vertretung und sehen erst am Ende, wo alles in Unordnung gerathen ist, daß doch nicht alle Menschen gleich sind, daß die Guten, Verständigen und Unterrichteten die Sache besser machen, als die Schlechten, Thörichten und Unwissenden. Wenn alle Menschen gleich wären, so hätte es ja überhaupt keiner Wahl bedurft, man hätte den Nächstbesten nehmen können. Aber an welchen Merkmalen soll man erkennen, wer der Beste, der Verständigste und Unterrichteste sei? Diese Frage hat alle Zeiten, vom Alterthume an bis heute, beschäftigt und man hat die Erfahrungen gesammelt. Bei manchen kann man es aus seiner Lebensbeschäftigung schon abnehmen, daß er gut, verständig und unterrichtet sei, wenn er nämlich schon eine Stellung einnimmt, die großes Vertrauen fordert und vielseitige Staatskenntniß voraussetzt. Von solchen Leuten weiß man auch immer, wo sie gebildet worden sind, denn sie haben Zeugnisse als Doktoren, Gelehrte und so weiter. Man heißt sie die Gebildeten, oder wie heut zu Tage der Ausdruck lautet, die Intelligenz. Aber wie soll man es bei den andern wissen? Diese haben keine Zeugnisse, aber man geht von der Erfahrung aus, daß der das meiste wissen könne, der durch sein Geschäft oder durch seine Mittel am meisten in die Lage kömmt, sich Kopf und Herz ausbilden zu können, und der auch Ursache hat, jede Umstürzung und Zertrümmerung im Vaterlande zu scheuen. Dieß ist der Besitzende; daher man immer einen gewissen Besitz, den man aus der Steuer erkennt, als Bedingung der Wählbarkeit angegeben hat. Wer wenig Mittel hat, kann gewöhnlich auch wenig lernen, er beschäftiget sich in einem kleinen Kreise von Menschen, in einem Dorfe, in einer Stadt und lernt nicht andere Dinge kennen, die in dem Staate Einfluß haben; wo sollte es z. B. der Taglöhner, der Handlanger und dergleichen wissen, der nie über die Grenze seiner kleinen Beschäftigung hinaus gekommen ist: aber der, der größere Mittel besitzt, kann sich eine größere Bildung erwerben, er hat ein größeres Geschäft, das führt in manche Länder und Gegenden, und er lernt die Verhältnisse im Großen und wie sie im Staate eingreifen, erkennen; überdieß ist er durch seinen Besitz an die Dauer des Staates und seines Glückes gebunden, daß er sich nicht leicht an zerstörende Versuche wagt, die für den Staat schlecht ausfallen könnten, was aber der Besitzlose sehr gerne thut, weil er bei der Veränderung zu gewinnen hofft. Man hat also zur Bedingung, daß einer gewählt werden könne, gesetzt, daß er gebildet sei und dieß durch seine Stellung ausweise, oder daß er eine gewisse Steuer zahle, welche seinen Besitz beweiset. Dieß heißt man den Census, d. i. die Bedingung der Wählbarkeit. Freilich gibt der Census auch kein untrügliches Mittel ab, bei dem nicht mehr zu fehlen wäre; denn der Gelehrte kann doch dieß oder jenes nicht wissen, und der Besitzende kann seinen Besitz nicht zur Veredlung und Ausbildung angewendet haben; ein Mittel, wo ganz und gar nicht mehr gefehlt werden könnte, ist gar nicht zu ersinnen: aber da es schon kein ganz untrügliches Mittel gibt, so ist es dann an dem Wähler, das, was dem Mittel fehlt, durch seinen Verstand und durch sein Herz zu ergänzen, und, wie ich meine, daß das zu machen sei, werde ich in einem künftigen Aufsatze sagen.

⟨26.⟩ WAHLVORSICHT

Wenn man auch im Laufe der alten, vergangenen Zeiten belehrt wurde, daß es gefährlich sei, jeden Beliebigen ohne weitere Bedingung zum Vertreter oder zu einem Amte zu wählen, und wenn man auch daher Merkmale in ein Gesetz sammelte, die der Wählbare an sich haben mußte: so gibt es dennoch in der ganzen Natur keine so allgemeinen und untrüglichen Merkmale, wodurch die Tauglichsten und Besten bezeichnet würden, daß man sich nicht irren und dennoch einen Untauglichen und Schlechten wählen könnte. Daher muß der Wähler die Unsicherheit durch seinen Verstand und durch sein Herz ausgleichen. Da ist es nun freilich schwer, wenn etwa der Wähler selber keinen Begriff von dem Dinge hat, das der Vertreter ausführen soll, daß er den Mann wähle, der es versteht, wie wenn etwa die Gemeindeglieder eines Dorfes einen Mann wählen sollten, der eine künstliche, nie dagewesene Thurmuhr zu verfertigen hätte. Aber so schwer dieser Fall ist, so wenig man genau die Eigenschaften weiß, die der künftige Vertreter haben soll, so hat doch der Verstand bei der Wahl noch viel zu thun übrig. Er muß sehen, daß der Wählbare selber ein Mann von reinem, gesundem Verstande ist, und denselben in allen seinen Angelegenheiten bewährt. Wie thöricht wäre es zum Beispiele, einen zu wählen, der seinen Wählern alle möglichen Güter und Vortheile verspricht, weil es in die Augen leuchtet, daß das kein Mensch ausführen kann, und daß daher der Versprecher entweder verstandlos, oder schlecht ist; wie thöricht wäre es weiter, einen Mann zu wählen, der in seinen eigenen Angelegenheiten herunter gekommen ist, der bald dies, bald jenes unternommen hat, in jedem auf keinen guten Erfolg gekommen ist, und nun in Wirthshäusern und öffentlichen Orten, wie dies gewöhnlich der Fall ist, der Regierung und allen möglichen Dingen Schuld gibt, und Alles besser zu verstehen behauptet, wie wird der das zusammengesetzteste und ausgedehnteste Ding, wie der Staat ist, leiten können, der seine einfacheren, kleineren Sachen nicht zu leiten vermochte; wie thöricht wäre es auch, einen zu wählen, der selber immer sagt, daß er der Beste und Tauglichste sei, solche Leute sind entweder in Phantasterei befangen, oder sie sind unverständig, weil sie die Kräfte Anderer nicht sehen, sondern nur die ihrigen, und weil gerade der tüchtigste Mann es nicht sagt, daß er tüchtig ist, oder sie sind schlecht und wollen nur aus dem Unverstande ihrer Wähler Vortheile ziehen; wie thöricht wäre es endlich, einen Mann zu wählen, den man gar nicht kennt, der einem nur von Andern angepriesen worden ist, die man oft auch nicht kennt, denn das hieße seinen Verstand bei Seite legen, und blind thun, was ein Anderer vorschreibt. Ich will die Thorheiten nicht weiter fortsetzen, die noch bei Wahlen möglich sind, sie sind ihrer unzählige. Man sieht also, wie sehr man den Verstand nöthig hat, wenn man auch die eigentliche Sache, die dem Vertreter obliegen wird, nicht versteht. Freilich wäre es unendlich besser, wenn man auch diese Sache verstünde, man würde da erst recht mit offenen Augen wandeln können. Es ist die Pflicht eines Jeden, sich in diesen Dingen zu unterrichten, daß er mit Bewußtsein in den Reichstag, in den Landtag, in den Gemeindevorstand und in die Ausschüsse wähle. Es sind Schriften und Bücher vorhanden, aus denen der Erwachsene sich unterrichten kann, und es werden gewiß in den Schulen diese Gegenstände gelehrt werden, daß unsere Jugend erleuchtet werde und nicht in die Fehler ihrer Väter verfalle, die zur neuen Zeit nicht vorbereitet waren. Was das Herz betrifft, das ebenfalls die Unsicherheit des Wahlgeschäftes ausgleichen helfen soll, so spielt dasselbe eine sehr große Rolle und ist von außerordentlicher Wichtigkeit; denn mit dem Herzen, wenn es selber echt und recht ist, empfindet man den Charakter des Andern, ob er gut oder schlecht sei – <u>und dies ist von entscheidender Bedeutung: Ehrlichkeit und feste Rechtschaffenheit der Gesinnung ist fast noch wichtiger in Vertretungsdingen, als die Einsicht, sie ist der Grundpfeiler und das Wesen der Vertretung</u>; denn der Ehrenmann vertritt in Aufrichtigkeit den Staat und das Volk, der Schlechte aber, wie einsichtsvoll er auch sei, vertritt nur immer sich, er will etwas erlangen, entweder Macht, da ist es eine Jagd und ein Kampf um Ministerstellen und andere Aemter, oder Geld, oder Ruhm, oder Ansehen, oder irgend etwas Anderes, nur nicht das allgemeine Wohl, was geht das ihn an, wenn er es auch immer im Munde führt, mit der Vertretung ist es da aus, dieselbe ist nur möglich, wenn das Land im Ueberflusse gute, edle, tugendhafte Bürger besitzt. Es ist also unendlich wichtig, und es handelt sich um Wohl und Wehe des Wählers selbst, daß er sein eigenes Herz auf dem rechten Flecke behalte, daß er an dem Andern den Charakter beurtheilen könne, und daß er nur Männer von entschiedener Ehre, Rechtschaffenheit und Edelmüthigkeit zu seinen Vertretern wähle. Dies ist es, was ich meinte, wenn ich sagte, daß die Unsicherheit der Wahl durch den Verstand und das Herz ausgeglichen werden solle: Nächstens werde ich einige Bezeichnungen von Leuten entwerfen, die sich sehr gerne zu Wahlen drängen und die man nicht wählen soll.

⟨27.⟩ WEN MAN NICHT WÄHLEN SOLL

Außer den zwei allgemeinen Merkmalen, daß man keinen Verstandlosen und keinen Schlechten zu einem Amte oder einem Vertreter wählen soll, gibt es noch Andere, die zwar nicht gerade unverständig oder schlecht, doch aber so sind, daß ihre Wahl sehr bedenklich ist. Ich will einige Gattungen anführen. Wenn eine neue Zeit anbricht, in der der alte Gebrauch plötzlich umgeändert wird, so dringen natürlich immer zuerst die heftigen und ungestümen Menschen hervor, sie wollen gleich <u>Alles</u> ändern, sie sind mit nichts zufrieden, sie wollen auch Alles sehr schnell thun, gebrauchen gerne, wenn ihnen Hindernisse entgegen stehen, Gewalt, und nehmen in ihrem Eifer jedes Mittel her, das ihnen tauglich scheint. Es ist natürlich, daß diese Leute nicht viel Zeit haben, die Mittel zu prüfen, daß sie dieselben schnell aus dem Zusammenhange mit andern Dingen herausreißen, daß so das Gebäude, wenn ich mich so ausdrücken darf, zu rollen anfängt, und daß endlich Einsturz und Verwirrung erscheint. Solche Leute sind es meistens, die die ersprießlichsten Verbesserungen, welche die Besonnenen und Vorsichtigen eingeleitet haben, wieder zu Grunde richten; denn sie laufen herzu, greifen heftig an die Sache an, wollen sie im Fluge abgethan haben, erregen Unruhe und Hast in vielen Köpfen, bringen oft alle Ordnung im Lande in Verwirrung, regen die Leute auf, und machen, wenn die Unordnung groß geworden ist, nöthig, daß man mit Gewalt wieder die Ordnung einführe, und daß bei dieser Gelegenheit manche Verbesserungen unterbleiben, die man sonst eingeführt hätte, weil man sich fürchtet, bei einer Veränderung laufen diese Menschen wieder herzu, und machen wieder Verwirrung und Gefahr. Wie weit könnte die Menschheit schon vorgerückt sein, wenn es keine Eiferer und Schreier gäbe, die, wie das alte Sprichwort sagt, das Kind mit dem Bade verschütten. Selbst der edelste Mensch, wenn er diese Heftigkeit hat, ist untauglich zum Aufbau von Staatsdingen, weil er die Mittel überhastet und übereilt. Der größte Kriegsmeister der neuen Zeit, Napoleon, ist an seiner Heftigkeit, mit der er sich in Unternehmungen, Händel, Kriege stürzte, zu Grunde gegangen; denn sie hat ihm zuletzt eine ungeheure Macht von Feinden erregt, die ihn stürzten. Staatsdinge sind wie eine Blume, die man hegt und wartet, dann wächst sie, die man aber über Nacht durchaus nicht hervorbringen kann. Man wähle daher niemals Leute, die sich zu der Wahl und zu anderen Dingen mit großer Heftigkeit und großem Ungestüme herzu drängen. Gerade der ausgezeichnete und gelassene Mann drängt sich nicht herbei, sondern will gesucht werden.

Eine andere Klasse von bedenklichen Menschen sind die Phantasten. Das sind solche, welche die Dinge der Welt nicht mit dem Verstande, sondern mit der Einbildung anschauen. Der Verstand nimmt die Dinge, wie sie sind, und leitet aus ihnen die Folge ab, welche natürlich aus ihnen kommen kann: die Einbildung aber betrachtet die Dinge gar nicht, oder oberflächlich, sie hat nur Einfälle, betrachtet dieselben als wahr, handelt darnach und irrt sich gewaltig. Solche Leute haben Hirngespinnste, Phantasien, Bilderwerke und dergleichen in ihrem Haupte, und hängen ihnen nach. Ihnen fallen auch viel mehr solche Dinge ein, als anderen Leuten, weil sie immer innerlich mit sich beschäftiget sind, die anderen Leute aber äußerlich die Dinge betrachten müssen. Daß solche Menschen in Staatssachen sehr üble Wirkungen hervorbringen, ist begreiflich, weil der Staat aus lauter wirklichen, ins Leben greifenden Dingen, nicht aber aus Einbildungen besteht. Man wähle daher dergleichen Leute niemals zu Vertretern oder Aemtern. Sie sind nicht schwer zu erkennen. Wer gewohnt ist, alle Dinge genau zu betrachten, wird bald sehen, ob der eine oder andere seiner Nachbarn und Bekannten nach der Natur der Sache oder nach selbstgesponnenen Einbildungen handle. Es zeigt sich dieses in den kleinsten Dingen des Lebens. Ich muß hier einer Klasse erwähnen, die besonders diesem Uebel unterworfen ist, die schlechten Schriftsteller und schlechten Künstler; sie haben unter den Thorheiten und Fehlern, die das Gute der neuen Zeit verdorben haben, viele auf ihrer Rechnung. Es ist ganz natürlich, daß es so kam. Der gute Schriftsteller und Künstler muß außer seiner Einbildungskraft, die ihm eine Fülle von Gedanken und Bildern bringt, auch einen scharfen Verstand haben, daß er diese Bilder ordne, und ein verstandesgemäßes, kluges Ding hervorbringe. Wer aber nur die Einbildungskraft allein hat, wird durch sie zum Schreiben, Malen, Schauspielen und dergleichen getrieben, geht seinen Einfällen nach, und weil er wenig Verstand hat, bringt er das Thörichte und Ungereimte zu Markte. Es ist begreiflich, daß solche Leute bei bewegungsvollen Zeiten, die ihre Einbildungskraft aufreizen, herzu eilen und ihre Thätigkeit geltend machen. Sie verderben aber Alles. Weil sie nicht nach dem Verstande handeln, haben sie auch die Staatsdinge und die Menschengeschichte nicht nach ihrer Wesenheit betrachtet, sondern nach oberflächlichen Meinungen und nach hochtönenden Redensarten, die sie nun in die Wirklichkeit einführen wollen, und dadurch den Dingen den Kopf und das Herz zerbrechen. Man wähle daher einen Schriftsteller und Künstler nur dann, wenn man mit völliger

Gewißheit weiß, daß er ein vortrefflicher ist (natürlich muß man seine Kenntnisse in Staatsdingen auch wissen); sonst aber, wenn man nur den geringsten Zweifel hat, ob er vortrefflich sei oder nicht, wähle man ihn lieber nicht.

⟨28.⟩ DIE ZUKUNFT DES MENSCHLICHEN
GESCHLECHTES

Ich habe gesagt, daß die erste und größte Eigenschaft jedes Abgeordneten und überhaupt jedes Menschen, der für das allgemeine Wohl zu sorgen hat, die Rechtschaffenheit des Charakters und die feste Tugend seines Herzens ist. Bei dieser Gelegenheit ist mir ein trauriger Gedanke gekommen, der mich schon öfters heimgesucht hat, und dem ich aber nie recht Raum geben wollte, der Gedanke, ob wir nicht etwa in unsern Sitten und in unserer Verschlimmerung schon so weit gerathen seien, daß wir uns aus eigener Kraft nicht mehr aufschwingen können, sondern daß uns der Eigennutz und die Genußsucht jedes Einzelnen noch mehr in Zertrümmerung und in Auseinanderweichen unserer Zustände bringen wird, bis ein wildes, zahlreiches und barbarisches Volk, das aber seine Kraft neben seiner Rohheit bewahrt hat, und das vielleicht jetzt noch im fernen Asien wohnt, über uns hereinfluten, und uns und unsere Bildung auf viele Jahrhunderte hin verschlingen, und die Welt wieder in die Nacht der Unwissenheit und der Rohheit vergraben wird. Es ist ein schrecklicher Gedanke, aber er ist nicht so ungereimt und seine Erfüllung ist nicht so unmöglich. Wenn ein Mensch mitten in seiner Zeit steht, kann er sie nicht so leicht beurtheilen und schätzen, weil er von allen ihren Gewohnheiten und Neigungen selber zu fest umschlungen ist; denn wie wäre es sonst möglich, daß in vergangenen Zeiten manches Volk auf dem Wege des Unterganges war, auf dem Wege, seine Habe und sein Leben und das Leben der Seinigen in einem schrecklichen Blutbade zu verlieren, daß es leicht den Untergang hätte abwenden können, wenn es nur sein Leben und seine Sitten geändert hätte, daß es dies aber nicht that, und endlich seine fürchterliche Erfüllung fand. Nur wenn man ferne von der Zeit steht, kennt man sie genauer, und weiß, wie ihr zu helfen gewesen wäre. Nur die Geschichte der vergangenen Zeiten ist die einzige, die größte, die weiseste, aber leider sehr oft unbeachtete Lehrmeisterin in menschlichen Dingen; nur in ihr können wir unsere Zustände mit vergangenen vergleichen, und so zu unserer Erkenntniß und vielleicht auch zur Besserung gelangen. Da erzählt nun diese Geschichte von einem großen und mächtigen Volke, ja von dem mächtigsten, das je auf der Welt war, von einem Volke, das wir Alle kennen, von den Römern. Sie hatten alle gebildeten Stämme zu einem einzigen großen Reiche vereinigt, und wir heißen jetzt dieses Reich die alte Welt. Wenige Völker waren so tapfer, so weise, so mäßig, so enthaltsam, so zu dem Gemeinschaftlichen zusammenhaltend, wie diese Römer. Die Bildung der alten Welt war sehr groß. Wenn wir auch in unserer Zeit in manchen Stücken voraus sind, zum Beispiele in der Kenntniß der Natur, so war uns die alte Welt doch in vielen Dingen weit, weit überlegen, und wir können ihr nicht mehr nachkommen, namentlich in der bildenden Kunst, selbst in Dichtungen, in der Geschichte, und in der Kraft und Größe ihrer Charaktere. Die reinen, starken und tugendhaften Römer, als sie die ganze damals gebildete Welt in ein Reich zusammengebracht hatten, überließen sich nun der Ruhe und wollten das Leben genießen. Das ging eine Weile gut, so lange noch die Tugend der Väter nachhielt. Das Genießen wurde aber immer allgemeiner, ihre Palläste wurden immer schöner, ihre Gärten reicher, ihre Feste verschwenderischer. Die mit ihnen vereinigten geistreichen Stämme, vorzüglich die Griechen, stiegen von den edlen Gegenständen, mit denen sie sich früher beschäftigt hatten, zu gemeinen herab, ihre Dichtungen hörten auf, ihre Bildhauerkunst hörte auf, ihre großen Geschichtschreiber waren verschwunden, und wo sie noch etwas in diesen Dingen thaten, war es unvernünftig ausgeschmückt, war kindisch, und entbehrte der inneren Männlichkeit. So sank das große Reich immer tiefer in Weichlichkeit und Genußsucht. Wer nur seine eigene Unterhaltung sucht, wer nur Reize und Lust für seine Sinne erstrebt, den gehen andere Menschen, den geht zuletzt das Vaterland nichts mehr an. Die Römer konnten sich zu dem Gedanken nicht mehr erheben, daß die Entbehrung und Enthaltsamkeit des Einzelnen eine Freude sei, wenn nur das Ganze, das Reich groß und mächtig und glücklich ist. Im Gegentheile, um in ihren ausschweifenden Genüssen nicht gestört zu werden, nahmen sie von fremden Völkern Hilfssoldaten, die sie vertheidigen sollten. Diese fremden Völker wohnten außer den Gränzen des Römerreichs im Norden, und wurden von den Römern ungefähr so betrachtet, wie von uns die wilden Völker in Asien. Die Römer hießen sie auch Barbaren. Diese Barbaren waren aber kräftig, obwohl roh und unwissend. Aus Hilfssoldaten wurden sie allgemach Angreifer gegen die morsche römische Welt, und nach entsetzlichen, fürchterlichen Kriegen und Verwüstungen stürzten diese Völker, die größtentheils deutschen Ursprunges waren, das Reich und alle Bildung; Alles, was die alte Welt liebenswürdig und groß gemacht hatte, war dahin, und viele Jahrhunderte tiefer Finsterniß traten ein. Nach und nach rang sich die Menschheit wieder empor, benützte die Trümmer der Bildung der alten Welt, und kam allgemach auf die Stufe, auf der wir heute stehen. Ich werde in dem nächsten Aufsatze unsere jetzige Lage mit der der alten Römer vergleichen, und werde zeigen, wo die Völker wohnen, die uns überfluten und zerstören könnten, wie die Römer von den Deutschen überflutet und zerstört worden sind.

⟨29.⟩ VERGLEICHUNG UNSERER LAGE MIT DER DES ALTEN RÖMERREICHES

Ich habe gesagt, daß die alten Römer, nachdem sie die ganze gebildete Welt in ein Reich vereinigt hatten, anfingen, sich dem bloßen Genusse, der bloßen Unterhaltung hinzugeben, daß in den gebildetsten Stämmen Künste und Wissenschaften verschwanden, und daß das ungeheure Reich so erschlafft und herabgekommen war, daß es eine Beute wilder Völker wurde, die es mit ihren Scharen überschwemmten. Unsere Lage ist heut zu Tage fast eine ähnliche. Die Bildung des menschlichen Geschlechtes ist mit der Ausnahme Nordamerika's in Europa vereinigt, die wilden Völker, die uns bedrohen, wie damals die Deutschen das Römerreich bedrohten, wohnen auf den Hochebenen in der Mitte Asiens. Man kann nicht sagen, die seien ja zu entfernt, viel weiter weg, als die Deutschen von den Römern; der Schauplatz ist jetzt nur ein größerer, sonst ist Alles, wie es einstens in der alten Welt war. Diese Völker sind ungemein zahlreich, das Land, das sie bewohnen, ist das ausgedehnteste der Erde, es ist aber unfruchtbar und rauh, so daß seine Bewohner hart, tapfer, und aller Mühsale und Entbehrungen gewohnt sind. Wenn sie sich zu Scharen vereinigen, so sind diese Scharen eine unermeßliche Menge, und können wie ein brausendes Meer heranrücken. Wenn Europa vernünftig, gesittet, kräftig, männlich und einig ist, hat es von all' diesen Scharen nichts zu fürchten; denn es hat seine alte Tapferkeit, und hat den ungeheuren Vorsprung in seiner Ausbildung und Wissenschaft des Krieges. Aber wenn Europa thöricht, ungesittet, weichlich, weibisch und uneinig ist, wenn sich die Bösen in seinem Schoße gleich zu dem Feinde schlagen, um mit ihm die Beute zu theilen – wie dann? Aber, werden Einige sagen, den wilden und ungebildeten Völkern in Asien fällt es gewiß nicht ein, sich zusammen zu scharen, und in das ferne Europa auf Raub zu ziehen. Es ist ihnen schon einige Male eingefallen, und kann ihnen wieder einfallen. Gerade diese Völker waren es, die den Sturz des Römerreiches herbeiführten. Sie brachen damals gegen Europa herein, besiegten seine Völker, trieben sie vor sich her, und nöthigten sie, in das Römerreich einzufallen. Später kamen sie noch ein paar Male, aber in geringerer Bedeutung. Sie sind in den ältesten Zeiten oft von ihren Höhen in andere Gegenden Asiens herabgestiegen, und haben dort nach Raub und Verwüstung Reiche gestiftet. Manche jetzt noch bestehende Völker stammen von ihnen. In China haben sie die Herrscherfamilie gebildet, die Perser stammen von ihnen, die Türken, und selbst die Magyaren, die neben andern Stämmen in Ungarn wohnen, sind einst von Asien gekommen, und haben das Land mit dem Schwerte unterworfen.

Die Ursache, warum diese Völker so gerne zu ihren Nachbarn kommen, ist die Rauhigkeit und Unfruchtbarkeit ihres Bodens, sie streben den bessern Gütern der Fremde nach und werden zu Einfällen gereizt, sobald sie in der Fremde Uneinigkeit und Verwirrung bemerken. Wie steht es nun mit uns, sind wir in der Lage, einen Einbruch zurück zu weisen? Die Künste nehmen in dem gebildeten Europa ab. In Frankreich werden Bücher voll Unsittlichkeit und Laster geschrieben, und in Deutschland werden sie übersetzt und gelesen. Unsere eigenen Dichtungsbücher sind größtentheils unmännlich, weichlich, nur in schönen Worten bestehend, ohne Würde und Tugend und ohne menschlichem Ernste. Die Zeitungen sind meistens nur auf Gelderwerb gerichtet, sagen, was die Leser gerne hören wollen, und haben in Staats- und anderen Dingen nur oberflächliche Kenntniß. Diese Kenntniß eignen sich viele Menschen an und versäumen dadurch wahre und wirkliche Kenntnisse. Nach solchen Kenntnissen handeln sie dann in den Tagen der Bewegung, und bringen Verwirrung, Verfall und Wiederzerstörung des Guten hervor. Eben so wie die Schriftkunst ist Musik, Malerei, Baukunst im Verfalle. Wenn Völker im Schönsten, was die Menschheit hat, in der Kunst herunter kommen, ist es allemal ein Zeichen, daß sie selber schlechter geworden sind. Mit diesem zugleich zeigt sich in Europa eine steigende Sucht zu genießen. Alles will sich unterhalten, Alles will glänzen und für sich eine Lust erhaschen. Man bedenke nur, wie sich Modesachen und Vergnügungsorte vermehren, und wie selbst die bescheidensten Menschen Bedürfnisse haben, von denen ihre Vorältern nichts ahnten. Dies führt auf Habsucht, auf Absonderung des Menschen von dem Menschen, und auf Lossagung von dem Wohle des Ganzen. Wird dadurch die Kraft und der Verstand und die Einigung Europa's gelockert werden, wird sie verschwinden, und werden wir den Römern gleichen?! Wer kann das wissen?? Noch sind wir nicht so weit, wie die entarteten Römer waren, aber sind wir nicht auf dem Wege dazu?! Ueberall, wo Völker zu Grunde gegangen und Reiche gestürzt sind, sind sie es durch Unverstand und Schlechtigkeit der Sitten, und überall, wo sie mächtig und glücklich waren, waren sie es durch Verstand und Güte. Dadurch wird der Staat, dadurch wird das Haus, das Weib und das Kind gerettet. Wo man auf Abwegen ist, kehre man um, und jeder Staat Europa's hat die heiligste Pflicht, die Mittel dazu einzuleiten.

⟨30.⟩ NOCH EIN PAAR MERKMALE ÜBER UNSERE GEGENWÄRTIGE LAGE

Außer der immer steigenden Genußsucht, die uns von einander absondert, für das Gemeinwohl unempfindlich macht, und uns in Habsucht und Weichlichkeit stürzt, sind noch andere Zeichen vorhanden, die zeigen, daß wir uns auf dem Wege zum Unglücke und zum Verfalle befinden. Ich rede hier nicht von Oesterreich allein — gottlob, das ist noch eines der gesundesten, kernhaftesten und ehrenhaftesten — sondern ich rede von dem ganzen Europa, das sich das gebildete nennt. <u>Eines der traurigsten Zeichen ist die Abnahme und das Versinken der Religion</u>. Freilich hängt das wieder mit der Unterhaltungssucht zusammen. Wessen Sinnen und Trachten immer dahin geht, seinem Körper Lustbarkeiten und Ergötzungen zu verschaffen, der kann auf das Höhere und auf das Ueberirdische keinen Blick werfen. Diese Dinge, Genußsucht und Irreligion gehen in schlechten Zeiten immer Hand in Hand, und sind in vergangenen schlechten Zeiten, die uns ein Warnungsspiegel sein sollen, immer Hand in Hand gegangen, bis das Verderbniß hereingebrochen ist, und ganze Völkerschaften auf Jahrhunderte in Erniedrigung gesunken sind. Es ist ein natürliches Ding, daß der Mensch, der einfach und mäßig lebt, der nicht immer auf Erheiterung seines Körpers denkt, Zeit und Muße hat, seine Seele auf das Höhere zu richten. Es kommt die Ahnung von Gott in sein Herz, er betrachtet die göttlichen Werke, bewundert ihre unermeßliche Schönheit und Wohlthätigkeit, und es kommen Gefühle der Anbetung und Verehrung in seine Seele, es kommen Gefühle der Liebe gegen alle Geschöpfe, besonders gegen seine Mitmenschen, er ist gut, wohlthätig, freundlich, er betrachtet seine Güter nicht als Dinge zum Genusse, sondern als Mittel Gutes zu thun, und scheidet endlich gerne von ihnen in ein anderes Leben, da er weiß, daß er doch all' das, was ihn hier umgeben hat, zurücklassen muß. Das ist die Religion des einfachen Naturmenschen, und diese übt er aus. Aber zur allgemeinen Erhebung, zu gegenseitiger Stärkung und Bekräftigung in allem Göttlichen dient die gemeinschaftliche Gottesverehrung und der gemeinschaftliche Gottesdienst, der alle Glieder als Geschöpfe Gottes in Anbetung gegen ihn und als Brüder in Liebe gegen einander vereinigt. Dies wußten die alten Heiden schon so gut, daß sie das Volk immer zu allerlei, wenn auch oft lächerlichen und seltsamen Verehrungen ihrer Götter vereinigten. Welches Volk in aufrichtiger Verehrung des allmächtigen Gottes vereinigt ist, das ist stark, gut, edel, treu, mäßig, gerecht, hilft überall dem Unglücke ab, strebt nicht nach dem Nutzen eines einzelnen Menschen, einer einzelnen Stadt, sondern nach dem Aller, und wenn ein äußerer Feind kommt, steht es felsenfest zusammen, und errettet seine Kirchen, seine Häuser, seine Weiber, seine Kinder, seine Greise von dem Verderben, und schützt seine Gesetze und inneren Einrichtungen, die ihm Halt und Dauer verleihen. Welches Volk aber zur Pflege der Lüste seines Körpers herabsinkt, das geht aus einander, Jeder sucht sein Vergnügen, wo er es findet, er denkt nicht an den Nachbar, er übervortheilt ihn, weil er Genußmittel braucht, er sucht nur sich oder höchstens seiner Stadt Gutes zuzuwenden, und wenn ein Feind hereinbricht, erschrickt er, ist feig, hat nicht den Muth, sich zu opfern, sondern unterwirft sich, um nur sich selber und seine Genüsse zu retten, und bricht im Innern Verwirrung aus, sondert er sich ab, weil ihm am Ganzen nichts liegt, flüchtet aus einander und läßt den wilden Stürmen und schlechten Menschen das Vaterland preis, oder mischt sich in der Herzensangst gar unter sie, weil er da seine Rettung erwartet. Solche Völker gingen oft in fürchterlichen Strafgerichten zu Grunde. Jeder Mensch sollte die Geschichten vergangener Zeiten lesen und lernen, daß er sie als eine Warnungstafel für seine Zukunft vor seine Augen hielte. In unsern Zeiten ist die Religion bedeutend gesunken; am meisten in großen Städten, wo man dem Menschen, gemeinen und hohen, alle Wege und Mittel der Lust und der Schwelgerei und der Ausschweifung an die Hand gibt, und ihn verdirbt. Oft nicht einmal mehr die äußere Gottesverehrung ohne inneres Gefühl ist vorhanden, man hält es für Bildung, sich um Gott und göttliche Dinge nicht bekümmern, öfter ist nur die Ausübung der Gebräuche und Ceremonien da, ohne die innere Tugend und Frömmigkeit. Denke Jeder nur nach, beobachte er die Zeiten und ihren Lauf, und er wird finden, daß ich wahr rede. Wohin soll ein Welttheil kommen, der das Heiligste, was die Menschen haben, allgemach verderben läßt?!

Ich werde noch einige Merkmale unserer Lage anführen, und werde dann sagen, welche Mittel ich für tauglich halte, daß sie von den Völkern ergriffen werden, daß wir umkehren, daß wir das unermeßliche Gute, was Europa bisher errungen hat, retten, und daß wir auf dem Wege der Ehre, der Würde und der Göttlichkeit des menschlichen Geschlechtes vorwärts wandeln.

⟨31.⟩ UEBER DIE BEFÜRCHTUNG EINES UNGLÜCKLICHEN AUSGANGES IN UNGARN

Es haben sich in letzter Zeit Spuren gezeigt, daß Menschen in unserem Lande geschäftig waren, die Meinung zu verbreiten, daß die Armee des rebellischen Kossuth über das vereinigte Heer der Oesterreicher und Russen ganz gewiß siegen werde. Wir wollen uns nicht in die Zwecke einlassen, die solche Leute bestimmen mögen, patriotische sind sie gewiß nicht, sondern wir wollen nur die Gründe erörtern, aus denen wir glauben, daß in letzter Entscheidung ein Sieg der Ungarn und ein Anerkennen ihrer neuen Staatsform ein Ding der Unmöglichkeit ist. In dem Heere der Ungarn kämpfen alle Elemente des Umsturzes, nicht etwa eine ungarische Partei, die nur ein erstes unabhängiges Ungarn will – wie schnell würde man über dieses zur rothen Schreckens-Republik hinausgehen – sondern alle jene Bestandttheile Europas, die das Aeußerste wollen, um ihre verschiedenen Zwecke zu erreichen, Macht, Rang, Geld, Befriedigung jeder Begierde, und die Polen insbesondere Herstellung ihres alten Reiches. Wenn alle diese Dinge in Erfüllung gingen, müßte Oesterreich zerfallen, und müßte Rußland in die äußerste Gefahr kommen; denn es stünde hart an fürchterlich brennenden Ländern, und hätte sich selber, wenn es sich von Rebellen besiegen ließe, seines Ranges einer ersten Macht entkleidet, und hätte Muthlosigkeit in sein ganzes Reich geschleudert. Es ist also eine

UEBER DIE BEFÜRCHTUNG EINES UNGLÜCKLICHEN AUSGANGES IN UNGARN

Frage erster Wichtigkeit, daß die vereinigte österreichisch-russische Armee siege. Wird man hierzu die nöthigen Mittel aufbieten? Wer sollte daran zweifeln? Oesterreich ist ja in seiner ganzen Geschichte berühmt wegen seiner Standhaftigkeit und Ausdauer. Oesterreich war nie beharrlicher, als im Unglücke, und war auch für seine Feinde nie gefährlicher, als wenn man es für ganz zerfallen hielt. Ich erinnere nur an ein Paar Thatsachen. Im dreißigjährigen Kriege waren die Schweden vor Wien, waren die Aufständischen schon im Zimmer Kaiser Ferdinands, alles schien zerfallen, und Oesterreich ging aus dem Kriege mächtiger hervor, als es je war. Maria Theresia schien verloren, sie hatte fast so viele Feinde, als Nachbarn: und hinterließ doch ihrem Sohne ein mächtiges Reich. Und wer hat seine Ausdauer in den französischen Kriegen glänzender und hingebender erwiesen, als gerade Oesterreich? Es kämpfte, da es von allen verlassen war, den Kampf allein. Und hat nicht zuletzt Vater Radetzky in den fürchterlichen Monaten zu Verona wieder den alten österreichischen Muth im Leiden auf das Herrlichste bewährt, hat er die österreichische Kraft nicht in seinen Siegen bewährt?! Haben wir auch nur einen Radetzky und eine italienische Armee, so werden in dem ungarischen Heere Männer sein, die das Gleiche thun, wie Radetzky, sie werden gewiß sein, und werden hervor treten und das Heer selber ist und wird nicht ein Haar breit anders und weniger tapfer sein, als das in Italien. Die Männer endlich, welche an der Spitze der Geschäfte stehen, werden wahrhaft die reichen Mittel Oesterreichs in hinlänglichem Maße schaffen, daß Oesterreich nicht von seinen Rebellen besiegt werde.

Da der Krieg auch, und vielleicht vorzugsweise ein polnischer, also ebenfalls gegen Rußland gerichtet ist, so ist russische Hülfe zu uns gestoßen, und gewiß in einem reichen Maße. Glaubt man, daß Kaiser Nicolaus, der so viele Proben seines

UEBER DIE BEFÜRCHTUNG EINES UNGLÜCKLICHEN AUSGANGES IN UNGARN

festen Charakters gegeben hat, vor den Ungarn und seinen rebellischen Polen zurück weichen werde? Eher würde er alle seine Heere nach Ungarn werfen, und das Land mit ihnen überschwemmen. Der größte Feldherr, Napoleon, hat mit dem schönsten Heere der Welt seine blutigsten Schlachten gegen Russen geschlagen, und mancher seiner Siege, wie der bei Eylau, waren in der That, wie eine Niederlage. Es ist für Rußland ein Punct der Unmöglichkeit geworden, anders als siegreich aus Ungarn fort zu gehen. Alle bisherigen Erfolge russischer Politik wären durch ein jetziges Zurückweichen dahin. Endlich wer kennt nicht die russische Maxime der Unbefleckheit seiner Waffen, und wer kennt nicht das Streben Rußlands, dem Westen zu zeigen, daß es ein imposantes, unerschütterliches Kriegswesen habe? Wird es diese Grundsätze so leicht aufgeben?! Wer endlich glauben kann, daß die zwei Kaiserreiche mit Aufbietung aller ihrer Mittel dennoch unterliegen und zu einem Frieden gezwungen werden könnten – für den habe ich in der That keine weiteren Gründe mehr. Die in Geschichte und Staatsdingen Unterrichteten hegen ohnedem keinen Zweifel. Die obigen Worte sind nur für jene geschrieben, die weniger Einsicht in die Sachlage haben, und sich durch ausgesendete und ausgestreute Gerüchte unnütz beängstigen lassen. Jene aber, welche einen Sieg der Ungarn glauben, weil sie ihn wünschen, sind doppelt zu bedauern, erstens, daß sie so etwas zu wünschen vermögen, und zweitens, daß sie gewiß werden enttäuscht werden.

⟨32.⟩ UEBER UNSERE GEGENWÄRTIGE LAGE (FORTSETZUNG)

Ich habe versprochen, noch einige Zeichen anzugeben, welche die gegenwärtige üble Lage von Europa darthun sollen. In Verbindung mit unserer Genußsucht und dem Verfalle der Religion zeigen sich auch im gewöhnlichen Verkehre des Lebens solche Zeichen, welche errathen lassen, wie sehr die Gesellschaft der Menschen von der Sitte und dem Rechte abweiche, und auf das eigene Zerfallen hinarbeite. Seit einer Reihe von Jahren habe ich die gewöhnlichen Beschäftigungen der Menschen beobachtet, wodurch sie sich den Lebensunterhalt verschaffen, und wodurch sie die Sitten, den Umgang und den gebräuchlichen Verkehr herstellen. Da sind nun zwei Hauptbeschäftigungen: der Ackerbau und die Gewerbe. Im Ackerbaue sind noch am meisten die gesunden, einfachen Sitten geblieben, wodurch die Menschen glücklich werden und den Staat fest und dauernd machen. Nicht, als ob nicht da auch Mängel und Gebrechen in den Sitten und in der Lebensweise wären, namentlich in der Nähe großer Städte, aber sie haben sich noch nicht auf das Wohl und Wehe des ganzen Staates erstreckt, und werden gewiß verschwinden, so wie die andern Glieder der menschlichen Gesellschaft sich gebessert haben. Aber in den Gewerben, vorzüglich in den höheren, und in großen Städten, da sieht es anders aus. Wer den Gang seit vielen Jahren beobachtet, der sieht, daß das was man Geschäftsehre nennt, immer mehr und mehr zu verschwinden beginnt. Unter Geschäftsehre aber verstehe ich ein solches Verfahren, vermöge welchem der Geschäftsmann mit dem einfachen natürlichen Gewinne vorlieb nimmt, der ihn und die Seinigen nährt, der bei ordentlichem Betriebe ihn nach und nach wohlhabend und für das Alter sorgenfrei macht, und der auch noch andere Menschen neben sich bestehen und leben läßt. Hauptsächlich aber wird der Mann, der auf Geschäftsehre hält, sich es als einen Vorzug und Stolz anrechnen, immer die besten Waren zu haben und Alles strengstens zu vermeiden, was wie Uebervortheilung oder gar wie Betrug aussieht, oder es ist. In dem Hause eines solchen Mannes sieht es sehr einfach bürgerlich, obwohl behaglich und wohlhabend aus, er setzt einen Stolz in seine Bürgerehre, und würde es für eine Schande erachten, in seinem Hause die Sitten und den Glanz der Vornehmen darstellen zu wollen. Die freie Zeit bringt er gerne im Schoße seiner Familie zu, in seinem Garten, auf seinem Felde, in seiner Familienstube. Ja mich schauen noch recht rührend die steinernen Bänkchen an, die man noch an Häusern von alter Zeit her trifft, und auf welchen der Geschäftsmann seine Feierabendstunde zuzubringen pflegte. Jetzt sitzt höchstens ein Bettelweib auf solchen Bänkchen. Ich habe noch Geschäftsmänner solcher Art gekannt, aber sie werden leider immer seltener. Man strebt nicht mehr, dauerhafte und gute Ware zu machen, noch viel weniger die mühsame und kunstreiche unserer Vorfahren, wozu so viel Liebe gehörte, sondern man sucht nur die Sache aus den Händen zu bekommen, sei sie, wie sie sei, wenn sie nur Geld bringt, und ein neues Stück zur Bestellung kommt. Im Handel will man schnell reich werden, weil man die Sitten von Vornehmen darstellen will, weil man Aufwand machen, weil man glänzen will, weil man sich in dem schlechtesten aller Stolze zeigen will, in dem Stolze der

Verschwendung. Wie schnell sieht man daher heut zu Tage in Hauptstädten Unternehmungen entstehen und zu Grunde gehen. Selbst die Lüge, die Uebervortheilung, ja das Betrügen muß helfen, Geld herein zu bringen. Noch sind viele Ausnahmen von solchen leichtsinnigen und gewissenlosen Geschäftsmännern, aber man betrachte nur mit Aufmerksamkeit und selber mit Gewissenhaftigkeit den Gang unserer Dinge, so wird man mit Betrübniß sehen, daß sich die Zahl solcher unedler Bürger immer mehr und mehr vermehrt, und daß wir, wenn wir so fort gingen, nur in lauteres Jagen nach Geld und nach Genuß hineinkämen, daß einer den andern mit schlechten Sachen betrügen würde, und daß Tugend, Ehrenhaftigkeit, Gemeinsinn und Liebe gegen die ganze Menschheit verschwinden würde. <u>Ueberall aber</u>, habe ich schon gesagt, <u>wo Völker schlecht und unverständig geworden sind, sind sie zu Grunde gegangen</u>. Der Verfall von Geschäftsehre zeigt nur von dem Verfalle der Sitten überhaupt, und ist nur ein einzelnes Zeichen, wie sehr das Gute, Edle, Würdige aus dem inneren Leben zu verschwinden droht, und dies ist ein sehr trauriges Zeichen, weil es allemal dem Verfalle und dem Unglücke eines Volkes vorausgeht. Ich rede hier aus solchen Erfahrungen, wie ich sie aus der Geschichte der vergangenen Zeiten des menschlichen Geschlechtes gesammelt habe, ich wünsche sehr und auf das Innigste, daß unsere jetzigen Zeichen nicht in Erfüllung gehen mögen, namentlich, daß wir selber das Unsrige thun, sie wieder in bessere umzuwandeln. <u>Aber vorhanden sind diese Zeichen, und sie sehen denjenigen sehr ähnlich, auf welche in älteren Zeiten immer größerer Verfall und endlich das völlige Unglück gekommen ist</u>. Im nächsten Aufsatze will ich einige Heilmittel anzugeben versuchen.

⟨33.⟩ DIE WAHL DES GEMEINDE-AUSSCHUSSES IN LINZ

Eben kommt es zur Wahl des neuen Gemeinde-Ausschusses unserer Stadt, der seine Wirksamkeit am 1. August 1849 beginnen soll. Der Ausschuß zerfällt in sechs Sectionen. Die erste Section hat die allgemeinen Organisirungen: also Anträge zur Reorganisation des Gemeindewesens, und namentlich Entwerfung der Gemeinde-Ordnung, Prüfung der bisherigen Verwaltung der Gemeinde, des Gemeinde-Vermögens und der Geschäftsführung des Magistrates, und endlich die Verhandlungen über Umänderung und Verbesserung des Polizeiwesens.

Die zweite Section hat die inneren Angelegenheiten: Conscription, Wahlen, Ortspolizei, Sitten-, Sicherheits-, Bau-, Feuer-, Wasser-, Straßen-, Beleuchtungs-, Reinlichkeits- und Markt-Polizei, Gesundheitswesen, Nahrungsstand, und Ruhe und Ordnung.

Die dritte Section hat die Verwaltung des Gemeindewesens: Prüfung der Einnahmen und Ausgaben, Erhebung des Finanzstandes und der Ertragsfähigkeit des städtischen Gutes, und Maßnahmen zur Deckung der Bedürfnisse, Prüfung des Steuer-, Cassa- und Rechnungswesens, und Vorberathung über das jährliche Budget der städtischen Kammer.

Die vierte Section hat die Bau-Angelegenheiten: Prüfung der Bau-Anträge, Untersuchung der geführten und Ueberwachung der eben in Ausführung begriffenen Bauten, und Beschäftigung arbeitsloser Arbeiter.

<u>Die fünfte Section hat das Handels-, Industrie- und Gewerbewesen.</u>

<u>Die sechste Section hat die Kirchen- und Schul-Angelegenheiten, so wie auch die Untersuchung und Verbesserung des Armenwesens und der Versorgungs-Anstalt.</u>

Wir glauben die Wichtigkeit dieser Wahl, und die gewissenhafte Sorgsamkeit, die jeder Wähler dabei anzuwenden hat, nicht besser bezeichnen zu können, als durch die obige Anführung des Geschäftskreises der Sectionen. Aus demselben geht hervor, daß der Ausschuß Männer der verschiedensten Fächer und Kenntnisse braucht: Solche, welche mit der Organisirung großer und verzweigter Körper vertraut und darin gewandt sind, Finanzmänner, Männer der städtischen Geschäftsführung, Sachkundige im Gesundheitswesen, Baukundige, Rechtskundige, Industrielle, Staatskundige, und endlich solche, die in Kirchen- und Schul-Angelegenheiten erfahren und unterrichtet sind. Wenn man hiezu noch bedenkt, daß in unseren Zeiten der Bewegungen und Veränderungen Umstände eintreten können, vermög welchen der Ausschuß plötzlich Urtheile und Maßregeln in den höchsten und allgemeinsten Staatsdingen zu fassen genöthigt ist, so ergiebt sich die außerordentliche Wichtigkeit, die in dem Wahl-Acte liegt, von selbst. Wir hegen die Ueberzeugung, daß aus der großen Zahl der Ehrenmänner, welche unsere Stadt besitzt, diejenigen als Ausschüsse hervorgehen werden, die, sie mögen was immer für einem Stande angehören, nebst der Rechtschaffenheit ihres Charakters, auch die Eigenschaften haben werden, den oben aufgezählten Anforderungen im vollsten Maße zu genügen.

⟨34.⟩ MITTEL GEGEN DEN SITTLICHEN VERFALL DER VÖLKER

Ich habe unlängst den unerfreulichen Gedanken ausgesprochen, daß vielleicht das westliche Europa auf dem Wege des alten römischen Reiches geht, und seinen Untergang zu erwarten hat, ich habe einige Merkmale, in so ferne es der Raum unsers Blattes gestattet, angeführt, welche mit den Merkmalen der damaligen unglücklichen Zeit große Aehnlichkeit haben, und habe versprochen, Mittel anzugeben, welche mir geeignet scheinen, dem Uebel abzuhelfen und uns wieder auf eine bessere Bahn zu bringen. Diese Mittel helfen aber nur, wenn wir selber den ernstlichsten Willen haben, uns helfen zu lassen, und wenn wir unsere Krankheit einsehen, die ich deshalb auch zu schildern gesucht habe; denn nichts ist schwerer einzusehen, als wenn wir von der sittlichen Kraft verlassen worden sind, und auf dem Wege des Genusses und Wohllebens fortgehen. Es ist selber schon eine halbe Tugend, zu wissen, daß uns Tugend noth thut. Das erste und oberste Mittel ist, daß jeder Einzelne sich auf das Strengste bemüht, in sein Leben Mäßigung im Genusse, Ordnung in jeder Handelsweise und Rechtschaffenheit im Umgange mit Andern zu bringen. Hiemit verbinde er die Kenntnisse, die ihm in seinem Kreise nothwendig sind. Thut jeder Einzelne das, dann werden wir Alle Achtung verdienen, werden uns nie zu Verderben hinreißen lassen, werden fest zusammen halten, denn die Guten haben immer vereinte Kraft, und werden so das Wohl Aller viel fester gründen, als wenn Jeder ohne Gränze dem nachgeht, was er für seinen Vortheil hält, und wodurch er das gemeinschaftliche Wohl und damit auch sein eigenes in Gefahr bringt. Aber es ist leichter gesagt: Sei tugendhaft, als gethan; denn Tausende wissen nicht einmal anzufangen. Darum müssen alle die Mittelwege, welche den Menschen anleiten und ihm das Gute angewöhnen und ihm die Kenntnisse beibringen, eingeschlagen werden. Die zwei Hauptmittelwege sind Kirche und Schule. Die Kirche gibt dem Menschen das heilige Gut der Religion, das Beste, was die Erde hat, oder eigentlich den Himmel, der auf die Erde gekommen ist. Aus Religion folgt Tugend von selber, und alle Wege, die zu Ordnung und Recht führen. Daher ist ein religiöses Gemüth nicht nur das Heil des Einzelnen, sondern es führt auch zum Wohle Aller. Unsere gesammte Priesterschaft hat daher den heiligen verantwortlichsten Beruf, durch die eindringendste Lehre und namentlich durch das edelste Beispiel die ächte Religiosität zu begründen und zu verbreiten. Ich wiederhole es: durch Beispiel; denn bei allen Menschen, insbesondere die der Erhebung erst bedürfen, steht das Beispiel hoch über der Lehre; denn es macht die Lehre lebendig, anschaulich, und führt unwiderstehlich zur Nachahmung: während die Lehre ohne Beispiel oder gar mit entgegengesetztem Beispiele ein Korn ist, das keinen Fruchthalm treibt, oder ein Samen, aus dem das Unkraut keimt. Die Hohen der Kirche müssen mit Unerbittlichkeit auf Güte und Vortrefflichkeit ihrer Untergebenen sehen. Wie in der Kirche die Erwachsenen belehrt und gebessert werden, so werden in der Schule die Kinder unterrichtet und erzogen. Ich glaube, es ist die erste und heiligste Pflicht des Staates, daß er die Menschen zu eigentlichen Menschen mache, dies thut aber nur Unterricht und Erziehung. Ohne diesen bleibt oder wird die Menschheit verwildert, und zerstört sich selbst. Es sollen in dem Staate Schulen in allen Abstufungen sein, wo die Dinge gelehrt werden, die alle Stände bedürfen, von dem Einfachsten bis zu dem Zusammengesetztesten. In allen Schulen müssen nebstbei auch die Dinge, die den Menschen veredeln und heben, in die Herzen der Kinder gebracht werden. Hiezu muß ein Lehrerstand gebildet und ernährt werden, der unterrichtet, edel, gemäßigt und weise ist. Jeder Einzelne wird bald die guten Früchte einsehen, wird nicht nur gerne seine Kinder in die Schule schicken, sondern wird mit Freuden Rath, That und Beistand spenden, daß die Schulen erhalten und noch immer verbessert werden können. Diese zwei Mittel, Kirche und Schule, sind die höchsten, aber es gibt noch andere, die in Gemeinden, Zünften, Körperschaften, Ständen liegen, und von denen ich ein andermal sprechen werde. Wenn uns diese Mittel nicht helfen, so ist uns, wie vor einiger Zeit ein edler Freund zu mir sagte, nicht mehr zu helfen. Die Verschlechterung und das Zerfallen der menschlichen Gesellschaft halte ich für das erste und größte Uebel unserer Zeit, und dem muß abgeholfen werden, wenn wir zu retten sein sollen. Alles Andere, was unsere Zeit bewegt und erschüttert, sind nur einzelne Zeichen dieses allgemeinen Uebels; sie werden in der Gegenwart überwunden werden, und werden in der Zukunft verschwinden, wenn das Hauptübel selber verschwindet.

⟨35.⟩ NOCH EINIGE MITTEL ZUR VERBESSERUNG UNSERER SITTLICHEN LAGE

Wenn auch die Schule für die Jugend, die Kirche für Jung und Alt ein Ort der Verbesserung und des Unterrichtes sein kann, wenn auch Kirche und Schule zu jener Vollkommenheit gelangten, die wir so sehnlich von beiden wünschen: so reichen sie doch zu der nothwendigen Veredlung und Hebung des menschlichen Geschlechtes nicht hin, wenn auch von Außen nicht zuerst die Hindernisse gehoben werden, und dann werkthätig zur allgemeinen Verbesserung eingeschritten wird. Dazu müssen nun noch die andern Körperschaften mitwirken. Die Gemeinden haben die Sittenpolizei. Welch ein Mittel ist ihnen da an die Hand gegeben, zu wirken, ohne Jemanden gerade zu belästigen oder zu drücken! Welch eine Schule der Entsittlichung und Ertödtung des Verstandes können Wirthshäuser sein. Wie sehr solche Anstalten nöthig sind zur Unterkunft der Fremden und Erheiterung der Einheimischen, erkennen wir gar wohl: aber auch wie gefährlich, wie sittenzerstörend, familienuntergrabend sie werden können, erkennen wir eben so wohl. Daher soll jede Gemeinde diese Orte in ihre Obsicht nehmen, sie hat Recht und Pflicht hiezu, das Leben in solchen Orten regeln, die Ursachen zu Ausschweifungen hintan halten, Uebertretungen ahnden und in Wiederholungsfällen die Befugniß entziehen, namentlich durch Wekkung des Ehrgefühles in ihrem eigenen Schoße dahin wirken, daß ein dem Trunk Ergebener als Gegenstand der Mißachtung erscheint und nie ein Vertrauensamt erhält, und endlich sollen sie in Verleihungsfällen der Befugniß einer Wirtschaft sehr sparsam sein, sich nur auf den nöthigsten Bedarf beschränken, und nur rechtschaffenen, ordnungsliebenden Männern dieses Gewerbe anvertrauen. Branntwein sollte ganz aus allen Schenken verschwinden, und nur wie ein anderes Gift unter bestimmten Vorsichten dem Verkehre anheim gegeben werden, in so ferne der Geist, den er enthält, zu verschiedenen Dingen und Gewerben nöthig ist. Außer den Wirthshäusern sollen die Gemeinden auf öffentlichen Anstand und öffentliche Sitte sehen, und jedes Unanständige, Sittenwidrige entfernen. Vorzüglich dürfte eine fortlaufende Aufsicht über die eben aus der Schule Getretenen, natürlich mild und väterlich geführt, von sehr guter Wirkung sein, und Auszeichnungen der Gesittetsten und Ordentlichsten das Ehrgefühl wecken und heben. – Ja, da hätten die Gemeinden viel zu thun, höre ich einwenden. Freilich haben die Gemeinden viel zu thun, darum ist ihnen von der neuen Regierung der wichtige und folgenreiche Wirkungskreis eingeräumt worden: wer aber genießt denn auch die unermeßlich guten Früchte, als die Gemeinden? Außer den Gemeinden können kleine Körperschaften, Zünfte, Innungen u. s. w. in ihrem Schoße für Sitte, Rechtschaffenheit und namentlich für Geschäftsehre sorgen. Sollten sie nicht ihre Auszeichnungen, Würden, Aemter nur an die rechtlichsten, tüchtigsten und ehrbarsten Männer vergeben? Wären nicht etwa Aufmunterungen, Auszeichnungen, Verleihung der Selbstständigkeit an vorzügliche Gesellen wirksame Mittel? Wir erklären bei dieser Gelegenheit offen, daß wir gegen die allgemeine, unbedingte Gewerbefreiheit sind; denn ein so weitverbreitetes Ding, wie das menschliche Geschlecht, muß unter vielen abgestuften Ordnungen stehen (organisirt sein), wenn es nicht in Verwirrung gerathen will; denn ein höchstes, allgemeinstes Gesetz allein könnte unmöglich alle die vielen und einzelnen Bedürfnisse unter den Menschen regeln: und welch ein natürlicheres Band gibt es denn für kleinere Körperschaften, als das gleiche Gewerbe? Man verwerfe nicht vorschnell Alles, was wir von den Vätern überkommen haben, und man vergleiche nur die Trefflichkeit ihrer Gewerbsarbeiten mit der Oberflächlichkeit, Hohlheit und Uebereilung der unseren. Nicht der Beste wird bei allgemeiner Freigebung den Sieg davon tragen, sondern Jeder wird suchen am wohlfeilsten und schlechtesten zu arbeiten, und er ist gezwungen dazu. Sind die Menschen aber ehrenhaft und sittlich, so sorgt die Innung für die Ehre und den Glanz des Gewerbes. Man lese nur in den alten Geschichten von dem Stolze der Wohlhabenheit und der Ehre des alten Bürgerthums. Ein Bürger als Bürger war gleich dem Grafen und Fürsten. Ein Zwitter zwischen Bürger und Grafen ist nichts. – Aber kehren wir wieder zu unserem Gegenstande zurück. Von den Zünften wäre überdem noch zu erwarten, daß sie die Lehrlinge unter besondere Aufsicht eines Lehrlingmeisters stellten, der wieder vor der Versammlung der Zunft in Gegenwart der Lehrlinge Bericht erstattete und die Auszeichnungen vorschlüge. Endlich sollte noch eine Lehrling-Nachschule bestehen, zu der sie die Meister in der Woche einige Stunden entlassen müßten, und zuletzt bei der Aufnahme von Lehrlingen sehe man auf gutes Verhalten und auf tüchtige Schulkenntnisse. Ich werde von weiteren Mitteln in meinem nächsten Aufsatze sprechen.

⟨36.⟩ AN DIE KLEINEREN GEMEINDEN OESTERREICHS

Es ist nicht leicht möglich, daß eine Gemeinde, sie sei noch so klein, ihre Schreibgeschäfte selbst besorgen kann; denn es kommen immer Dinge vor, in denen die Gemeindemitglieder nicht so bewandert sind, oder auch, wenn sie es sind, denen sie doch nicht die entsprechende Form und Gestalt zu geben verstehen. Deßhalb verordnet das Gemeindegesetz in § 83: „<u>In jeder Gemeinde muß der Ausschuß wenigstens Ein zum Kanzleigeschäfte fähiges Individuum bestimmen, welches der Bürgermeister bei den vorkommenden Schreibgeschäften zu verwenden hat.</u>" In jeder Gemeinde muß also ein Schreiber zur Verwendung sein, dies bedingt aber nicht, daß in jeder Gemeinde ein anderer sein müsse, sondern es kann in mehreren auch der nämliche sein. Manche Gemeinde ist so klein, daß ihr die Besoldung eines eigenen Schreibers schwer fiele, und daß sie für denselben doch nicht die nöthigen Geschäfte aufbrächte, er also einen Theil seiner Zeit müßig verbringen müßte. Darum liegt es in der Natur der Sache, daß sich mehrere Gemeinden zusammen thun, und einen gemeinschaftlichen Schreiber ⁺besolden. Allein hierdurch bildet sich eine Gefahr eigener Art. Je kleiner eine Gemeinde ist, desto weniger hat sie in der Regel Männer, die in Staatsdingen erfahren sind. Der Schreiber, wenn er seinem Geschäfte gewachsen sein soll, muß doch wenigstens einige Kenntniß davon haben, und da kann es leicht geschehen, daß er mehr hat, als die Gemeindeglieder, und daß er darin als ihr Lehrer auftritt. Wenn er seine Sache mit Gründen belegen kann, werden sie ihm glauben, und dies um so mehr, da sie vielleicht die Gegengründe nicht wissen, die man einer allfalsig schiefen Meinung von ihm entgegen setzen könnte.

Er wird so der Lehrer nicht blos einer, sondern mehrer von ihm vertretener Gemeinden, und vielleicht auch mancher angrenzenden werden. Wie nun, wenn der Mann ein Mensch mit stürmenden Leidenschaften, mit heftigem Verlangen nach Ruhm, Auszeichnung und Vermögen ist, wenn er keine Rechtlichkeit hat, wenn seine Staatskenntnisse überstürzender, maßloser, auf keine Erfahrung gegründeter Natur sind? Wird er da nicht die Gemeinde zu Handlungen hinreißen, die ihr zum Unheile gereichen können, und durch die sie sich in die bitterste Lage zu bringen vermag? Wird sich das Uebel, wenn der Mann in mehreren Gemeinden Einfluß hat, nicht in noch weitere und höhere Kreise verpflanzen? Werden die Menschen, durch deren Heftigkeit, oder schlechten Charakter, unser Vaterland in jüngster Zeit in so große Gefahr gerathen ist, nicht begierig die Gelegenheiten benützen, wieder zu Einfluß und Macht zu gelangen, namentlich, wenn ihr Ansehen zu verschwinden beginnt, und ihre Vermögensumstände übler Natur sind? Wird nicht die schlechte Presse, die verschwunden ist, in das schlechte Wort übergehen, das von Gemeinde zu Gemeinde wandert? Die Gefahr ist nicht zu übersehen und zu verachten. Wir machen mit dem wohlwollendsten Herzen die Gemeinden darauf aufmerksam, und bitten sie, in der Wahl ihrer Schreiber die entschiedenste Vorsicht zu beobachten. Namentlich meinen wir, daß sie keinen Menschen wählen sollen, der sich bisher mit unbefugter Schreiberei beschäftigte, oder der durch schlechte Verwaltung um sein Vermögen gekommen ist, oder der wegen Unordentlichkeit nie zu einem gelangen konnte, oder auch, der sich sehr vordrängt, der

AN DIE KLEINEREN GEMEINDEN OESTERREICHS

immer alles besser wissen will, der allen Leuten seine Belehrungen aufdringt, oder auch, der leidenschaftlich ist, seinen Begierden nachgeht und sich zweideutige Handlungen zu schulden kommen läßt; man wähle auch nicht den, der immer hetzt, der alle Leute antreibt, ihre Rechte mit Gewalt durchzusetzen, der Processe einleitet, und der zu jedem sagt, er solle dies und jenes und wieder etwas anderes nicht leiden; man wähle endlich auch den nicht, der sich bereits durch unüberlegte Staatsstreiche unglücklich gemacht hat, und andere auch unglücklich machen kann, oder der zu den außerordentlichsten, gewaltigen und umstürzenden Staatsmaßregeln den Rath giebt; in welch traurige und fürchterliche Lagen sind Menschen und Städte durch solche Rathgeber schon gekommen, und in welche können sie noch kommen, wie gerade unsere Gegenwart lehrt! Die erste und nöthigste Eigenschaft des Wählbaren ist : <u>eine anerkannte und begründete Rechtschaffenheit, ein einfacher klarer Verstand, eine männliche Mäßigung, und ein wohlgeordneter geregelter Lebenslauf</u>; denn diese Dinge führen, wie überall, zum Glücke, so auch in Staatssachen zu jenem rechten Ziele, das gleich weit von Tyrannei, wie von Frechheit und Ausgelassenheit entfernt ist. Obgleich für größere Gemeinden die Gefahr geringer ist, da sich in ihnen doch leichter Männer finden, die Erfahrungen haben, und üblen Einwirkungen ihrer Schreiber entgegen treten können, so ist sie doch auch für sie vorhanden, und sie dürfen dieselbe nicht unbeachtet vor sich bestehen lassen.

⟨37.⟩ SCHLUSSWORT ÜBER UNSERE SITTLICHE VERBESSERUNG

Außer der Kirche, der Schule, den Gemeinden und Zünften gibt es noch eine Körperschaft im Staate, die auf Erziehung und Verbesserung der Menschen großen Einfluß hat, <u>die Familie</u>. Sie ist die natürlichste, festeste und innigste Körperschaft. Aus ihr, wenn sie gut ist, geht die höchste Würde des menschlichen Geschlechtes und die größte Vollkommenheit der Staatsform hervor. Darum die Staaten, in denen Vielweiberei herrscht, also kein eigentliches Familienleben ist, nie auf einen hohen Punkt gesellschaftlicher Bedeutung kommen konnten. Die Familie entsteht aus den schönsten und einfachsten Gefühlen des Herzens. Gott hat einen wunderbaren Zug von Scheu und zugleich von Annäherung in die Gemüther der zwei Geschlechter gelegt, und aus der Thatsache, daß ungefähr gleich viel Männer wie Frauen sind, und daß der Mann und die Frau einen großen Schmerz empfindet, wenn der Gegenstand seiner Zärtlichkeit nicht ihm allein angehört, folgt, daß nur <u>ein</u> Mann und <u>eine</u> Frau für einander bestimmt sind. Wo die Gesetze einem Manne mehrere Frauen zugestehen, konnte es nur durch Herabwürdigung des weiblichen Geschlechtes geschehen, daß es gleichsam nur eine Sache ward. Der Mann und die Frau vereinigen sich in der größten Liebe, sie vereinigen alle ihre Angelegenheiten, ihre Habe und ihre Zwecke. Aus dieser Vereinigung entspringen Kinder, und da hat Gott

SCHLUSSWORT ÜBER UNSERE SITTLICHE VERBESSERUNG

wieder den stärksten Trieb und die höchste Liebe für die Kinder in das Herz der Eltern gepflanzt. Alle Gefühle und Freuden können aufhören, das Gefühl des Vaters und der Mutter, die Freude an ihren wohlgerathenen Kindern, hört nie auf. Und für die Kinder sind die Eltern das wandelnde und gleichsam sichtbare Ebenbild Gottes. Daher ist also die Familie, der Inbegriff von Eltern und Kindern, die natürlichste und die innigste Körperschaft auf Erden. Durch diese Bande wird der Mensch erst sanft, gut und mitleidig, er wird ein Wächter der Sitte und der Zukunft, der ja seine Kinder angehören. Darum ruht der Staat am besten und am dauerndsten in einem wohlgeordneten und gesitteten Familienleben. Wo der Hausvater keinen glücklicheren Ort kennt, als sein Haus, dessen Dach sein Liebstes deckt, als seine Stube, in der die Seinigen sind, als seinen Tisch, an dem er die fröhlichen Kinder um sich vereint, wo er von allen Wegen, die ihn seine Geschäfte führen, immer wieder am liebsten dahin zurückkehrt, wo er die Sorge für Erhaltung und Vermehrung der Habe, für Wohlfahrt der Gattin, für Glück und Ausbildung der Kinder jedem anderen Dinge und jeder anderen Freude vorzieht: da ist das Land angefüllt mit edlen und gelassenen Menschen, die den Staat wieder wie eine größere Familie anschauen, dessen Gesetze befolgen, sie auf ruhigem Wege einer reineren Verbesserung zuführen, und an der Dauer und Festigkeit guter Einrichtungen arbeiten. Wo aber der Mann sein Liebstes und Treuestes nicht mehr in dem Weibe sieht, wo ihm die Kinder nur unbequeme Sorgen und Zerstörer seiner Freuden sind, wo er in seinem Hause nur den Platz seiner Wohnung erkennt: da sucht er seine Ruhe und seine Erheiterung in der weiten Welt, da zerfällt er mit seinen Gefühlen, da ist sein Gewissen nicht klar, da verlassen ihn die edleren Gedanken, es finden sich die unreineren Gelüste ein, er befriedigt seine Leidenschaften und Begierden, er wird weiter fortgerissen, es liegt ihm nichts daran, wenn Alles durch Trümmer in einen andern Zustand übergeht, wer weiß, was ihm dieser Zustand für Befriedigungen bringt, und er wird im Staate nicht der Erhalter und vernünftige Verbesserer, sondern der Einstürzer und Zerstörer, und wenn von Außen feindliche Gewalten drohen, wird er kein Vertheidiger, sondern ihm ist jeder Zustand recht, der ihm Erhaltung und irdische Freude gibt. Das Weib wird bei solchen Dingen unwürdig, die Kinder werden schlechte Menschen und die Gesellschaft des Staates zerfällt. Darum sehen wir starke Völker dort, wo ein reines Familienleben ist, wie in England; darum geht dem Sturze einer Nation immer ein zertrümmertes und entheiligtes Familienleben voraus. Als das alte Rom seine strenge Sitte in der Familie im Hause und in der väterlichen Gewalt aufgab, als Mann und Frau nicht mehr mit Liebe an einander hielten, sondern die Geschlechter sich nur Gegenstände der Lust waren, als die Kinder blos so heranwuchsen, um auch wie Ihre Väter oder noch mehr zu genießen und zu schwelgen: da zerging die Gewalt und Kraft des römischen Reiches, hatte nur nach Außen noch ein wenig den Schein, und wurde endlich von Barbaren zertrümmert, die es haßten und verachteten.

Es wäre eine schöne Aufgabe, zu erörtern, wie der Staat ein so zartes Ding, wie die Familie ist, anzufassen habe, daß sie am besten eingeleitet am besten erhalten würde, und daß sie ihm die besten Dienste leistete.

Ich werde nächstens von der aus der Familie hervorgehenden Erziehung sprechen.

⟨38.⟩ ERZIEHUNG IN DER FAMILIE

Freilich wären Vater und Mutter am geeignetsten, aus ihren Kindern gute und wohlunterrichtete Menschen zu machen, weil ihnen schon von Natur aus die größte Liebe zu den Kindern in das Herz gepflanzt ist, weil sie die meiste Zeit um ihre Kinder sind, und weil die Kinder nichts so sehr nachahmen und so sehr verehren, als die Eltern. Wenn die Eltern einfach gut sind, nichts thun als das Rechte, sich gelassen benehmen, keinen Zorn, keine Rache, keine Leidenschaft blicken lassen, mitleidig, wohlthätig, gütig gegen Andere sind, sich väterlich gerecht und sorgsam gegen die Dienstleute benehmen, so werden die Kinder von selber auch so, wenn ihnen auch von den Eltern nicht die Lehre zu diesen Dingen gegeben worden ist; denn auf Kinder wirkt nichts lebhafter als das Beispiel, und so wie sie körperlich oft die Beschaffenheiten der Eltern haben und ihr Ebenbild sind, so werden sie auch sehr gerne ihr geistiges Ebenbild. Sind die Eltern nun auch noch verständig, so werden sie außer der Güte des Herzens, die sie den Kindern beibringen, auch noch Sorge tragen, daß dieselben jene Kenntnisse bekommen, welche ihnen in ihrem zukünftigen Leben nothwendig sind. So werden von solchen Eltern, die wir oben sagten, <u>gute und wohl unterrichtete Kinder hervor gehen</u>. Aber leider ist es in der Wirklichkeit sehr oft nicht so. Gerade das, was Gott in das Herz der Eltern legte, daß für die Kinder gut gesorgt werde, die

Liebe, ist meistens das Hinderniß. Die elterliche Liebe ist eine zweifache; entweder ein bloßer Trieb der Natur, den auch die Thiere haben, der sie mit Liebkosungen zu den Kindern hinzieht, und der sie treibt, für das leibliche Wohl derselben zu sorgen. Das thun fast alle Thiere. Oder die Liebe der Eltern hat noch einen höheren Boden und eine edlere Heimat, nämlich die Seele. Diese Liebe führt die Eltern dahin, daß sie außer der leiblichen Wohlfahrt der Kinder auch noch die geistige derselben befördern möchten, ja die letztere noch mehr als die leibliche, und zwar in einem solchen Grade, daß man den Kindern lieber leiblich weh thut, als daß man sie geistig Schaden nehmen ließe. Diese Liebe zu den Kindern ist eigentlich die menschliche. Aber wie selten ist sie vorhanden! Die meisten Menschen lassen sich von dem Naturtriebe überwältigen, und thun ihren Kindern leiblich wohl, was auch daraus kommen möge. Je mehr die Eltern selber geistig unentwickelt sind, je mehr die Triebe, Leidenschaften und Regungen ihres Körpers über sie herrschen, desto mehr pflanzen sie auch diese Dinge ihren Kindern ein. Was sie selbst wünschen und begehren, das mögen sie auch recht gerne ihren Kindern gönnen. Sie erfüllen die Wünsche derselben, erwecken sogar neue, um sie zu befriedigen und den Kindern nur recht viel Wohlthätiges zu erweisen, und so pflanzen sie den Samen der Begierden, des Genusses, der Leidenschaftlichkeit und des Lasters oft schon in die kleinen Geschöpfe. Das thun zuweilen die besten Menschen, wenn sie wegen des elterlichen Naturtriebes gegen die höhere elterliche Liebe blind sind. Und jemehr die Eltern selber im Geiste und in der Seele unentwickelt sind, desto weniger merken sie es, daß ihren Kindern geistig etwas fehle, daß sie nicht die Stärke, Kraft und Tugend für das Leben haben, und daß sie unglücklich sein werden. Solche Eltern können daher auch nicht bestrebt sein, der Seele und dem Geiste das zu geben, was noth thut, was den Menschen erst

ERZIEHUNG IN DER FAMILIE

groß macht, und was sein Glück und das Glück des Vaterlandes begründet. Ja, wenn ein Fremder sich bestrebte, das den Kindern zu geben, so würden sich die Eltern widersetzen, weil der geistige Gewinn oft und meistens mit leiblichen Entbehrungen und Beherrschungen verbunden sein muß. Auf diese Weise geschieht es, daß gar so viele Menschen verkümmern, daß sie geistig verdunkelt hinleben, und daß sie dort, wo sie zum ersten Male anders handeln sollen, als es in ihrem gewöhnlichen Leben liegt, sie dies nicht können, und Verwirrung und Unheil anrichten. Darum kann im menschlichen Geschlechte die Erziehung und Entwickelung der jungen Menschen nicht lediglich und allein den Eltern überlassen bleiben. Das menschliche Geschlecht muß bestehen, darum muß es sich auch seine Mitglieder bilden. Der Staat setzt daher seine Anstalten zur Bildung und Erziehung der Jugend ein, und wenn er den Zweck hat, die Wohlfahrt der Staatsbürger zu befördern, so muß er sie einsetzen, und wenn sie die rechten sind, und das lebendige Leben statt des todten Wortes befördern, so werden aus ihnen gute Menschen und rechte Staatsbürger hervorgehen, sie werden als Eltern ihre Kinder schon wieder besser erziehen, als sie selbst erzogen worden sind, sie werden wieder bessere Eltern werden, und so können wir auf jenen Standpunkt hinkommen, wo wir in strenger Sitte und Kraft das Vaterland unzerstörbar machen und statt wüsten Genusses das heitere sittliche Glück über seine Fluren verbreiten.

⟨39.⟩ EIN EINWURF

Unter Denen, welche meine letzten Aufsätze über unsere Entsittlichung gelesen haben, werden Viele sein, die da sagen: „Der Verfasser sieht die Dinge viel zu scharf, es hat zu allen Zeiten gute und schlechte Menschen gegeben, die gibt es auch heut zu Tage, und die wird es in alle Zukunft geben, ohne daß darum die Menschheit zu Grunde zu gehen braucht." — Ja, antworte ich, es hat Gute und Schlechte gegeben und wird sie geben, aber die Frage ist die: Ist die Zeit der Menschen an sich schlecht oder gut? und von der Beantwortung dieser Frage hängt Alles ab. Es kann sogar eine Zeit geben, wo die Verbrechen und Gewaltthaten mehr sind, als in unserer (und es hat im Mittelalter solche Zeiten gegeben), und dennoch ist die Zeit keine trostlose, wenn nämlich in ihr eine Kraft und ein Aufstreben zum Besseren ist: aber es kann auch eine Zeit geben, wo ohne eben großer vorwaltender Verbrechen doch eine solche Ermattung, Auflösung und Ehrenlosigkeit eintritt, daß es zu immer schlechteren, dumpferen Jahren führt, und die Zertrennung und der Verfall des Volkes unvermeidlich wird. Das sind jene sogenannten civilisirten Laster, die den äußeren Anstrich des Gewaltthätigen und Außerordentlichen vermeiden, aber im Innern die Kraft, den guten Willen und das Mark aufzehren, und alle Verhältnisse der Verwesung zuführen. Ob unsere Zeit eine solche ist oder nicht — wer kann das ergründen? aber ich habe gesagt und wiederhole es:

EIN EINWURF

„Die Merkmale, welche sich dermalen im Westen von Europa kund thun, sind zum Erschrecken denjenigen ähnlich, welche dem Sturze der alten Welt voraus gingen, und auf welche der Untergang aller Bildung, Kunst und Wissenschaft folgte. Auch das theilt unsere Zeit mit jener, daß sie das Uebel nicht kennt, daß sie Alles nicht für so schlimm hält, und daß sie die Kraft nicht in sich fühlt, sich aufzuraffen, und zu einem ganzen, einigen, mäßigen, aber kräftigen Zusammenwirken zur Tugend zu gelangen." Man sehe nach Frankreich, welches in dieser Beziehung schon am weitesten vorgeschritten ist. Dort haben sie das Bewußtsein einer Einigkeit, eines Zusammenstehens und eines Unterordnens des Einzelnen unter das Ganze schon verloren, es zeigen sich bereits die allemal hierauf folgenden Zeichen: ein Zusammenstürmen der Massen, um sich wechselweise zu verdrängen, ein Fallenlassen des Landes und dafür Aufstellung einzelner Lehren, Sisteme oder Begehrungen, und ein Streben nach überwiegender Macht seiner Partei – dort folgen sich bereits die der Auflösung immer voranschreitenden unaufhörlichen Umwälzungen, wo allemal maßlose Ausgelassenheit mit Tirannei wechselt, bis das Alles immer schneller, gewaltthätiger, sittenloser wird, und endlich mit der Zerstörung aller vorhandenen Gestalt und mit dem Elende und der Durchwühlung der das Land bewohnenden Menschen endet. Und zu allem dem wissen sie kein Heilmittel, sie versuchen alle stürmischen Gegensätze, aber lassen das Einzige, was vielleicht noch Hilfe brächte, bei Seite: schnelle, tüchtige, edle und tugendhafte Bildung des Staatsbürgers – das, meinen sie, haben sie ohnehin, und das, weil sie es vernachlässigen, wird sie endlich zum Untergange führen. Ein einziges Merkmal haben wir mit der alten Welt nicht gemein: Unsere Heere sind noch vortrefflich. Wir können ohne Uebertreibung sagen: bei uns hat eigentlich nur der Kriegerstand allein vom Grunde aus seine Schuldigkeit gethan. Und dies ist es, was uns Trost und Licht für die Zukunft bringt, wenn alle Stände sich daran erkräftigen, wenn Keiner feige ist und Jeder sich freudig als Opfer für die Gesammtheit in die Bresche stellt. Ob auch das französische Heer noch so ist, weiß man nicht genau; wenn aber auch in dasselbe die Zersetzung, Bekämpfung und Auflösung der übrigen Staatsglieder käme, dann wäre es um das unglückliche Land geschehen, das zu seinem Unglücke auch noch immer den Wahn hegt, es sei das erste und gebildetste der Welt. – Darum sage ich noch einmal zu Denjenigen, die mich einen Schwarzseher nennen: „Die Geschichte ist die einzige Lehrerin menschlicher Dinge, die Geschichte gibt über Alles Aufschluß, sie zeigt die Vergangenheit und in ihr die Zukunft, sie verbindet weit abliegende Zustände und lehrt ihre Folgerungen, sie richtet das menschliche Geschlecht und wirft das Verurtheilte schonungslos in den Abgrund. Darum sehet zur Geschichte und lernt aus ihr, wie es heutzutage um uns beschaffen ist. Die Staaten und Regierungen aber, wenn sie einmal die nöthigste und unaufschieblichste Pflicht der Erhaltung und Zusammenstellung des Ganzen erfüllt haben, haben dann keine heiligere, keine größere, keine dringendere Pflicht mehr, als alle im Vereine aufzustehen, der hereinbrechenden Barbarei einen Damm zu setzen, die Bildung zur Güte, Größe, Erkenntniß und Wahrheit einzuleiten, und Jeder, dem es Ernst um die Menschheit ist, muß mit Opfer von Kraft, Geist und Seele beitragen, daß dieses Ziel erreicht werde, oder doch in den nächsten Zeiten sichtbarlich näher rücke. Dies ist Schuldigkeit Aller, die im Volke gebildeter, besser und edler dastehen, und die mit ihren Augen den Abgrund sehen, an welchem die Andern in blinder Vergnüglichkeit ⁺spielen."

⟨40.⟩ WIRKUNGEN DER SCHULE

I.

Kein Wesen auf der Welt wird so hülflos geboren, als der Mensch. Diese Erfahrung werden wohl Alle gemacht haben, die diese Zeilen lesen. Das Säugethier geht meistens mit seiner Mutter schon wenige Augenblicke nach der Geburt über die Fluren dahin, der Vogel sitzt geschickt in dem Neste, öffnet den Schnabel zur Nahrung, und fliegt nach ein paar Wochen mit den Eltern davon; manche, wie das Rebhuhn, laufen gleich von dem Ei weg ihrer Nahrung nach und bedürfen nur eines kleinen Lockrufes; und viele, wie die Fische, die Insekten, die Weichthiere, bedürfen gar keiner Eltern, sie sind selbstständig, wenn sie von dem Ei kommen, und ahnen nicht, daß sie Eltern haben, die bei ihrer Geburt oft weit von dem Platze, oft schon lange todt sind. So sorgt die Vorsicht für die Thiere, nicht so für den Menschen. Nur das Einzige kann er, daß er die Muttermilch saugt, aber sie muß ihm gereicht werden, er kann sie nicht suchen. Er kann nicht gehen, er kann nicht sitzen, er kann nicht die geringste Verrichtung machen, ja er kann kaum die rechte Lage im Liegen finden. Und dies dauert lange, im Verhältnisse wohl zehn-, wohl zwanzigmal so lange, als bei den Thieren. Die Mutter muß ihm Alles geben und thun, was er selber sich nicht zu geben und zu thun vermag, und dazu ist die Mutter mit einer unzerstörbaren Liebe ausgerüstet. Und wenn er so weit ist, daß er gehen, daß er laufen, springen und sich regen kann: wie fehlt ihm noch, was er erst zum Menschen bedarf, wie wenig ist er geistig entwickelt, wie wenig weiß er, was er beginnen soll, und was ihm fromme. Das Thier hat seinen Instinkt, das ist, seinen Trieb, der es unmittelbar ohne Ueberlegung und Entschluß zu dem treibt, was ihm noth thut, und das verrichten läßt, was es muß. Der Vogel braucht seinen Nestbau nicht zu lernen, er kann ihn schon, die Seidenraupe spinnt ihren kunstvollen Cocon, die Spinne ihr Netz, die Biene baut ihre Zelle und der Biber sein Haus. Der Mensch muß es lernen. Er hat zwar auch einen kleinen Theil des Instinktes, der ihn vor widrigen Dingen warnt und zu gedeihlichen führt; aber wie gering ist er gegen den des Thieres, das unter tausend Kräutern, die es abweidet, den einzigen Gifthalm stehen läßt, der ihm schaden würde, und den es noch dazu in seinem Leben nicht gesehen hat: während der Mensch gar nicht einmal weiß, was für ihn eßbar ist, sondern es von seinen Eltern lernen muß, und ohne diese Belehrung sich in den meisten Fällen Krankheit und Tod zuziehen würde. Und wenn er schon in die Hälfte seiner ihm bestimmten Lebenszeit einrückt, hat er oft noch bei weitem nicht die Erfahrungen, die er eben für dieses Leben braucht. So arm, so dürftig, so unausgestattet ist der Mensch: <u>und dennoch ist er das erste und herrlichste der sichtbaren Geschöpfe Gottes</u>. Eben darin, daß er sich Alles erwerben muß und kann, liegt sein Vorzug. Dem Thiere wird sein Bedarf für sein Leben schon mitgegeben, dieser Bedarf ist fertig, es braucht ihn nur zu benützen — aber es kann auch nicht über die Gränze hinaus. Der Mensch hat die Vernunft und das Erkennen, dasselbe hat eine weite Bahn vor sich, der Mensch kann sich mehr, kann sich weniger aneignen, wie es ihm beliebt, er kann lernen bis an das Ende seines Lebens, und das Gelernte seine Nachfolgern hinterlassen; denn er braucht es nur mit wenigen Zeichen aufzuzeichnen, daß der Nachfolger in unendlich kurzer Zeit sich das eigen macht, wozu der Vorfahrer ein ganzes Leben bedurfte. So lernt Mensch vom

Menschen, Geschlecht vom Geschlechte, Jahrhundert von Jahrhunderten, und der Inbegriff der Menschheit wird immer reicher, und geht einer Gränze der Vervollkommnung entgegen, von welcher wir Lebenden gar nicht einmal ahnen können, wie unendlich sie sei, weil wir, um sie zu begreifen, dieselbe schon inne haben müßten. Das Thier baut ein kunstbares Nest, es errichtet ein staunenswerthes Werk, es macht wundervolle Bewegungen – ja es kann durch Unterricht zu allerlei Fertigkeit gelangen, die ihm ursprünglich nicht angeboren waren: aber es baut immer dasselbe Nest, es errichtet immer dasselbe Werk, es macht immer dieselben Bewegungen, und kann das in seinem Leben Gelernte nicht seinem Nachfolger überliefern. Der Stier, der im alten Egypten weidete und wiederkäute, that es so, wie es sein heutiger Nachfolger nach viertausend Jahren in Oesterreich thut; die Schwalbe baute aus dem Schlamme der Sündfluth ihr Nest, wie es die heutige Schwalbe aus dem Schlamme des Dorfbaches baut; der Elephant des Pyrrhus machte mit seinem Rüssel dieselben kunstvollen Bewegungen, wie es einer thut, den man jetzt aus den fernen Ländern zu uns bringt, und das unterrichtete Reiterpferd des Macedoniers Alexander konnte seine Künste und Vollkommenheiten nicht seinem Sohne vererben. Darum hat der Mensch eine Geschichte, aber es gibt keine Weltgeschichte des Thieres. Darum errichtet der Mensch eine eigene Welt, er errichtet sie aus einem Jahrtausend in das andere, und häuft die Schätze ins Unendliche für kommende unzählbare Jahrtausende: – das Thier lernt etwas Weniges von dem Menschen in seiner Bezähmung und in seinem Umgange, wenn er es gelegentlich zu demselben zuläßt.

II.

Wenn das Thier alles, was es bedarf, mit auf die Welt bringt, und also nichts zu lernen braucht, und wenn im Gegentheile der Mensch nichts als seinen bildbaren Verstand und seine Geistesanlagen mit bekommt, so folgt daraus, daß der Mensch sich alles für die Zukunft erwerben müsse. Und in der That, er hat für sich und sein Geschlecht eine unermeßliche Anzahl von Hilfsdingen geschaffen und gesammelt. Man denke nur an die Menge der Werkzeuge, in deren Besitz er gekommen ist, das heißt, jener Dinge, die ihm nicht angeboren sind, sondern die er sich aus fremden Stoffen gemacht hat, daß sie ihm zu seinen Zwecken dienen. Das Thier hat seine Glieder, und muß mit ihnen allein alles schaffen. Es muß sich die Nahrung suchen und sich vertheidigen, daher fast jedem seine Waffe angeboren ist, nur dem Menschen nicht, weil er sie erschaffen kann. Blos der Affe nimmt oft einen Stab zum Gehen und Dareinschlagen, und wirft Steine und andere Dinge auf seinen Gegner. Von welch' unaussprechlicher Wohlthat die meisten, oft unbedeutendsten Werkzeuge sind, kann man sich keinen Begriff machen, wenn man sie täglich +hat und sie, ohne auf sie zu denken, gebraucht, aber wenn sie fort sind, erkennt man plötzlich ihren Nutzen und ihre Wichtigkeit. Man denke sich einmal den Pflug, die Egge, die Haue, das Messer, die Gabel, den Löffel, das Eisen, das Feuer, das Schiff und den Wagen hinweg, welch ein armes, erbärmliches Leben würden die Menschen führen; ja man nehme nur an, es gebe keinen Nagel zum Einschlagen, in welche Verlegenheiten und Unannehmlichkeiten würden wir gerathen? Das Alles nun haben die Menschen oft mit Mühsal und Schwierigkeit in dem Laufe der Jahrtausende erfunden und aufbewahrt. Wir gebrauchen es, ohne weiter darauf zu denken und den Dank zu empfinden, den es erheischt. Nur wenn wir gewahr werden, mit welcher

Mühe und welchen Entsagungen die Dinge zu Stande gekommen sind, erkennen wir ihre Wichtigkeit und ihre Größe. Darum hat das Buch, in welchem das Leben des Robinson Crusoe auf seiner unbewohnten Insel geschildert wird, wo er sich Alles schaffen mußte, auf die Menschen, auf Jung und Alt eine solche Wirkung, weil wir in ihm zusammengedrängt sehen, was der Mensch aus seinem nackten Zustande heraus sich nach und nach in tausenden und tausenden von Jahren erworben, und was er gelernt hat. Ich will nur noch Eines anführen. Wie lange mußte es gedauert haben, wie seltsam mußte es hergegangen sein, bis der Mensch das Feuer kennen lernte, und bis er es zu seinen Zwecken zu benützen verstand. Wohl wird er oft den Blitz des Himmels gesehen haben, aber er wird nicht gewußt haben, ob diese glänzende, geschlungene Linie etwas Anderes sei, als der Glanz der Sonne, des Mondes, der Abendröthe; er wird auch die Flamme auf dem Gipfel eines feuerspeienden Berges gesehen haben, aber er wird vor dem Drohen und der Furchtbarkeit der Erscheinung geflohen sein: allein da mochte er einmal, nachdem der Blitz in einen Baum geschlagen hatte, dazu gekommen sein, wie dieser brannte, und er mochte die leichten, die glänzenden und schimmernden Zungen gesehen haben, die an dem Holze spielten. Daß er sie nun angriff und in die Hand nehmen wollte, war das Natürlichste. Aber da empfand er den fürchterlichsten Schmerz, und hatte die Brandwunden in den Händen. Wie mußte er erstaunt sein, daß das schöne, leuchtende Ding solche Waffen habe und so verletzen könne. Seine Verwunderung mußte nur noch steigen. Allein während dem verbrannte das Holz, und das Feuer war aus. Das Staunen mußte nun den höchsten Grad erreicht haben, da er den flüchtigen schimmernden Geist, der das Holz verzehrt hatte, und der so verwunden konnte, nun verschwunden sah, und von dem Wunder nichts übrig blieb, als ein Haufe schmutziger Asche oder ein schwarzer Strunk. Daß er das Feuer hätte nähren können, war ihm nicht eingefallen. Nun erzählte er es anderen, und die Sage breitete sich aus. Wie lange mochte es hergegangen sein, bis wieder einmal Einer bei einem brennenden Baume stand, und bis man auf den Gedanken kam, das Feuer zu nähren. Wie lange mochte es gedauert haben, bis er es zu nützen verstand, seine Speisen zu kochen, sich zu wärmen und andere Dinge hervor zu bringen – und als er das kannte, so verstand er nicht, das Feuer hervor zu rufen, und mußte es, wenn es einmal vorhanden war, immer fort ernähren, wenn er es nicht wieder verlieren sollte. Darum sind in vielen alten Völkern noch die Sagen vorhanden, daß geheiligte Jungfrauen einst das ewige Feuer nähren mußten, daß das ein religiöser Gebrauch war, und daß bei manchem Volke die Todesstrafe folgte, wenn eine Jungfrau das Feuer erlöschen ließ. Wie leicht ruft man es heut zu Tage hervor, ein Kind kann es mit einem Striche erzeugen. Man sieht, mit welcher Mühe, mit welchen Aufopferungen, mit welchen Anstrengungen die Menschen vorwärts gekommen sind und gelernt haben! Aber nicht blos die Werkzeuge des Lebens haben sie hervor bringen müssen, und die Wissenschaften erzeugen, wie man die Dinge nütze, sondern sie haben auch ihren Verstand, ihre Vernunft, ihr Gemüth, ihr Herz immer mehr ausbilden und vervollkommnen müssen, damit sie immer tauglicher würden, neue Dinge zu erfinden und alle Einrichtungen zu treffen, die im menschlichen Leben nothwendig sind, daß der Mensch vollkommen Mensch sei, und es noch immer mehr werde. Wie viele Dinge, Kenntnisse, Wissenschaften kamen da zum Vorscheine: die Sprache, der Gesang, die Musik, die Schrift, die Rechnung, lauter wundervolle Dinge, wenn man sie genauer betrachtet, und noch vieles andere und andere. Aber wie groß auch der Reichthum des schon zu Tage Geförderten ist, so ist der des Unbekannten doch noch unendlich größer und größer, und die Menschen haben unaufhörlich zu lernen, theils um Neues zu ergründen, theils um das Vorhandene sich einzuprägen. Alle Veranlassung, wodurch der Mensch etwas lernet, kann man eine Schule heißen. Solche Schulen hat Gott in unermeßlicher Fülle um uns her überall ausgebreitet, ja der Mensch thut keinen Schritt, wo er nicht an eine Lehre stößt, und aus dem er nicht Nutzen schöpfen könnte. Die ganze Welt und das ganze Leben ist voll Lehrer und Ermahner. Aber der Mensch kann auch eigene Anstalten gründen, in denen das bereits Bekannte gelehrt wird, in denen man es mit Neuem vermehrt, und es auf unsere Nachfolger verbreitet. Wir wollen von diesen und allen anderen Schulen in unserem nächsten Aufsatze sprechen.

⟨41.⟩ DIE SCHULE DES LEBENS

Jede Veranlassung und Anstalt, wodurch der Mensch etwas lernt, haben wir eine Schule geheißen. Da steht nun als vorzüglichste und höchste Schule das ganze lange Leben eines Menschen selber da. Sobald er geboren ist, beginnt das Lernen. Zuerst lernt er die Glieder bewegen, dann die Hand öffnen und schließen, dann sogar die Augen rühren und dort hinschauen, woher er etwas hört; endlich kann er sitzen, kriechen, gehen, laufen, springen, und er kann reden und jauchzen. Nun beginnt der Wirkungskreis größer zu werden: tausenderlei Gegenstände umringen ihn, sie reizen seine Aufmerksamkeit, und fordern ihn zur Untersuchung auf, er hat vielerlei Bedürfnisse, denen er abhelfen muß, er betrachtet die Dinge, ob sie ihm nützen oder schaden, und wozu er sie gebrauchen kann. Seine Vorstellungen über die Wesenheit der Welt vermehren sich, sie verbinden sich unter einander und werden Kenntnisse. Im weiteren Verlaufe beginnt er ein Geschäft, das heißt, eine eigenthümliche Wirksamkeit für das ganze Leben, wodurch er sich und später einer Gattin, Kindern, Enkeln, der Familie und dem ganzen Hause den Unterhalt verschafft. In diesem Geschäfte kann er von Tag zu Tage lernen, wie es zu verbessern, und in einem vorzüglicheren Stande zu betreiben sei, er kann die Handhabung desselben bis zu dem höchsten ihm erreichbaren Punkt vervollkommnen. Hiebei kommt er mit verschiedenen Menschen in Verbindung, er lernt die Sitten und Gebräuche mannigfaltiger Gegenden und Länder kennen, er schätzt und wägt die Gegenstände und Verhältnisse, und weiß, was sie werth sind, und was nicht. Er dehnt seine Wirkung über seine Familie hinaus aus, er sucht seiner Stadt, seinem Dorfe zu nützen, er will das Beste seines Vaterlandes mit besorgen helfen, und er will Anstalten gründen, wodurch die Menschheit überhaupt glücklicher wird. Ist er weise, so genießt er auch die Freuden der Welt mit Maß und mit Einsicht, und lernt auch hierin immer mehr, sich Gränzen zu setzen, und die Würde zu bewahren; denn in der That kein einziges Lernen ist schwieriger, als das, die Freuden, die Gott in die Welt gelegt hat, recht zu genießen, und vieles Unglück, ja das meiste, das über die Menschen gekommen ist, ist daher gekommen, weil sie sich durch Uebermaß schwächten und ihre Kraft zu jedem Nöthigen und Großen verloren. So geht der Mensch durch die Schule des Lebens, er ist immer in ihr, er lernt alle Tage etwas, und seine Erfahrungen wachsen, bis er auf dem Todtenbette liegt – und selbst da noch kann er das Erlernte über seine Zeit hinaus fortsetzen, wenn er es aufgezeichnet hat, und es der Nachwelt hinterläßt. – Die Ursache aber, weßhalb die Menschen in der Schule des Lebens lernen, ist die Noth. Weil er Speise braucht, weil er Kleider, Obdach, andere Dinge, selbst Vergnügen braucht, muß der Mensch die Handlungen unternehmen, wodurch er sich alles das verschafft. Und wo die Umstände am allerungünstigsten sind, dort muß er seinen Verstand am meisten anstrengen, die Mittel zu erfinden, und dort kommen gewöhnlich die außerordentlichsten Erzeugnisse des Geistes zu Stande. Selbst ganze Völker sind so empor gekommen und haben einen Gipfel hohen Glanzes erreicht, wenn die Noth ihre Seelenkräfte und ihren Willen spannte. So lange die alten Römer im Kampfe mit allen ihren mächtigeren Nachbarn Italiens waren, so lange sie in der berühmten afrikanischen Stadt Karthago einen Feind hatten, den sie sehr fürchteten, waren sie einfach mäßig, tapfer und es kamen Thaten des höchsten Glanzes und der höchsten Aufopferung vor; als sie aber die mächtigsten waren, als Karthago im Schutte lag, überließen sie sich dem Genusse, wurden feig und thöricht, und gingen zu Grunde. Das steinige, unfruchtbare Ufer des Mittelmeeres gegen Asien, wo einst die Phönizier wohnten, zwang dieses Volk, auf der weiten See ihre Nahrung zu suchen und das erste Handelsvolk der alten Welt zu werden. Ihnen verdanken wir die wohlthätigsten Erfindungen, ich nenne nur zwei: das Glas und die Buchstabenschrift. So zeigt sich auch noch heut zu Tage, daß dort, wo die Natur Alles mit verschwenderischer Freigebigkeit spendet, die Menschen meistens träger und unerfinderischer sind. Darum wohnen in den gemäßigteren, kühleren Ländern die tüchtigsten und geistvollsten Völker. Die ganz kalten Länder ertödten wieder den Geist, und setzen unüberwindliche Hindernisse entgegen.

Wenn aber nun auch die Schule des Lebens so kräftig ist, und den Menschen am innigsten zu Erfahrungen und Wissen hinführt, so kann sie doch nicht die einzige bleiben; denn es gibt Dinge, die man in ihr durchaus nicht lernen kann, und andere, zu deren Selbsterfindung man Jahrhunderte brauchen würde. Ich wähle hier zwei Beispiele. Kein Mensch würde je aus eigenem Nachdenken darauf kommen, was in allen vergangenen Zeiten geschehen ist, wenn es ihm nicht Jemand erzählte, oder er es nicht in einem Buche läse – und dennoch ist diese Kenntniß eigentlich die wichtigste im Leben – und kein Mensch würde während seines Daseins das Lesen und Schreiben erfinden, da die Welt selber mehrere tausend Jahre dazu brauchte, wenn es ihn nicht Jemand in seiner Jugend lehrte, und dazu nur ein paar unbedeutende Jahre brauchte. So sind es noch tausend andere Dinge, die wir gar nicht, oder in erst unendlich langer Zeit erfinden würden, in denen man

DIE SCHULE DES LEBENS

aber in Kurzem unterrichtet werden kann. Es sind also noch mannigfache andere Schulen für den Menschen nöthig, und werden in unserem Folgenden davon sprechen.

⟨42.⟩ DIE SCHULE DER FAMILIE

Weil der Mensch nicht alles in der Schule des Lebens lernen kann, oder zur Erlernung große Umwege brauchen würde, so sind für ihn die eigentlichen Schulen nothwendig, das heißt, solche Anstalten, wo nicht, wie in der Schule des Lebens, nur gelegentlich die Umstände auf ihn einwirken und ihn zwingen, das zu lernen, was er braucht, sondern wo eigens Lehrer vorhanden sind, die ihm auf den geeignetsten und kürzesten Wegen dasjenige beibringen, was er in seinem künftigen Leben zum Fortkommen, hauptsächlich aber zur menschlichen und sittlichen Entwicklung bedarf. Die einfachste und wahrscheinlich auch älteste Schule dieser Art war die Familie. Der Vater wird in den grauesten Zeiten der Menschheit seinen Sohn den Bogen spannen gelehrt haben, das Wild verfolgen, die Zeichen des Himmels erkennen, er wird ihn gelehrt haben, welche Gefühle und Neigungen den Mann glücklich machen, und welche ihn in Hader und Zank verwickeln und in Untergang stürzen können. Die Mutter wird ihre Töchter um sich versammelt haben, sie wird ihnen mit einem Beispiele vorgegangen sein, sie wird sie im Spinnen, Nähen, Weben und dergleichen unterrichtet haben, und wird sie unterwiesen haben, wie sie sittlich, ehrbar und strenge sein sollen, daß die Welt und die rauhen Männer vor ihnen Ehrfurcht und Achtung haben müßten. Aus der angebornen Liebe der Eltern zu den Kindern geht es ganz natürlich hervor, daß die Eltern nicht bloß sorgen, daß die Kinder Nahrung, Kleidung und Wohnung haben, sondern daß sie auch zu den Mitteln, welche ihnen die Eltern für das künftige Leben mitgeben, diejenigen Kenntnisse erhalten, welche sie lehren, die Mittel recht zu gebrauchen, und überhaupt glücklich und rechtschaffen zu leben. Daher benützen die Eltern jede Zeit und Gelegenheit, die ihnen das stete Zusammenleben mit ihren Kindern an die Hand gibt, um ihnen Lehren, Ermahnungen, Unterweisungen und Kenntnisse beizubringen. Bei den Kindern ist es auch angeborener Trieb, die Eltern als das Höchste dieser Welt zu betrachten, von ihnen alles gerne anzunehmen, sie nachzuahmen, und ihre Worte für ein Heiligthum zu halten. Daher sieht man so häufig, daß die Kinder wie die Eltern werden, daß sie ihre Art und Weise, ihre Rede, ihre Handlungen und ihre Fehler und Eigenheiten bekommen. Die Kinder lernen auch auf die Weisung der Eltern hin sehr gerne, sie lernen Dinge gerne, die sie jetzt noch gar nicht verstehen, und von denen sie nicht ahnen, wozu sie einst zu gebrauchen sein werden, sie lernen sie, weil es die Eltern so wünschen. Welch' eine merkwürdige, welch' ein fruchtbringende, welch' eine segenreiche Schule könnte der Umgang der Eltern mit den Kindern sein! In keiner Schule ist der Mensch so lange, in keiner ist die Gelegenheit so vielfältig und in keiner geht die Lehre so lieblich und leicht in seine Seele. Man sieht also wie heilig, wie wichtig der Stand der Eltern für die sittliche Größe und Schönheit der Menschen, und wie außerordentlich Einfluß nehmend er auf den Staat ist! Jeder Mensch soll den Stand der Ehe wohl bedenken, er soll erforschen, ob er den Pflichten des Vaters, der Mutter gewachsen ist, und der Staat soll die Mittel, die nie in der Hand des Einzelnen in ausreichendem Maße liegen, einrichten, daß wir rechte Väter und rechte Mütter erhalten. Ist das jetzt bei uns so? Wir müssen leider mit nein antworten. Der Staat kümmert sich höchstens, daß eine allgemeine, unbedeutende Fachbildung, etwas Lesen, Schreiben, Rechnen, in die Leute komme, und überläßt sie weiters dem Gange der Dinge, während es keine heiligere Pflicht für den Menschen gibt, als eben seine reinstmögliche Menschwerdung, und es daher, wenn der Staat eine menschliche Anstalt sein soll, auch in ihm kein Höheres, kein Angestrebteres geben kann, als die Menschwerdung des Menschen in allen Abstufungen der Gesellschaft, wie es in jeder möglich ist, statt daß jetzt die sogenannte Bildung nur Eigenthum Einzelner, Gelehrter oder Bevorzugter war, und die Uebrigen ihren Leidenschaften und Trieben hilflos überliefert blieben. Der Bildungsminister im Staate muß nicht sowohl ein Fachmann sein, sondern er soll der Beste, Weiseste und Menschenliebendste im ganzen Umfange des Reiches sein. In der Familie ist es bei uns auch nicht so, daß der Mensch jene Güte und Größe aus ihr fortnehme, die er könnte; schon in dem zartesten Alter werden die Keime zum Mißlingen gelegt: jedem Wunsche, jeder Laune der Kleinen wird nachgegeben, so daß das Kind, oft da es noch in Windeln liegt, schon der Tirann des Hauses ist, dem jetzt, und noch mehr, wenn er größer ist, willfahrt werden muß. So wird die Leidenschaft und das Unglück erzeugt, da der Mensch in seinem ganzen Leben fast immer nur das Bild seiner ersten Erziehung darstellt. Die höheren Stände gehen meist ihren Vergnügungen nach und übertragen das nicht übertragbare Geschäft der Eltern an Andere, und die minderen Stände haben nichts, was sie den Kindern übergeben könnten, als ein sehr geringes Wissen, dann Vorurtheile und Affekte und Leidenschaften. Fast drei Viertheile der Familienschule sind bei uns völlig verloren, das vierte Viertheil ist nur ausnahmsweise in vorzüglichen Händen, sonst auch unbedeutend. Thue der Einzelne, was an ihm ist, daß er gut, edel, kenntnißreich werde, um ein guter, verantwortlicher Vater, eine gute Mutter sein zu können – haupt-

sächlich: Thue der Staat das Seinige, und errichte er die zweckmäßigen Anstalten, daß wir in allen Ständen gute Eltern erhalten können, die dann weiter und ins Unendliche wirken; es ist seine heilige Pflicht, ja es ist seine allererste. So gut aber
5 auch die Familienschule sein kann, so vortreffliche Menschen aus ihr hervorgehen können, so ist mit ihr der Kreis der Schule nicht abgeschlossen, das sieht jeder ein, und wir werden davon in unserem Nächsten reden.

⟨43.⟩ UEBER PALMERSTONS REDE

In vielen Blättern macht die Rede Palmerstons über Ungarn, die er im Unterhause gehalten hat, die Runde. Diese Rede war eine Erwiederung auf eine Interpellation Osbornes in Bezug der ungarischen Frage. Osborne nämlich hatte in einer fast ultra demokratischen Rede die Partei der Insurgenten gegen Oesterreich genommen, worauf der brittische Staatssecretär des Aeußern antwortete. Die Rede ist würdig und schön gehalten. Insbesondere hebt er hervor, nachdem er einige Unrichtigkeiten und Hohlheiten gewöhnlicher Phrasen widerlegt hatte, daß Oesterreich und England immer in gutem Einvernehmen gestanden seien, daß sie öfter Verbündete gewesen, und daß sich Oesterreich um England Verdienste erworben habe. Er geht hierauf über, daß Oesterreich um Europa verdient sei, und daß die Existenz und Macht desselben als Bürgschaft des Friedens und Gleichgewichts Europas unerläßlich sei. Deßhalb, machte er die Schlußfolgerung, müsse man suchen, den Krieg in Ungarn durch eine Ausgleichung zu schlichten, weil Oesterreich in demselben doch immer gegen eigenes Land sei, und sich durch den Sieg immer selbst die Wunde schlage.

<u>So wahr und so traurig die letztere Thatsache ist, so sehr ist Oesterreich daran unschuldig, und so wenig läßt sich Palmerstons Hilfsmittel anwenden.</u>

Er geht in seiner Rede von der Voraussetzung aus, daß Ungarn nur seine eigenthümliche Verfassung als besonderes

Königreich im Vereine mit Oesterreich durch den Krieg anstrebe, und daß hierzu alle Stämme Ungarns mithelfen.

Allein diese Voraussetzung ist falsch. Erstens besteht die alte Verfassung Ungarns nicht mehr. Sie wurde im März 1848 abgeändert. Wir wollen hier nicht darauf eingehen, ob die Zugeständnisse Oesterreichs an Ungarn mit dem Bestande beider Länder verträglich, und ob ihre Ausführung politisch möglich war: aber das ist gewiß, daß, ehe man die Probe machen konnte, die Ungarn die Uebereinkunft schon gebrochen hatten. Ungarn sollte mit Oesterreich vereint bleiben. Aber was that es? Es schickte Gesandte an auswärtige Mächte, es rief seine Krieger von der italienischen Armee zurück, es weigerte den Antheil an der österreichischen Staatsschuld, es beschloß, daß sein Ministerium von dem Palatin, (also einem Beamten) ernannt werde, und zwar so, daß der Palatin den Premierminister ernennt, dieser aber sich seine Collegen selbst bestimmt. Der König hat das Bestätigungsrecht. Wo ist denn hier die Vereinigung, und wo ist denn der König? Die Vereinigung ist nicht da; denn alles Obige sind Handlungen souveräner unabhängiger Staaten, und der König war der Palatin oder der Premier-Minister. Oder hat Ungarn im Verlaufe des Krieges darauf hingewiesen, daß es nur seine Verfassung vertheidige? Im Gegentheile, es hat die sociale demokratische Republik proclamirt, wie die in Rom. Es ist also hier von keinem Kampfe um Verfassung und Selbständigkeit im Verbande mit Oesterreich die Rede, sondern um Losreißung Ungarns.

Eben so unrichtig ist die Behauptung, daß alle Stämme Ungarns an dem Kampfe Theil nehmen. Wenn auch einzelne Theile der Slaven und anderer in den Reihen der Insurgenten stehen, (und wie viele mögen das gezwungen thun), so sind doch die Stämme als solche nicht mit ihnen, sondern gegen sie. Man sehe nur auf Croatien, auf Slavonien, auf die Romanen,

Serben und siebenbürgischen Sachsen. Der Kampf ist nichts als die Fortsetzung des schon vor Jahren begonnenen Strebens, das Magyarenthum zur Herrschaft zu bringen, und alles Andere zu unterwerfen. Sie begannen mit dem rohen Mittel des Sprachenzwanges, das ihnen der edle Stephan Seceny so richtig verwies, und gingen durch die Verwirrung der Zeitverhältnisse gereizt, zu dem noch roheren des Uebermuthes des Losreißens und des Krieges über. Es ist die fanatische Sucht ungebildeter Völker, über andere zu herrschen, und zwar mit lediglicher Gewalt, nicht durch das einzige, aber überall sichere Mittel, besser, weiser, tüchtiger und gebildeter als andere zu sein, worauf diese von selbst Sitten, Gebräuche, Bildung und anderes nachahmen und sich so unvermerkt, aber sicher unterwerfen werden. Aber nicht einmal alle Magyaren sind es, die im Kampfe stehen, sondern nur jener Theil, der von herrschsüchtigen, aber politisch unkundigen Führern aufgereizt ist, und sich selber, die Führer, deren Unklugheit das nicht voraus sah, und das Land in Elend und Verderben stürzt; denn auch ohne Dazwischenkunft Oesterreichs würden die Führer unter sich in Uneinigkeit kommen und das Land in Verwirrung und in ein Blutbad stürzen; indem sie, wie der Augenschein zeigt, in Schlechtigkeit und Wahl ihrer Mittel Keinem von denen etwas nachgeben, durch die an manchen Puncten Europas schon so viel sittlicher Ekel und so viel materielles Elend entstanden ist. Oesterreich war in seinem guten Rechte einzuschreiten, und war es den Völkern seines Scepters schuldig, welche gegen ihrem Willen unter die Botmäßigkeit der Magyaren kommen sollten.

Es ist also jetzt die Frage nur Folgende: Soll Oesterreich mit einer Faction unterhandeln, die Ungarn beherrscht, die die demokratische Republik eingesetzt hat, die die Nichtmagyaren beherrschen will, die die Wege der Umsturz-Partei in ganz Europa geht, die das europäische Gleichgewicht stört?

Oesterreich hat das Recht und die Pflicht, diese Partei lediglich zu unterwerfen, nicht zu unterhandeln, wie man in Baden, in Rom unterwarf, nicht unterhandelte – und nach dem letztern von Palmerston selbst aufgestellten Puncte der Störung des europäischen Gleichgewichtes ist es auch Recht und Pflicht Europas, diese Partei in Ungarn zu unterwerfen und zur Ordnung zu führen, woraus sich die Rechtmäßigkeit der russischen Hülfe von selbst ergiebt.

⟨44.⟩ DIE LANDSCHULE

⟨I.⟩

Wir haben gesagt, daß die Schule des Lebens zur schnelleren Entwicklung des menschlichen Geschlechtes nicht hinreiche, wir haben auch gesagt, daß die Schule der Familie nicht alle Bedürfnisse erfülle, weil sehr oft die unvernünftige Liebe der Eltern ein Hinderniß ist, weil das Geschäft oder der Lebensberuf des Vaters und der Mutter ihnen nicht die nöthige Zeit lassen, und weil endlich die Eltern viele Kenntnisse nicht besitzen können, welche bei der fortgeschrittenen Zeitbildung dennoch den Kindern unentbehrlich sind. Daher haben alle Völker, bei denen schon das geistige Leben zu dämmern angefangen hatte, Einrichtungen getroffen, daß eigene Menschen angestellt wurden, welche ihren Kindern allerlei Kenntnisse und Wissenschaften beibrachten, die sie zu ihrer menschlichen und völkerschaftlichen Zukunft nöthig zu haben glaubten. Man nennt jene angestellten Menschen die <u>Lehrer</u>, jene Kinder die <u>Schüler</u> und die Anstalt die <u>Schule im eigentlichen Sinne</u>. Das wußten die Menschen sehr bald, daß nicht jeder Neugeborne sich alles wieder neu erfinden müsse, was die vor ihm Gebornen erfunden haben; daher bewahrten sie Anfangs alles Erfundene und Erfahrene in der mündlichen Ueberlieferung auf, wo es von Geschlecht zu Geschlecht ging. Diese mündlichen Ueberlieferungen sammelte der befähigte Lehrer in größtem Maßstabe in seinem Haupte, suchte sie auf seine Schüler zu übertragen, und wurde so der Wohlthäter des menschlichen Geschlechtes. Aber so wie uns Gott ⁺unsere vielbedeutende Sprache gegeben hatte, durch die wir unendlich mehr und unendlich deutlicher unsere Gedanken uns mittheilen können, als es die Thiere mit ihren einfachen Lauten vermögen; eben so hat er das gleich wunderbare Geschenk hinzugefügt, die Sprache in der Schrift aufzubewahren, und durch den Bücherdruck die Gedanken allen Zeiten und allen Orten mitzutheilen. Jetzt erst ist das menschliche Geschlecht an geistigen Gütern reich geworden: was kein Haupt eines Menschen, und sei er der begabteste, in seiner großen Menge zu fassen und zu behalten im Stande gewesen war, das konnte nun in vielen Büchern niedergelegt werden, konnte dem menschlichen Geschlechte aufbewahrt bleiben, und konnte von ihm, wenn es dessen bedurfte, hervorgeholt und von vielerlei Lehrern in vielerlei Schulen vielen Schülern mitgetheilt werden. Jetzt erst konnte sich, wenn ich den Ausdruck gebrauchen darf, die Menschheit mit dem unzähligen geistigen Armen rühren, sie konnte sich ihr verstand- und vernunftvolles Uebergewicht steigern, und konnte der Herr und das vorzüglichste Geschöpf der sichtbaren Welt werden. Alle großen und weisen Menschen haben das anerkannt, alle Staaten, wenn sie nicht geradezu thierische waren und in blos körperliche Stärke allen Ruhm setzten, haben dahin gewirkt, daß das innerhalb ihrer Gränzen erhalten und vermehrt werde, und sie haben ihren Kindern durch ihre Lehrer die angesammelten Kenntnisse überliefern und einzuprägen gesucht. Jeder vorzügliche Staat vom Alterthume bis zu unseren Zeiten, und jeder vorzügliche Mensch, der in einem Staate lebte und ihn leitete, hat eingesehen, daß Unterricht und Erziehung die einzige menschliche Grundlage des Staates und die einzige Stufe zum Glücke und zur Vollkommenheit des menschlichen Geschlechtes ist. Nur wo Staaten zu verfallen begannen, wo menschliche Leidenschaften und menschliche Genußsucht alles Andere zu überwältigen anfingen, da vergaß man auf diese Lehre, da überließ man sich hohlem und unwissenden Genusse, und ging endlich zu Grunde. Daher haben alle starken Staaten ihr erstes Augenmerk der Erziehung zugewendet, und in dem ganzen Gebiete Schulen gegründet. Ein altes griechisches Volk, die Spartaner, erzog seine Jünglinge gemeinschaftlich zu größter Abhärtung und Vaterlandsliebe, andere Griechen, wie zum Beispiele die Athener, erzogen ihre Jugend zu gemeinschaftlichen leiblichen und geistigen Vollkommenheiten, und alle vier Jahre feierten die gesammten griechischen Stämme ein Fest der Zusammenkunft zu Olimpia, wo Wetteifer in körperlichen und geistigen Dingen angestellt wurde, und die Sieger Kränze und Ruhm im ganzen Volke erhielten. Karl der Große, ein weiser König und Herrscher, hob sein Volk um eine bedeutende Stufe höher, weil er Lehrer und Bildner des menschlichen Geschlechtes anstellte. Und so that man an manchen Orten und Zeiten bis zu unseren Tagen herab. Weil aber in den Jahrhunderten sich die Wissenschaften und Kenntnisse sehr angehäuft hatten, und es nicht möglich ist, daß Jeder Alles könne und wisse, so sind vielerlei Arten von Schulen nöthig, und auch vielerlei errichtet worden, je nachdem eine Schichte der Menschen, ein Stand oder ein Gewerbe, diese oder jene Wissenschaft, diese oder jene Kenntniß nöthig hat. Wir wollen die hauptsächlichsten Gattungen dieser Schulen erörtern. Die unterste, aber bei weitem die wichtigste, ist die, in welcher das gelehrt wird, was jeder Mensch, sei er, was er wolle, arm oder reich, groß oder gering, gelehrt oder ungelehrt, zuerst und nothwendig braucht. Diese Schule muß die zahlreichste sein, sie muß über das ganze Land verbreitet sein, woher sie auch den Namen Landschule hat. Wir werden in unserm Nächsten von ihr sprechen.

II.

Daß man seine Gedanken durch sichtbare Zeichen auf ein Papier oder dergleichen niederlegen kann, daß diese Gedanken von Andern verstanden werden, und daß diese Aufbewahrung durch eine große Anzahl von Jahren fortdauern kann, ist nach der Sprache gewiß eines der ersten und besten Güter der Menschheit. Man hat dieses Gut durch menschlichen Verstand erfunden, und der menschliche Verstand muß sorgen, daß es während der Dauer der Erde immer sein Eigenthum bleibe. Lesen und Schreiben ist daher unter denjenigen Dingen, die uns von unsern Vorfahren hinterlassen worden waren, eines der ersten und vorzüglichsten, und kaum darf es jetzt einen einzigen Menschen geben, der es ohne sehr großen Nachtheil entbehren kann. Ich will nur ein paar Gründe anführen. Jedes Wort, was aufbewahrt werden muß, wo kann es einfacher aufbewahrt werden, als in der Schrift. Verträge, Urkunden, Ausweise, Nachrichten können niedergeschrieben, bei Verfallen des Papieres wieder abgeschrieben, und so in eine undenkbare Jahrenreihe aufbewahrt werden. Das Gedächtniß der Menschen, in das man es niederlegen könnte, ist schwankend, und der Mensch selber, der das Gedächtniß trägt, ist hinfällig und sterblich. Wie arm war die Menschheit, als sie noch allein das redende Wort besaß, und Alles, was bewahrt werden sollte, dem sehr ungewissen Umstande preisgeben mußte, daß es sich die Menschen merkten. Und wenn man eine Nachricht senden wollte, mußte man einen Boten haben, dem man die Sache sagte, und der sie vielleicht ganz verkehrt wieder sagte. Heutzutage trägt ein einziger Bote mehrere tausend Nachrichten in Gestalt von Briefen genau so an ihr Ziel, wie sie der Auftraggeber gegeben hatte. Endlich, was der größte Nutzen ist, Alles, was die Menschen je in Kunst, Wissenschaft, Handel, Gewerben,

Staatsleben, Gutes und Taugliches erfahren haben, kann zum Heile aller folgenden Zeiten fast unvertilglich aufbewahrt werden, und was die Menschen Thörichtes und Schlechtes thaten, kann man auch zur Warnung für die Zukunft in der Schrift hinterlegen. Durch die Schrift und den Bücherdruck hat eigentlich der menschliche Geist erst die Welt erobert. Selbst im kleinsten Haushalte kann die Schrift nicht entbehrt werden. Einige Nachtheile, die allerdings mit den Büchern in die Welt gekommen sind, sprechen nicht gegen sie, so wenig man das Messer verwerfen wird, weil man sich damit schneiden kann. Es ist daher ein wichtiges Bedürfniß, daß man in den Landschulen lesen und schreiben lerne. Fast eben so wichtig ist es, daß man Alles, was Zahlen betrifft, richtig auseinander setzen und ordnen, das heißt, rechnen kann. Lesen, Schreiben und Rechnen sind also die ersten Lehrgegenstände der untersten Schule. Sie wurden bisher auch bei uns ohne Ausnahme gelehrt. Aber Lesen, Schreiben und Rechnen sind doch nur Mittel, seine Erfahrungen und Einsichten aufzubewahren und geltend zu machen. Was nützt aber Einem sein Lesen, sein Schreiben, sein Rechnen, wenn er keine Erfahrungen und Einsichten hat, die er aufschreiben, keine Dinge, die er ausrechnen, und keine Urtheilskraft, die er aus dem Buche herauslesen kann. <u>Daher muß Alles, was jedem Menschen, und gehöre er dem untersten Stande an, zum menschlichen Leben unentbehrlich ist, in der Landschule gelehrt werden, und zwar nicht blos gelehrt, sondern es muß so in die Menschen geprägt werden, da es dieselben nie mehr verläßt</u>. Was ist aber dasjenige, was der Mensch in jedem Stande braucht? Zuerst ist es die Nahrung, Kleidung, Wohnung, kurz, die Befriedigung der leiblichen Bedürfnisse. Die Mittel hiezu erwirbt sich der Mensch durch ein Geschäft, dessen Früchte die Menschheit braucht, und wofür sie ihm eine Entgeltung gibt. Die Bedürfnisse der Menschen sind aber

DIE LANDSCHULE

unzählige, daher auch die Geschäfte unzählige sind. Geschäfte, Gewerbe, Künste und dergleichen können also in den ersten und untersten Schulen nicht gelehrt werden, weil ihre Zahl zu groß ist und nicht Alle Alles brauchen, sondern, wenn das Kind aus der Schule tritt, geht es in die Lehre eines Geschäftes. So war es bisher und wird bleiben. Was braucht der Mensch weiter? Es gibt viele einzelne Erfahrungen, Klugheitsregeln, Uebungen, die <u>allen</u> Menschen von überwiegendem Vortheile sind, diese wird der Landschullehrer seinen Schülern einzuprägen suchen. Es geschah dies bis jetzt durch Lesebücher und dergleichen, trug wohl einige Früchte, wird aber ganz gewiß in der Zukunft besser und eindringlicher behandelt werden. Wir wollen es selbst versuchen, in einem eigenen zukünftigen Aufsatze über diesen Punkt zu sprechen. Ein drittes Bedürfniß des Menschen ist es, daß er von der Natur und Einrichtung der Gesellschaft, in der er lebt, Kenntniß habe, namentlich, wenn er in der Einrichtung dieser Gesellschaft mitwirken soll; das heißt: er muß Staatskenntnisse haben. In unserer Zeit, wo selbst die untersten Stände in die Lage kommen können, auf den Staat einzuwirken, z. B. durch Wahlen und dergleichen, und wo, wie klein auch die Einwirkung des Einzelnen sei, diese doch durch die Menge unabsehlich wichtig wird, ist es eine unausweichliche Nothwendigkeit, daß Jeder jene Kenntniß von Staatsdingen habe, die ihn zum wirkenden oder auch nur zum einsichtsvollen Bürger dieses Staates mache. Je klarer der Mensch da ist, je fester er an richtiger Ansicht haftet, desto fester, sicherer und blühender werden die Einrichtungen des Staates sein. Wie das zu machen ist, wie weit man hierin zu gehen hat, ist ganz das Werk der Zukunft. Mögen viele Einsichtsvolle durch ihren Rath hiezu beitragen und die nutzbringendste Art des Unterrichtes aufbauen helfen. Der Schreiber dieser Zeilen hat seine geringen Kräfte diesem Gegenstande zugewendet, und wird seine Arbeit in einiger Zeit veröffentlichen. Endlich ist es noch ein Bedürfniß des Menschen, und zwar das menschlichste, daß er gut gesittet und rechtschaffen sei, daß er nicht ein Opfer seiner Begierden, Neigungen und Leidenschaften werde, daß er dem Thiere gegenüber nicht thierisch, sondern das schöne Bild eines Menschen sei. Nichts ist hienieden größer und der Liebe würdiger, als der Mensch. Es macht auch nichts den Menschen im Einzelnen und im Staate glücklicher und reiner, als die Tugend; und nichts hat von jeher den Menschen, den Staat und ganze Völkerschaften unglücklicher gemacht und in das Elend gestürzt, als das Laster, als die Hingabe seiner Seele an Begierden und Leidenschaften, die ihre Befriedigung und ihre Opfer suchen, und dadurch Verwirrung, Elend und Verwilderung hervorrufen, wie es unsere Zeit in eindringlichen Bildern zeigt. Die Eltern können nicht Alles, daher muß dieses schöne Werk die Kirche und Schule mit ihnen theilen. Die Kirche kann Vieles thun, aber auch der Lehrer der Schule, der so viel mit seinen Schülern umgeht, und den sie so achten. Daß Lesebücher allein nicht hinreichend sind, leuchtet ein. Der Lehrer muß lebendig klar und dauernd machen, was im Buche todt und unfruchtbar ist; der Umgang muß die heiligste Wirkung thun. Vieles wird in nächster Zukunft geschehen, und wir Alle müssen zur Hebung und Veredlung der Lehrer beitragen, daß sie einen gesicherten Stand haben, daß wir gute, gelassene, weise, wirkungsvolle Männer auf diesem Platze haben. Ich habe seit vielen Jahren unaufhörlich wiederholt: ⁺„Einer der wichtigsten Männer im Staate ist der Landschullehrer, und die höchste Schule des Staates ist die Landschule." Wie dieser sittliche Theil der Schule ins Werk zu setzen sei, ist eine sehr schwierige Frage, sie muß aber doch gelöst werden, weil sie die erste und dringlichste aller Stände der Menschen ist. Mögen die Zeiten es bald gönnen, an dieses Werk die Hand anlegen zu können. Es ist dringlich, und alle Jahre gehen mehrere Millionen junger Menschen der Barbarei entgegen, die nach der Sitte der Ordnung dem Staate und der Zukunft hätten gewonnen werden können.

⟨45.⟩ NUTZEN DER LANDSCHULE

Weil die meisten Menschen nach dem Austritte aus der untersten Schule keinen weiteren Unterricht mehr bekommen, so leuchtet der Nutzen und die Wichtigkeit guter Landschulen von selber ein. Es ist eben der Mensch, der nichts kann und vermag, und Alles lernen muß. Wenn er nun nach der Landschule nicht mehr weiter lernt, so soll dieselbe Alles liefern, was er bedarf. Wer in Gegenden lebt, wo gute Schulen sind, wo die Menschen ein gesundes Urtheil, eine Fertigkeit im Nachdenken und ein ehrenwerthes Betragen bekommen, der kann sich nicht vorstellen, zu welcher Thierheit die Menschen herab sinken, wo sie keinen Unterricht oder einen schlechten erhalten. Was ein nur ein wenig erhellter Kopf kaum glauben sollte, ist in ihrem ungebildeten Gehirne, und Leidenschaften und kurzsichtige Rohheit ist in ihrem Herzen. Der Anblik ist ein wahrhaft betrübender und niederschlagender. Es kann daher kaum ein dringenderes, allgemeineres und heiligeres Bedürfniß geben, als gute Landschulen. In einer guten Landschule aber, wie wir es öfter sagten, muß der Mensch nicht bloß einige Fertigkeiten im Lesen, Schreiben, Rechnen und dergleichen erhalten, sondern er muß ein klares, menschliches Denken und Urtheilen, einige Kenntnisse in den wichtigsten Dingen der Welt und einen ehrenwerthen, rechtschaffenen Karakter mit sich fort nehmen. Das sind Dinge, die die Welt braucht, die den Menschen zieren, die ihm unentbehrlich sind, die ihn eigentlich zum Menschen machen, und ohne denen der Staat selber in Verwirrung, in Gewaltthätigkeit und in Auflösung geräth. Wie viel also soll in wenigen Jahren aus jungen Menschen, deren Kräfte wenig vermögen, gemacht werden? Und doch muß es so sein; Gott hat den Menschen so geschaffen, und er muß so entwickelt werden. Daher ist kein Stand schwieriger, keiner wichtiger, als der des Lehrers. Nur weise, einfache, würdige, von jeder Leidenschaft und Unregelmäßigkeit entfernte Männer sollten diese Stelle bekleiden, und der Staat und die ganze menschliche Gesellschaft sollte mit Eifer dafür sorgen, daß solche Männer entstehen, daß sie sich mit Liebe zu dem Fache wenden, und mit Ehren und Auskommen dabei bestehen können. Wenn wir bis jetzt solche Männer nicht haben, so liegt die Schuld nicht an ihnen, sondern an uns: „Wie kann ein Volk, das sich selber ehrt und Kenntniß und Sittlichkeit als ein Gut ansieht, die Lehrer und Erzieher seiner Kinder in einer Lage lassen, wo sie mit Hunger kämpfen und dem Menschenfreunde ein Gefühl des Bedauerns und des Mitleides einflößen. Man muß einen schlechten Begriff von dem Volke selber bekommen, das nicht aus eigenem Antriebe aufsteht und dem Uebel abhilft, man muß es für unwissend, für roh und für wenig sittlich erkennen, was neuerdings noch mehr die Nothwendigkeit guter Landschulen darthut. Wir wollen von dem Gegenstande der Schullehrerbildung ein anderes Mal reden. Hier wollen wir nur, um den Nutzen der Landschule noch begreiflicher zu machen, eine kleine Geschichte erzählen. Als ich einmal sagte, das Sammeln der Schulgelder solle aufhören, und der Staat solle selber die Lehrer besolden, antwortete mir ein Mann: „Da müßte ja auch ich beitragen, und ich habe von der Schule nichts; denn ich habe keine Kinder." Darauf sagte ich: „Wohl, du hast keine Kinder, aber vier Dienstboten, zwei Knechte und zwei Mägde. Wenn nun diese Dienstboten ehrlich, getreu,

einsichtig sind, auf den Vortheil des Herrn sehen, ihn nicht
betrügen, die Arbeit geschickt machen, dadurch Zeit gewinnen,
die Habe vermehren, und Eintracht und Heiterkeit in das
Haus bringen — wer hat den Vortheil? Wenn alle Gattungen
Arbeiter und Handwerker ehrenhaft, redlich und billig sind,
wenn sie durch Urtheil und Einsicht ihr Geschäft verbessern,
die Waare tauglicher, anständiger, reinlicher liefern — wer hat
den Vortheil? Wenn der Bauer einen gesunden Sinn, rechtes
Urtheil und gute Kenntnisse hat, und dadurch den Ertrag
unserer Fluren um das Mannigfachste steigert — wer hat den
Vortheil? Wenn die Wildheit, die Rohheit, die Leidenschaft
durch gute Schulen gemäßigt, gesänftigt, versittlicht und vermenschlicht
wird, wenn die Verbrechen abnehmen, und man
nicht so viele Gesetze, so viele Richter, so viele Armeen mehr
braucht, — wer hat den Vortheil? Wenn es überhaupt in einem
Lande von gesitteten, freundlichen, klaren, einsichtsvollen
Leuten gut und heiter zu wohnen ist — wer hat den Vortheil?
Und das Alles lernt man in guten Schulen. Nicht der Arme, der
oft mit vielen Kindern gesegnet ist, hat den Nutzen, wenn sie
in der Schule gut erzogen werden; sondern der Reiche, zu dem
sie in Dienst gehen, nachdem sie groß geworden sind und
Vater und Mutter verlassen haben. Wir Alle, die ganze
Menschheit, hat den unermeßlichsten Nutzen von guten Schulen,
und wir Alle sind schuldig, mit Gut und Kraft beizutragen,
daß solche Schulen sind und werden." So sagte ich, und der
Mann erwiderte: „Ja, wenn es so ist!" Ich aber fuhr fort:
„Darum schmerzt es mich, wenn ich erfahre, daß es Leute
gibt, die in den jetzigen verworrenen Zeiten sich weigern, das
Schulgeld zu zahlen. Es ist als ob sie sich absichtlich selber eine
Wunde beibringen wollten. Das Schulgeld ist noch nicht aufgehoben,
der Schulmeister hat noch keine anderen Einkünfte,
und die Entziehung des Schulgeldes muß die Schule verwildern
und verwahrlosen und die Kinder, also die künftige

Menschheit, der Unwissenheit und der Unsitte überliefern. Aber es ist die kurzsichtige Habsucht, die die Menschen so handeln läßt, weil sie nicht wissen, daß ihnen der Kreuzer, den sie jetzt zurückhalten, in kurzer Zeit durch Verwilderung der Menschen den Gulden raubt, der ihnen durch Treue und Sittlichkeit derselben in das Haus gekommen wäre. <u>Es ist Thorheit und Schlechtigkeit, der Schule das zu entziehen, was ihr noch so lange gebührt, bis eine neue Art ihrer Erhaltung eingeführt sein wird.</u> Ja, wir Alle sollten, statt das so bitter und kümmerlich verdiente Geld des Schulmeisters zu verweigern, lieber zusammentreten, und weil der Staat wegen der wichtigen und gefahrvollen Dinge, die jetzt geschehen, sein Augenmerk noch nicht der Schule hat zuwenden können, aus eigenem Antriebe und aus eigenen Mitteln eine Anstalt gründen, daß unsere Lehrer anständiger leben können, daß wir mehr von ihnen zu fordern berechtigt sind, und daß unsere Schulen zu einer größeren Vollkommenheit gehoben werden. Es ist eine Schande, daß wir es nicht schon gethan haben." So sagte ich und ging fort, denn ich war ärgerlich und fing an, den wohlhabenden Mann zu verachten, der zur Schule nichts beitragen wollte, weil er keine Kinder hatte.

⟨46.⟩ DIE BÜRGERSCHULE

Ehe ich darauf eingehe, zu sagen, was wir eigentlich thun sollen, um die Landschule zu heben, und ehe ich erzähle, was mehrere Männer in Oberösterreich in dieser Beziehung zu gründen vorhaben, gehe ich auf die Bürgerschule über, und werde über die Errichtung von Landschulen aus eigenen Mitteln des Landes am Ende meiner ganzen Schulabhandlungen reden. Die Bürgerschule, die man aber besser Gewerbschule nennen könnte, ist der nächst höhere Grad der Landschule. Wenn man in der Landschule jene Fertigkeiten lernt, die alle Menschen auch in den untersten Ständen brauchen, und wenn man sich in ihr mit den Klugheitsregeln und dem sittlichen Verhalten vertraut macht, die die Hauptgrundlage des ganzen Lebens jedes Menschen bilden: so muß die Bürgerschule noch jene Fertigkeiten und Kenntnisse hinzu fügen, die den Gewerbtreibenden nothwendig sind. Was in der Landschule gelehrt wird, müssen alle Menschen wissen, was die Bürgerschule lehrt, ist vorzüglich für Gewerbsleute berechnet, kann aber auch jedem Anderen, der sich darin unterrichten will, von Nutzen sein. Was braucht denn aber nun die Bürgerschule noch Eigenthümliches über die Landschule hinaus? Wir antworten hierauf: „Erstens alles dasjenige, was in jedem Gewerbe und Geschäfte vorkommt und demselben unentbehrlich ist, ferners alle Kenntnisse, die diesem oder jenem Gewerbe vorzüglich eigen sind, und von denen sich jeder diejenigen

DIE BÜRGERSCHULE

heraussuchen kann, die er zu seinem Gewerbe braucht; und zweitens jene höheren Klugheitsregeln und jene sittliche und menschliche Bildung, die der Geschäftsmann insbesondere braucht, und die ihm bei der Ausübung seines Handwerkes, bei dem Umgange mit seinen Geschäftsfreunden, bei seinen Reisen und bei seinem größeren Staatswirkungskreise nothwendig sind. Zu den ersten Kenntnissen gehören ein fertigeres Lesen, Schreiben, Rechnen, als es der Landmann braucht, alle Gattungen schriftliche Aufsätze, Führung von Büchern, Kenntniß der Lage der Geschäfte, daß er weiß, welches er sich wählen soll und welches die Zeit erfordert, dann jene Kenntnisse, die in verschiedene Geschäftszweige einschlagen, wodurch er seine Verfahrungsweise verbessern kann. Zu den zweiten gehört die Geschäftslehre, daß er keine Pflicht der Rechtlichkeit, der Güte der Waare und des gegebenen Wortes verletzt und jene höhere Geschäftsklugheit, die ihn lehrt, daß das redlichste und ehrlichste Geschäft auch dasjenige sei, das am nachhaltigsten und dauerndsten zu Wohlstand ⁺führt." Manche werden mir hier einwenden: das lernt man ja Alles bei seinem Lehrherrn als Lehrbube. Wer je in der Lage war, verschiedene Geschäftsleute zu brauchen und wer die Mühe nicht gescheut hat, sich über das Beste zu unterrichten, was in den verschiedenen Geschäften vorhanden ist, der wird wissen, wie falsch der obige Einwurf ist. Was lernt man bei dem Lehrherrn? Höchstens das, was er selber weiß, oft nicht einmal das – und weiß er Alles, was in seinem Geschäfte vorkommt, auf das Beste? oder ist es vorzüglicher, wenn von den ausgezeichnetsten Männern der Fächer das Auserlesenste, was in ihnen vorkommt, in Werke zusammengetragen und aus ihnen gelehrt, aber jedes Mal auch praktisch gezeigt wird. Gewiß das Letztere, darum auch die Länder, wo solche Schulen vorherrschend sind, wie in England und Belgien, Geschäfte und Geschäftsmänner aufweisen, die alle anderen in der Welt übertreffen, und den Gang des Handels und der Reichthümer zu sich hin ziehen. Ich will nur einige Uebelstände bei uns berühren. In einer Gegend unsers Landes trägt ein Handwerk wegen geänderter Umstände das nicht mehr, was es früher trug, wo es schwunghaft war; aber die Bewohner lernen aus alter Gewohnheit immer wieder das alte Handwerk, das einst so heimisch war, und bei dem sie jetzt erhungern. In einer großen Stadt, wo derzeit eine Gewerbschule besteht, wurde nach der Zeichnung eines Lehrers, der kein Zimmermann ist, auf ein unregelmäßiges Gebäude ein Dachstuhl gebaut, den mehrere Zimmerleute als unmöglich erklärten, und der nun doch möglich und so einfach war, daß er sogar die Unregelmäßigkeit des Gebäudes für den ersten Blick verschwinden machte. Jetzt sahen die Zimmerleute ihr Unrecht ein. Wenn dem Tischler der Unterricht über alle Hölzer, über Harze und Politur, über Schönheit der Gestalten, über Werkzeuge und den Vortheil, sie zu gebrauchen, und endlich über Zeichnen und dessen Vortheil zu Erzeugung und Erfindung schöner Gestalten beigebracht wird, dann wird jeder Begabte sein Geschäft auf eine höhere Stufe bringen, der sonst wegen Mangel an Unterricht hilflos blieb, oder sich das mangelhafte Hergebrachte aneignen mußte. Wenn der Zimmermahler Verzierungen zeichnen lernt, wenn der Zimmermann alle Fügungen aller Gestalten von Thürmen, Häusern, Palästen, Kirchen entwerfen lernt, wenn der Erzeuger von Modewaaren alles Schöne aller Länder sieht und beurtheilt, wenn endlich in einem Lande alle Instrumente und Hilfsquellen bekannt werden, wodurch sich andere Länder aufgeschwungen haben, wenn endlich der Verstand so geschärft wird, daß wir selber Erfindungen und Verbesserungen machen: ist das nicht ein unermeßlicher Nutzen. Und gewinnt nicht das Land selber dabei. Ein kenntnißreicher Mann sagte mir neulich, daß der Gewerbfleiß in Oberösterreich ungefähr 50 Millionen jährlich erzeuge. Wenn wir nun annehmen, daß durch bessere Verfahrungsweise die Produkte nur um ein Prozent mehr eintragen, so gibt das 500,000 fl.; die beste Gewerbschule für das Land kostet kaum 50,000 fl., also bleiben jährlich dem Lande 450,000 fl. als Gewinn. Aber nicht blos Gewerbtreibende, sondern auch Andere, sogar Landleute, werden diese Schulen besuchen und geschicktere, tauglichere und bessere Menschen werden. Es bestehen wohl schon in den größten Städten sogenannte technische Schulen, allein die erfüllen den obigen Zweck nicht, weil sie zum Theile zu hoch wissenschaftlich sind, dann weil zu viele Schüler auf einem Platze angehäuft werden, und endlich, weil die meisten Gewerbsleute sie nicht benützen können, weil sie eine weite Reise und einen kostspieligen Aufenthalt in der Hauptstadt bestreiten müßten. Solche Schulen müssen in dem Reiche zerstreut, leicht zugänglich und daher in den kleineren Kronländern wenigstens eine, in den größeren mehrere sein. Was solche Schulen erst noch in sittlicher Beziehung zu leisten fähig sind, lasse ich hier unberührt, weil es sich von selber versteht.

⟨47.⟩ ⟨DIE FEIER DES GEBURTSTAGS DES KAISERS IN LINZ⟩

Gestern wurde in den Mauern unserer Stadt das Geburtsfest Sr. Maj. des Kaisers gefeiert, das erste seit Seiner Thronbesteigung, und darum bedeutungsvoll, und auch bedeutungsvoll durch die große und schwere Zeit, in die es fällt; aber es macht uns Freude, berichten zu können, daß das Fest ein in jeder Hinsicht herrliches war, und daß die Herzen und Gemüther mit vollem Eifer und voller Liebe daran Theil nahmen, also von der Güte, Ritterlichkeit und herzgewinnenden Freundlichkeit unsers jungen Monarchen, so wie von der Würde, dem schweren Ernste, und der Majestät Seiner Stellung, durchdrungen waren. Am Abend vorher war festliches Theater bei Beleuchtung des äußeren Schauplatzes, und von den ausgezeichnetsten Personen im Schmucke besucht. Die Hälfte des Ertrages war für den Fond verwundeter Krieger aus Oberösterreich von 1848 und 1849 bestimmt. Am Festtage selber ertönten früh Morgens die Kanonen von dem Schlosse, und wirbelten später die Trommeln, unter denen sich das Militär und die Nationalgarde sammelten, um sich in Parade aufzustellen. Die Nationalgarde war so zahlreich erschienen, daß sie im Verhältniß nie so zahlreich ausgerückt war. Viele Läden und Gewölbe waren geschlossen, damit die Leute Theil nehmen konnten, trotz dem, daß Samstag, also der Abschluß der Woche, und trotz dem, daß Wochenmarkt war.

DIE FEIER DES GEBURTSTAGS DES KAISERS IN LINZ

Um 10 Uhr wurde in der Domkirche bei Anwohnung der höchsten Civil- und Militär-Behörden, so wie der städtischen und ständischen Körper und einer zahlreichen Volksmenge von Sr. Eminenz dem Cardinal Fürst-Erzbischofe von Salzburg das Hochamt celebrirt und das Te Deum gehalten. Die Momente der heiligen Handlung wurden durch die gebräuchlichen Dechargen und Kanonenschüsse von den aufgestellten Wehren bezeichnet. Die Musik, die bekannte Nelsonsmesse von Joseph Haydn, trefflich ausgeführt, trug zur Erhebung der Feier bei. Nach dem Hochamte defilirten die Truppen und Garden. Dann wurde in dem ständischen Rathssaale eine Feier eigener Art begangen. Der Herr Präsident der hiesigen Sparcasse, Graf Adolph Barth-Barthenheim, hatte durch eine eingeleitete Sammlung einen solchen Betrag zusammengebracht, daß 10 Sparcasse-Büchlein jeder zu 25 fl. CM. an vier Dienstboten, die sich durch lange Dienstzeit in demselben Hause, so wie durch Trefflichkeit in jeder Beziehung ausgezeichnet hatten, ferner an vier rechtschaffene Waisen, und endlich an zwei verwundete Krieger aus unserem Kronlande vertheilt werden konnten. Unser Herr Landeschef Dr. Alois Fischer, dann Se. Excellenz der Herr F. M. L. Graf von Falkenheim, so wie viele andere Herren und Damen, waren bei der festlichen Vertheilung gegenwärtig.[*]

Die Bürgerschaft von Linz feierte das Fest durch eine Vertheilung eines namhaften Betrages unter alle Armen des Stadtbezirkes, welche Vertheilung von Seite des Gemeinde-Ausschusses, theils im Laufe der Woche geschah, theils noch fortgesetzt wird. Die Stadtbeleuchtung konnte wegen des Augustmarktes nicht stattfinden. Um zwei Uhr versammelte sich eine Anzahl Personen zu einem Festmahle. Unser hoch-

---

[*] Wir kommen auf diesen Act des allgemeinen Festes in unserem morgigen Blatte zurück, da wir heute wegen Mangel an Raum nicht ausführlich sein können.

verehrter Herr Landes-Chef, nebst vielen hochgestellten Militärs, Officieren, Beamten und Bürgern, fanden sich bei dem Mahle ein. Schon kurz zuvor durchgingen unsere Stadt Gerüchte von Siegen, aber gerade zu dem heiteren Mahle kam die Krone des Festes, der Edelstein in dem Kranze, das schönste Angebinde an Se. Majestät. Die Nachricht von der Waffenstreckung Görgeys mit 30,000 Mann. Das wirkte fast zauberhaft, alle Angesichter waren freudig, alle Augen glänzten, und das Mahl wurde eine gehobenes und fröhliches in jedem Sinne. Vorzüglich erfreuten sich alle an dem Zusammentreffen dieses Umstandes mit dem Feste. Unser Herr Landes-Chef brachte die Gesundheit Sr. Majestät aus, die mit drei freudigen Hoch gefeiert wurde. Herr Carl Plank brachte die Gesundheit auf die glorreiche Armee aus, welche nicht minder jubelnde Hoch hervorrief. Gleiche Begeisterung erregte noch die Gesundheit unseres Herrn Landes-Chefs, von dem Vorstande des Gemeinde-Ausschusses, Herrn Reinhold Körner, ausgebracht.

Ein anwesender Gast brachte den Trinkspruch auf die schöne Stadt Linz und ihre biederen Bewohner aus, was mit größter Freundlichkeit entgegengenommen wurde. Den Abend beschloß ein gelungenes Feuerwerk auf der Strasserinsel der Donau, wozu eine Brücke über den Donauarm geschlagen wurde, wohin viele Menschen strömten und wobei das Musikcorps der Nationalgarde spielte. Schade, daß der Regen die letzte schöne Fronte etwas störte, indem manche Menschen, ohne sie zu betrachten, fortgehen mußten. Der Ertrag kam der oberösterr. Invaliden-Sammlung zu Gute. Der ganze Tag hatte das Gepräge eines Sonntags gehabt. Heute um 9 Uhr war feierliches Hochamt und Te Deum in Urfahr nebst Ausrückung der dortigen Garde.

Möge Gott, der Herr über Leben und Tod, dem jungen edlen Kaiser eine große Reihe von Jahren zu seinen jungen Jahren hinzulegen, und möge er ihm das schwere Werk, das er, wie wir es genau wissen, im vollen Bewußtsein seiner Schwere unternommen hatte, gelingen lassen.

⟨48.⟩ DIE WISSENSCHAFTSSCHULE

Nach der Gewerbsschule kommt die Wissenschaftsschule. Sie ist zugleich die höchste und letzte. Die verschiedenen Kenntnisse, welche die Menschen in vielen Jahrhunderten und Jahrtausenden angesammelt hatten, wären zu einer solchen Menge angewachsen, und wären so verwirrt gewesen, daß sie keinen Nutzen abgeworfen hätten, wenn man sie nicht in eine Eintheilung, Ordnung und Uebersicht gebracht hätte. Man verfuhr hierin so: Alles, was man von ein und demselben Gegenstande wußte, wurde zusammen gestellt, und Alles, was von andern Gegenständen galt, wurde hier weggelassen. Das Zusammengestellte wurde aber wieder nicht etwa nach dem Zufalle unter einander geworfen, sondern in eine solche Ordnung und Eintheilung gebracht, daß man in jedem Augenblikke das Nöthige finden und herausholen konnte. Alle Kenntnisse mußten so mit einander verbunden sein und so in einander greifen, wie die Räder einer Uhr. Eine Menge so geordneter Kenntnisse über ein und den nämlichen Gegenstand heißt man eine Wissenschaft. Es sind also so viele Wissenschaften möglich, als es Gegenstände gibt; allein da nicht jeder Gegenstand wichtig genug ist, so sind hauptsächlich nur über die wichtigsten Gegenstände Wissenschaften entstanden. So heißt die Kenntniß der erschaffenen sichtbaren Dinge die Naturlehre, die Kenntniß von dem menschlichen Körper die menschliche Leibeslehre, von der Seele die Seelenlehre, die

Kenntniß, wie die menschlichen Handlungen beschaffen sein sollen, die Sittenlehre, die Kenntniß der Rechte die Rechtslehre, des Staates die Staatslehre, und so weiter. Es haben die Wissenschaften bereits eine solche Ausdehnung bekommen, daß es keine Möglichkeit ist, daß ein Mensch alle erlernen kann, ja eine einzige Wissenschaft ist oft so umfassend, daß sie das Leben eines einzigen Menschen übersteigt, wie z. B. die Naturwissenschaft; daher haben sich die Menschen in die Wissenschaften getheilt, daß einer die, der andere eine andere betreibt, ja endlich wird die Nothwendigkeit eintreten, daß man nur in Bücher die Hauptwahrheiten der Wissenschaften niederlegt, wo sie Jeder, der sie braucht, finden kann, und wo der Forscher, der auf ihren Grund gehen will, auf die Werke hingewiesen wird, in denen er den Grund findet. Da die Menschen auf der Erde leben und alle irdischen Gegenstände ihnen zum Gebrauche angewiesen sind, da zwischen den Menschen selber sehr viele Verhältnisse entstehen, die sie kennen und behandeln müssen, so leuchtet von selber ein, daß die Kenntniß der Dinge und Verhältnisse, also die Wissenschaften vom größten Nutzen sind, ja daß sie den Menschen für rein menschliches Leben unentbehrlich sind. Darum sind sie auch entstanden. Aber so wie es nothwendig ist, daß jeder Mensch eine gewisse Summe von Kenntnissen hat, die die <u>allgemeine</u> Bildung ausmachen, so ist es nicht nothwendig, daß jeder alle Wissenschaften inne habe, die die <u>wissenschaftliche</u> Bildung ausmachen, sondern es ist nur nothwendig, daß der Mensch, wenn er von Wissenschaften etwas braucht, zu dem gehen kann, der es hat, z. B. der Kranke zu dem Arzte, der Rechtsbegierige zu dem Rechtskundigen, der Staatsbedürftige zu dem Staatsmanne. Es ist daher klar, daß Schulen sein müssen, in welchen die verschiedenen wissenschaftlichen Stände ihre Wissenschaften erlernen können, um mit ihnen der ganzen Menschheit zu dienen. Derlei Schulen hat es von jeher gegeben. Entweder haben einzelne Männer in einzelnen Zweigen gelehrt, wie in alten Zeiten, oder es hat der Staat die Leitung und Anstalt dieser Dinge in die Hände genommen, wie in den neuen. So sind die sogenannten Universitäten entstanden, auf denen von Staatswegen alle Wissenschaften behandelt werden. Es ist auch die Pflicht des Staates, diese Anstalten zu hegen, und die Pflicht des Staatsbürgers, zu ihrer Erhaltung beizutragen. <u>Aber auf eine Frage müssen wir hier aufmerksam machen:</u> in welchem Verhältnisse muß die allgemeine Bildung zur wissenschaftlichen stehen, oder, wie viel muß der einzelne Mann selber wissen, und wie viel muß er bei den Gelehrten erfragen? Darauf antworten wir: Das ist in verschiedenen Zeiten verschieden. Je mehr ein Mensch zu handeln und zu wirken hat, desto mehr muß er selber wissen, überhaupt: <u>je mehr jeder einzelne Mensch wissen kann, ohne seinem andern Berufe einen Abbruch zu thun, desto besser ist es. Selber klar sehen, wiegt alle Rathschläge auf, und eigene Geschicklichkeit behebt die Zweifel und Verwirrungen.</u> Hätten die Ungarn alle eine Einsicht in ihre Verhältnisse gehabt, so wäre der jetzige fürchterliche Krieg nicht entstanden. Der Rathgeber kann auch oft mit Absicht einen falschen Rath geben. Hier kann ich nicht unterlassen, auf ein Uebel, von dem ich schon öfter redete, wieder aufmerksam zu machen. Die wissenschaftliche Schule hat die allgemein menschliche in Europa so überholt und überflügelt, daß die Bildung nur in einer Klasse von Menschen einen hohen Schwung genommen hat, während die übrigen verhältnißmäßig zu weit zurückgeblieben sind. Dadurch sind zwei Klassen entstanden, die Wissenden und Nichtwissenden, zwei Klassen, die einander immer entgegengesetzt sind, die sich nicht verstehen, die andere Neigungen, andere Lebensweisen und andere Bedürfnisse haben, die sich mißtrauen, das gegenseitige Leben von einander verachten, und, sobald die Oberfläche des guten Vernehmens getrübt ist, in Kampf gerathen, weil der Nichtwissende meint, er könne das Leben der Wissenden auch begehren und führen, da er den Mangel seiner Kraft und Kenntniß nicht kennt, und weil der Wissende den Nichtwissenden unterschätzt, und meint, er begehre zu viel. <u>Je mehr eine gleiche Bildung nach den natürlichsten Abstufungen die ganze Bevölkerung durchdringt, desto fester wird Liebe, Eintracht, Vertrauen, Einsicht und auch Macht und Dauer des Staates bestehen</u>. Man muß die Wissenschaften hegen und pflegen, weil sie Kleinode der Menschen sind und sie auf den menschlichen Standpunkt heben, aber man muß auch die Kenntnisse und die Bildung der ungelehrten Stände nach größter Möglichkeit fördern, weil sie ebenfalls Kleinode sind, die den, der das Höchste nicht haben kann, schmücken, und ihm nützen. Für unsere gegenwärtige Zeit, meine ich, bleibt die Landschule und die Bürgerschule das Wichtigste, und ich möchte zu unseren Zeitgenossen und Machthabern sagen: „<u>Sucht nicht mit aller Kraft die hohe Wissenschaft nach ihrem höchsten Fluge zu leiten, sondern sucht sie zu erhalten, daß sie nicht sinke, und wendet für die Zeit eure Augen und eure Kraft dem Bildungsbedürfnisse des unteren Volkes zu, daß diese Bildung sich hebe, den Forderungen der Zeit entspreche und in ein Verhältniß mit der Wissenschaft komme, dann ist es Zeit, beide in ihrem natürlichen Verhältnisse den weiteren und höheren Gang gehen zu lassen</u>."

⟨49.⟩ DIE KUNSTSCHULE

Obwohl ich sagte, daß die oberste und letzte aller Schulen die Wissenschaftsschule sei, so muß ich doch noch von einem Zweige der Wissenschaftsschule insbesonders reden, nämlich von der Kunstschule. Ich muß darum reden, weil sie nicht alle ihre Theile von der Wissenschaft allein hernimmt, sondern viele aus sich selber schöpfen muß. <u>Kunst</u> heißt man in höherem Sinne nicht etwa das, was recht große Fertigkeit und Uebung erfordert, wie z. B. auf dem Seile tanzen u. dgl., sondern sie heißt die Fähigkeit, etwas hervorzubringen, was durch außerordentliche Schönheit das Herz des Menschen ergreift, es emporhebt, veredelt, mildert, zu allem Guten, ja zur Andacht und Gottesverehrung stimmt. So hat man im höheren Sprachgebrauche zu allen Zeiten das Wort Kunst genommen und nimmt es noch heutzutage so. Die Kunst muß also etwas hervorbringen, was man durch seinen Sinn wahrnimmt und was durch Schönheit gefällt und uns mit beseligenden Gefühlen erfüllt. Man hat seit langer Zeit hiezu verschiedene Mittel angewendet, und daraus entsprangen die vorzüglichsten Gattungen der Kunst. Sie sind im Wesentlichen: Die Malerei, die Bildhauerei, die Baukunst, die Schauspielkunst, die Dichtkunst und die Musik. Außerdem gibt es noch allerlei Zweige, von denen wir hier nicht reden. Auf unserem flachen Lande wird von Kunst wohl wenig anzutreffen sein. Außer dem Prunke, der bei kirchlichen Handlungen entfaltet wird, außer der Musik, die bei dem Gottesdienste ertönt, und außer den Bildern und Statuen, die in der Kirche sind, wird der gemeine Mann wohl wenig von Kunst wahrgenommen haben. Die Musik in der Schenke und bei Hochzeiten rechne ich nicht zur Kunst. Und doch ist auch der gemeine Mann für sie empfänglich, ja sie ergreift ihn oft mit größerer Wirkung und Gewalt, als den Städter, der Manches gesehen und für Vieles schon die Empfänglichkeit verloren hat. Ich erinnere mich noch mit Freuden daran, wie uns Kindern die Großmutter mit einem gesammelten Gemüthe und mit gottesdienstlichen Mienen erzählte, wie schön der heilige Aloisius in dem Kirchlein zum guten Wasser gemalt sei, wie schön der heilige Johannes, und wie anmuthig die Englein sind, die auf den Stufen sitzen und mit einem Pilgerstabe spielen. Und nicht blos die Großmutter, sondern viele Leute, Männer und Frauen hörte ich so reden. Und in der That sind die Bilder in der Kirche zum guten Wasser bei Oberplan um Vieles besser, als gewöhnlich Bilder in abgelegenen Landkirchen zu sein pflegen. Das Volk hat also den Sinn und Trieb für diese Schönheit in sich gehabt. In München sah ich vor drei Jahren mehrere Landleute aus Schwaben mit langen Röcken, blauen Strümpfen und staubigen Schnallenschuhen vor einem Marmorbilde in dem Kunstsaale stehen. Das Marmorbild war eines aus dem alten Griechenlande, das über zweitausend Jahre alt und wunderbar schön war; denn Griechenland war im Aushauen von Standbildern aus trefflichem weißen Marmor berühmt, und keine Zeit hat je mehr so Schönes hierin hervorzubringen gewußt, wie das alte Griechenland. Die schwäbischen Landleute aber standen lange in Bewunderung und Aufmerksamkeit versunken vor dem Bilde. Ich stand dabei und war gerührt über das empfängliche Gemüth dieser Leute. Und wer erinnert sich nicht, daß er einmal vom Gesange, von einer wehmüthigen Musik ergriffen war, daß sein

Herz weich, gut und veredelt wurde? Wen wird nicht schon, wenn er darauf merkte, der heilige Lobgesang, der im Sanctus jeden Hochamtes vorkommt, durch seine Feierlichkeit entzückt und erbaut haben? Endlich, stimmen nicht überall die erhabenen Töne der Orgel zur Gottesverehrung, zur Erhebung und Andacht? Wer hat nicht etwa auch schon ein Buch gelesen, in welchem der Dichter in einfachen Worten eine Geschichte erzählt, die ihm seine Einbildungskraft und sein Herz eingegeben haben, und die den Leser bis zu Thränen rührte, die ihn besser machte, und die, wenn der Eindruck öfter und dauernder gewesen wäre, den wohlthätigsten Einfluß auf sein Leben gehabt hätte? Leider haben die Schriftsteller nicht sehr zum Volke gesprochen, sie schreiben eine Modesprache, die man nicht versteht, die nur von einem Schriftsteller zum andern klingt, und nicht in das Volk dringt, und doch ist die Größe des Volkes das, zu dem man sein Wort, sein Bild, seine Belehrung kommen lassen soll, wie es im alten Griechenlande war. Sehr viel Verdienst hat hierin ein verehrter Mann, Christoph Schmidt, der Geschichten für die Kinder und das Volk geschrieben hat, sehr schöne Geschichten, zu denen sich, obwohl ein Urtheiler einmal sagte, sie seien nicht nach der Natur der Kinder, doch gerade die Kinder mit Inbrunst drängen, und die nicht nur sie, sondern auch Erwachsene mit heißen Thränen und mit heiligen Gefühlen lesen. Wenn also die Kunst so schöne Gedanken, so reine Empfindungen und daher ein besseres und gelassenes Leben erweckt, so ist sie ja eine wahre Wohlthäterin der Menschheit? Das ist sie auch, sie ist nach der Religion das Höchste, was der Mensch auf Erden hat; schon ein alter Römer sagte einmal, „sie sänftige die Sitten und lasse sie nicht wild sein", und in der That, ein einziger Dichter oder Künstler, der mit göttlicher Kraft und Weihe auf seine Zeit zu wirken verstand, hob die Menschheit durch seine Gebilde oft plötzlich um mehrere

DIE KUNSTSCHULE

Stufen höher, wie es Unterricht, Ermahnung und Gesetze nicht gekonnt hätten – wie ja auch die schlechten Künstler und Dichter ihre Zeit wieder herabbringen und verderben können, wovon gerade unsere Tage Zeugniß geben; ⁺denn die Kunst, wie die Religion kann mißbraucht werden, und dann wirkt sie in der Hand des lasterhaften Menschen durch den Reiz, der ihr doch noch inne wohnt, viel verderblicher als alles Andere, macht den Menschen sinnlich leichtfertig, oberflächlich und stürzt ihn, wenn er handeln soll, in das Ungereimte und Grausame. Unseren traurigen Zeiten ist eine solche verdorbene Kunst vorangegangen. Aus dem Gesagten geht also hervor, wie nöthig und heilsam eine treffliche Kunstschule ist. Wir können hier nicht in ihre Einrichtung eingehen, da das nicht unsere Sache ist, aber da sein muß sie, und die Weisesten des Landes müssen ihre Einrichtung treffen. Dann soll sie nicht mehr Eigenthum Einzelner, sondern des Landes sein; es sollen Anstalten getroffen werden, daß ihre holde Erscheinung nach Maßgabe der Möglichkeit Jedem zugänglich sei und mit ihrer Wohlthätigkeit auf ihn wirke – dann sollen aber auch Künstler, die wahrhafte Gutthäter der Menschheit geworden sind, im Alter von dem Staate geehrt, geachtet, gefeiert werden, und man soll es einrichten, daß sie, in deren Haupte das Schöne und Gute wohnte und die daher nicht Erdengüter zu sammeln vermochten, in den letzten Tagen ihres Lebens nicht um das Stücklein Brot besorgt sein müssen.

⟨50.⟩ SCHLUSSWORT ÜBER DIE SCHULE

Ich glaube nachgewiesen zu haben, daß es keine andere Krankheit der Zeit gebe, als Unwissenheit und Unredlichkeit, und daß alles Uebel, das in jüngster Vergangenheit die Welt heimgesucht hat, nur allein von diesen zwei Dingen gekommen ist. Ja ich behaupte, es gebe überhaupt kein anderes Uebel, als Verstandeslosigkeit und Schlechtigkeit; alles Andere, was wir Uebel heißen, ist nur ein Ungemach, das wir durch Verstand und Redlichkeit leicht tragen, und meistens schon voraussehen und abwenden können. Kein Weltgeist, kein Dämon regiert die Welt: Was je Gutes oder Böses über die Menschen gekommen ist, haben die Menschen gemacht. Gott hat ihnen den freien Willen und die Vernunft gegeben, und hat ihr Schicksal in ihre Hand gelegt. Dies ist unser Rang, dies ist unsere Größe. Daher müssen wir Vernunft und freien Willen, die uns nur als Keime gegeben werden, ausbilden; es gibt keinen andern Weg zum Glücke der Menschheit, weil Vernunft und freier Wille dem Menschen allein als seine höchsten Eigenschaften gegeben sind, und weil sie immer fort bis zu einer Gränze, die wir jetzt noch gar nicht zu ahnen vermögen, ausgebildet werden können. Wer andere Wege zum Glücke vorschlägt, wer die Bildung und Entwickelung unsers Geistes für verwerflich hält, der lästert Gott in seinem Werke. Freilich kann die Afterbildung, die einseitige Entwickelung viel Uebel bringen, aber die volle allgemeine Heranbildung aller Kräfte ist eben das Heil des Menschen, und dazu haben wir ja die Kräfte. Wenn die Menschheit einmal auf dem Punkte der aufrichtigsten Religiosität, der schönsten Empfänglichkeit für die Kunst, der größten Redlichkeit in Handel und Wandel und der klarsten Einsicht in alle Dinge stände: dann wäre der Himmel auf Erden, das Glück Aller wäre gegründet, und das Traurigste der Dinge, die Schande für vernünftige Wesen, der Krieg, wäre verschwunden. Ob es je dahin kommen wird, ob noch Millionen Jahre verfließen, bis es dahin kommt – wer kann das wissen: aber streben müssen wir danach, als Ziel muß es immerfort und leuchtend vor unseren Augen schweben, sich dem nähern ist Ehre, sich davon entfernen ist Schande. – – Nun die Frage, wer muß uns leiten und unterstützen, daß wir uns diesem Ziele immer mehr nähern? Die Antwort ist leicht: Derjenige, der überhaupt dem Menschen alles Gute und Gedeihliche hervorbringen kann, nämlich wir selber. Gott gab uns die mächtigste der Waffen, das weitreichendste aller Werkzeuge, die Vernunft, und sagte: „Besitze nun damit die ganze Welt." Wir sind daher die Gründer unseres Glückes oder die Gründer unseres Elendes. Wer immer auf Andere hofft oder auf glückliche Zufälle, der sündigt gegen Gott, weil er seine größte Gabe nicht gebraucht oder mißachtet. Daher ist die Rede, die man jetzt so oft hören muß, so falsch: „Man hat uns dumm gelassen, darum machen wir jetzt solche Verwirrung." Wer hat Euch dumm gelassen? antworte ich darauf. Doch offenbar Ihr selber. Daß Ihr Euch immer mehr ausbilden konntet, daran hat Euch Niemand gehindert. Wenn wir den höchsten Standpunkt der Menschheit vor Augen haben, dann ist freilich unsere Schule in Vielem mangelhaft gewesen, aber es sind es auch alle Schulen der Welt. Unsere Schule, namentlich die Landschule, war sogar besser, als die mancher anderer Länder; ich führe nur das oft gepriesene Frankreich an, dessen untere Schichten weit unter uns stehen. Wenn auch die Schule den höchsten Forderungen nicht genügte, so konnte sich doch Jeder, der den ernsten Willen hatte, bilden, so weit er wollte. Es stand ihm kein Hinderniß im Wege. Der erste Vorwurf trifft daher immer uns selber, der zweite erst den gewesenen Staat, der allerdings, besonders in höheren Schulen, bessere Einrichtungen treffen, und dem Volke manche Anlässe zur Sinnlichkeit und zum Genusse hätte wegräumen sollen. Aber hätte er Letzteres gethan, so hätten wir ihn wieder tirannisch gehalten. Wir wollen nicht mehr rechten und nicht nach rückwärts schelten; das Eine ist gewiß: der Staat ist nicht der allmächtige Helfer, er ist selber ein Produkt der Zeit, und die Ursachen unserer Unbildung †liegen in mannigfachen Umständen zerstreut. Schauen wir nur in die Zukunft und machen es in ihr besser. Ich habe gesagt: Es ist die erste und heiligste Pflicht des Staates, die Erziehung seiner Bürger, die sogenannte Menschwerdung der Menschen, in die Hand zu nehmen; er hat die umfassendsten Mittel, ihm stehen die besten der Bürger zu Gebote. Er wird auch das Seinige thun. Aber wenn er noch mit vielen andern, wenn auch untergeordneten, aber sehr dringlichen Dingen beschäftigt ist: müssen wir es wieder machen, wie früher, die Hände in den Schooß legen und sagen: „Sie thun ja nichts?" Wenn ein Kronland, um seines leiblichen und geistigen Gutes willen, eine Summe zusammen schöße, und zu dem Staate sagte: „Wir haben hier das Geld, um unsere Lehrer besser zu besolden, um unsere Lehrer besser zu erziehen, um unser Schulwesen in eine neue, der Zeit und der Menschheit entsprechendere Gestalt zu bringen, hilf uns hiebei, gib uns Männer des Vertrauens und der Einsicht, die aus unserem Lande sind, die die Vorschläge berathen, die einsenden, und dann die Einrichtungen leiten, von dem Gelde des Landes öffentliche Rechnung legten, und die angefangenen Dinge nach der Einsicht der Besten und Verständigsten immer mehr veredelten" — wenn ein Land das sagte, würde der Staat taub sein? Gewiß mit Freude würde er den Vorschlag annehmen und darin mit Befriedigung den erwachten Gemeinsinn und das eigentlich edle konstitutionelle Wesen erkennen, das ja eben darin liegt, daß Alle dem Ganzen dienen, nicht sich selbst auf Unkosten des Ganzen. Wer das nicht sieht, der kehre in die absolute Regierung zurück, wo er gezwungen wird, zum Ganzen beizusteuern und wo er es immer mit Widerwillen thut. Im Kronlande ob der Enns haben es einige Männer vor, den Bewohnern die Frage vorzulegen: „Wollen wir mit eigenen Kräften an das gehen, was der Schule noth thut? Helft zusammen und machet, ehe der Staat eingreifen kann, wenigstens den Beginn möglich." Wir wollen sehen, ob die Männer zur Ausführung schreiten können, und was das Land antworten wird.

⟨51.⟩ BILDUNG DES LEHRKÖRPERS ⟨I.–II.⟩

I.

Ehe ich zu diesem äußerst schwierigen Gegenstande über gehe, muß ich noch einige Worte vorausschicken, um nicht mißverstanden zu werden. Wenn ich von der Umänderung unseres Schulwesens, hauptsächlich aber von der Umänderung unseres <u>Erziehungswesens</u> sprach, so ging ich nicht von der Vergleichung unserer Schulen mit denen anderer Länder aus, ich ging nicht von der Vergleichung aus, wie die Schule einst gewesen ist und wie sie jetzt ist, wo sie solche Fortschritte gemacht hat; sondern ich ging lediglich von dem Gesichtspunkte aus: <u>Wie ist die Menschheit als Geschöpf Gottes beschaffen, und was kann sie sein und werden?</u> Nicht das allein lehrt uns die Menschen kennen, wenn wir die beobachten, die uns umgeben, und wenn wir uns selbst in unseren Neigungen, Gefühlen und Bestrebungen beobachten; wir Alle sind ein Geschöpf der Zeit und oft einzig und allein von ihren Meinungen, Ansichten und Moden abhängig: sondern <u>alle</u> Menschen in <u>allen</u> Zeiten geben das Bild der Menschheit. Dieses Bild wird erst fertig sein, wenn der letzte Mensch gestorben ist, wenn die Summe der Menschheit abgeschlossen ist. Dieses Bild kennt Gott allein, uns ist die gesammte Zukunft mit allen ihren Ausbildungen und Fortschritten verschlossen. Aber die Vergangenheit ist uns geöffnet, und aus ihr, wenn wir die Menschen beobachten, wie sie in den verschiedensten Zeiten und an den verschiedensten Orten gewesen sind, lernen wir die

Art und Weise der Menschen kennen, und lernen die Hoffnungen schöpfen, was aus dieser Menschheit noch werden kann. Dies ist der geschichtliche Standpunkt der Menschen, dies ist der allgemeine ihres beständigen Werdens, Wachsens und Ausbildens. Von diesem Standpunkte aus sehend hat sich mir die Ueberzeugung aufgedrungen, daß wir, die wir uns die gebildete Welt heißen, <u>im Rückschritte begriffen sind</u>, daß, wo auch Einzelnes sich vorgebildet hat, auf hohe Stufe gekommen ist, doch das Ganze, die echte rechte Menschheit im Versinken ist, daß strenge Sitte, inniger Gemeinsinn, reine Frömmigkeit, Treue, Einfachheit und Lauterkeit untergehen und Sinnesgenuß und leibliches Wohlsein als Zweck an die Stelle zu treten beginnen. Wollte Gott, ich irrte mich, aber die Vergleichung der Zeiten, selbst der rohen und gewaltthätigen mit der unsern, bringt mich allemal wieder auf den Ausgangspunkt, daß es so ist. Solches Versinken einzelner Menschentheile war in der Geschichte oft vorhanden, es war immer traurig, aber am traurigsten und folgenschwersten war es, wo die Versinkenden die Besitzer der menschlichen Bildung waren. Dann folgte Finsterniß, Unheil und ein Verlorensein ganzer Menschenzeitalter. So ging die assirische Welt unter, wo ging die egyptische unter, so ging die griechisch-römische unter. Aber, sagt man, wir sind wieder empor gekommen, und die Menschheit wird einstens doch ihren höchsten, vollendetsten Gipfel erreichen. Ich glaube das selber, und ich müßte verzweifeln, wenn ich es nicht glaubte. Weil Gott das höchste Wesen ist, muß die Menschheit sich einst zur höchsten Höhe erschwingen. Aber, daß sie sich erschwinge, muß die Menschheit mitarbeiten, die muß ihre Lage erkennen und muß einsehen, daß sie nach dem Plane Gottes zur höchsten Schönheit und Vollkommenheit bestimmt ist. Dieser Plan wird auch nie verrückt. In Zeiten der Finsterniß und Erniedrigung erweckt Gott Männer, die ihre Stimme erheben und ihre Kraft anwenden und auf die Zeitgenossen wirken; in solchen Zeiten ist die Noth, die Trübsal, das Unglück, Gottes bester Hilfsgenosse und oft ein wahrhafter Wohlthäter der Menschen, und in solchen Zeiten tritt auch oft ein Wendepunkt im ganzen menschlichen Herzen ein, der zuerst auf die nächste Zukunft und dann in unberechenbare Zeiten fort wirkt. So kam in der traurigsten aller Epochen, im Untergange der alten Welt, das Christenthum, das über alle nächsten Zeiten half, und dem ich noch Lebenskraft zutraue, auch über fernere Zeiten zu helfen. Von diesem Standpunkte ausgehend, und von dem Gedanken ausgehend, daß der Menschheit geholfen werde, wenn sie sich selber helfe, bin ich der Ueberzeugung, daß wir Hand anlegen sollen und müssen, daß unser Geschlecht besser werde. Dazu nun erkannte ich als einziges Mittel die Erziehung und als Theil derselben die Schule. Darum müssen Männer, die den erleuchteten Blick über ganze große Verhältnisse von Jahrhunderten haben, die Sache in die Hand nehmen, sie müssen, wenn andere Theile der Erziehung, wie z. B. die häusliche, nicht plötzlich verbessert werden können, dieselben der öffentlichen Erziehung, der Schule, übertragen, und wenn auch die Schule für Zeiten, wo alle andern Erziehungstheile ihre Schuldigkeit thun, vortrefflich wäre, so ist sie es nicht mehr, wo die andern Theile fehlen. Ich meine daher, so soll alle Erziehung in der Zukunft eingerichtet werden, daß unserem weiteren Verfalle vorgebaut werde, daß wir wieder steigen und daß wir gute, einsichtsvolle, allgemein menschliche Menschen im schönsten Sinne werden. Dazu muß die Schule einen großen Theil beitragen, dazu ist sie vorhanden; daß ich von ihr nicht Alles fordere, geht schon aus meinen früheren Aufsätzen hervor, die ich in diesen Bättern niedergelegt habe. Wir werden nächstens weiter sprechen.

II.

Ich habe gesagt, der beste Standpunkt der Menschen wäre der, wo die klarste Einsicht in alle Dinge und die unerschütterlichste Rechtschaffenheit vorhanden wäre; ich habe aber ferner gesagt, daß das ein Zustand sei, den man nicht sofort erschaffen könne, daß er aber als letztes Ziel vor unsern Augen stehen, und daß wir uns ihm immer mehr annähern sollen. Dieser Zustand wäre der rein menschlichste, und dieser Zustand würde jede Verwirrung, jede Erschütterung der Gesellschaft unmöglich machen und fast jedes Uebel und Urtheil hintan halten. Diesem Zustande nachzustreben und ihm stets näher zu kommen ist der Standpunkt, den ich bei meinen Worten über die Schule vor Augen habe, und von diesem Standpunkte aus muß man das nehmen, was ich über den Lehrkörper sage, wie er nämlich beschaffen sein soll, und wie er bisher beschaffen war. Nach anderen Standpunkten werden sich andere Forderungen ergeben, natürlich frägt es sich hiebei immer, ob diese Standpunkte der Menschheit entsprechen, ob sie die natürlichen seien, oder ob sie willkürlich gemachte und anderen als höchst menschlichen Zwecken dienende sind. Ferner ist es auch natürlich, daß selbst der höchste Standpunkt wieder in viele einzelne Theilpunkte zerfällt, die einzeln angestrebt werden müssen und deren Erreichung zuletzt die Erreichung des höchsten Zweckes zur Folge haben würde. Wir können hier nicht in die Erörterung dieser einzelnen Punkte eingehen, sondern müssen uns begnügen, nur das allgemeine höchste Ziel anzugeben und dafür die Wärme des Herzens zu erwecken, während wir es weiseren und einsichtsvolleren Männern überlassen, die Einzelnheiten richtig heraus zu finden und sie fruchtbringend ins Werk zu setzen. Ich glaube dieses vorausschicken zu müssen, damit man nicht meine Ansichten mißverstehe und damit sich nicht rechtschaffene und tüchtige Männer, die bisher Gutes gewirkt haben, gekränkt fühlen und meinen, ich würdige ihr Streben nicht und erkenne es als ein kleines.

Nach dieser Einleitung gehe ich zu dem Gegenstande und stelle mir folgende vier Fragen:

1. Wie wurde der Lehrkörper bisher gebildet?
2. Wie war er beschaffen?
3. Wie soll er in Zukunft beschaffen sein?
4. Wie soll er gebildet werden?

Wir gehen zu der ersten Frage und unterscheiden da wieder die Grade der Schulen. Für die Landschule bestand der sogenannte Vorbereitungskurs (Präparandenkurs), und die Laufbahn des Lehrers, bis er ein sogenannter Schulmeister wurde, war auf dem Lande ungefähr folgende: Wenn arme Leute (meistens ging der Lehrer aus solchen hervor) ein Kind hatten, dem sie ein besseres Loos zudachten, als das ihre war, das in lauter schwerer Arbeit bestand, so faßten sie den Plan, das Kind zum Schullehrer bilden zu lassen; denn sie sahen, daß der Schullehrer einen anderen, wenn auch nicht immer besseren Rock anhabe, als sie selber, und daß er die Feld- oder Waldarbeit nicht zu verrichten habe, wie sie – also schwebte ihnen sein Loos als ein wünschenswerthes vor. Der Knabe wurde daher, wenn er seine heimatliche Schule besuchte, ermahnt, recht fleißig zu sein, und wenn er dieses war und einiges Talent blicken ließ, wurde er in die erste Vorbereitung gegeben, d. h. er mußte die Schule fleißiger als Andere besuchen, nämlich er wurde nicht, wie andere Kinder, zum Heuarbeiten, zum Erndten und anderen Felddingen zu Hause gehalten, sondern mußte jedes Mal in der Schule sein. Hiebei lernte er singen, geigen, Blasinstrumente behandeln und Orgel spielen. Auch zu Kirchendiensten verwendete ihn sein Ortsschulmeister, wenn er ihm wohlwollte und ihn vorwärts zu bringen strebte. Nachdem mehrere Jahre in diesen Vorbereitungen

BILDUNG DES LEHRKÖRPERS ⟨I.–II.⟩

vergangen waren, und man es zu Hause für gerathen fand, schickte man ihn auf den Präparandenkurs. Der Vater oder die Mutter ging mit ihm in die Stadt. Dort wurde ein Wohnplatz gemiethet, meistens mit mehreren Anderen zusammen, daß er wohlfeiler sei. Für den Lebensunterhalt wurden Wohlthäter in Anspruch genommen, und zwar größten Theils so, daß der Präparand an jedem Tage der Woche bei einem andern speiste (die Kost hatte, wie man sich ausdrückt). Der bei weitem geringere Theil lebte von eigenen Mitteln. Sodann wurde er bei der Direktion aufgenommen und eingeschrieben. Der Kurs begann, der Jüngling lernte seine Gegenstände, und nach kurzer Zeit (in den meisten Fällen nach zwei Jahren) war er im Stande, als Schulgehilfe dienen zu können. Er kehrte wieder nach Hause zurück, genoß die Ferien und sah sich unterdessen nach einem Gehilfendienste um, den er mit mehrerer oder minderer Mühe auch erhielt. Nun war er Gehilfe und trat als solcher in das praktische Schulleben ein. Dieses bildete ihn durch die natürlichen Erfahrungen, die er da machte, weiter aus, und häufig fügte zu diesen Erfahrungen noch der Schulmeister seine Anweisungen und Belehrungen hinzu, da er sich den Gehilfen nach seiner Art nützlich zu machen strebte. Nach Jahren, die oft viele, manchmal wenigere waren, bekam der Gehilfe eine eigene Schule, er wurde Schulmeister. Meist war er zuerst auf einer kleineren Schule, wo er als Schulmeister die einzige Lehrperson war. Dann erhielt er etwa wieder einen besseren Dienst, wo er Gehilfen hatte. So lebte er fort, bildete sich aus, lehrte und arbeitete für die Menschen, bis er in dem Kirchhofe begraben wurde, zu dem er so viele der Pfarrkinder als Kirchendiener begleitet hatte.

Von der Bildung nächst höheren Lehren im Folgenden.

⟨52.⟩ ⟨DANKFEST AUS ANLASS DER BEENDIGUNG DES
AUFSTANDES IN UNGARN⟩

Auch in unserer Stadt ist heute das kirchliche Dankfest für die Beendigung des Bürgerkrieges an den Geber alles Guten abgehalten worden. Wenn wir auch etwas entfernter von dem Schauplatze des Krieges standen, wenn auch unser glückliches Ländchen von dem unmittelbaren Wellenschlage des großen Unglückes nicht berührt wurde, wenn es auch bei uns, wie überall, verirrte Leute gab, die der Freiheit, dem Rechte und dem Volksglücke einen Dienst zu erweisen glaubten, wenn sie der Anarchie den Sieg wünschten, die doch eben darum überall unterging, weil sie zum Gestalten zu unfähig und zum Geliebtwerden zu unsittlich war: so hat doch der bei weitem überwiegende gesunde Sinn der Bewohner die wahre Sachlage erkannt, er hat erkannt, daß man einen reinen, edlen, freiheitlichen Bau nicht dadurch aufführt, daß man die Grundlagen, ja, das eigentliche Materiale des Baues, die staatliche Ordnung und das sittliche Bewußtsein der Gesellschaft, zerstört, er hat darum mit größter Theilnahme die Nachrichten von dem Kriegsschauplatze aufgenommen, wohl wissend, daß dort das Wohl und Wehe aller Mitbürger entschieden wird, daß dort der erste Unterbau aller Staaten befestigt wird, nämlich die gesetzliche Ordnung und das Bestehen einer organisirten Gewalt, durch welche dann auf dem einzig möglichen menschlichen Wege, auf dem der Vernunft und Erörterung, der neue

DANKFEST AUS ANLASS DER BEENDIGUNG DES AUFSTANDES IN UNGARN

Bau des Staates aufgeführt werden kann; er hat mit der größten Spannung die Berichte aus Italien und Ungarn erwartet und mit wahrem Jubel die endliche Beendigung des unseligen Krieges an allen Puncten vernommen, so den Friedensabschluß mit Sardinien, die Waffenstreckung Görgey's und die Uebergabe Venedigs.

Der schönste Himmel begünstigte das Fest. Ein ganz heiterer, fast sommerwarmer Tag schaute auf die entfalteten Wehrkörper hernieder, die als Linie und als Bürgerwehr auf dem Platze in Parade aufgestellt waren, deren Waffen im Sonnenschein glänzten, und deren Röhre während des Hochamtes und Tedeums die üblichen Salven gaben. Die Behörden jeder Art wohnten dem feierlichen Gottesdienste bei und viele Bewohner der Stadt und des umliegenden Landes schlossen sich an, indem sie ihr warmes Dankgebet zu Gott empor sendeten, daß der Krieg im eigenen Lande geendet, und daß wieder ein Aufblühen des Staates, und in ihm ein Erstehen aller Gewerbe, alles Handels und aller Künste zu erwarten sei.

Gott sende Balsam in die Wunden, die geschlagen worden sind, und lasse aus dem Blute, das geflossen ist, als Versöhnung desselben das hervorgehen, was wir alle erwarten, ein verjüngtes, ein glänzenderes, ein kräftigeres und vereinteres Oesterreich, als das gewesen ist, das vor kurzer Zeit in die schweren ihm von Gott gesendeten Heimsuchungen eingegangen ist.

⟨53.⟩ BILDUNG DES LEHRKÖRPERS ⟨III.–IV.⟩

III.

Die Lehrer der höheren Anfangsschulen (Hauptschulen, Normalschulen) wurden ebenfalls im Wege des Präparandenkurses gebildet, und durften in früheren Zeiten nichts weiter ausweisen, als daß sie ihn mit gutem Fortgange zurückgelegt haben. Erst in letzterer Zeit wurde erfordert, daß auf dem Zeugnisse des Präparanden ausdrücklich angemerkt wurde, daß er für Hauptschulen tauglich sei, ohne welche Bemerkung er um einen Dienst an einer solchen Schule gar nicht einkommen konnte. Die Lehrer in allen höheren und wissenschaftlichen Schulen (Gymnasium, Lycäum, juridische, medicinische, technische Schule u. s. w.) wurden auf dem Wege des Konkurses bestellt. Es war nämlich nicht erforderlich, daß sie eine eigene Lehrerbildungsschule besucht hatten, sondern sie mußten Zeugnisse über guten Fortgang in dem einschlägigen Fache vorbringen, und sich über ihr sittliches Verhalten ausweisen. Der Lycäumsprofessor werden wollte, mußte sich über gute Zurücklegung der Lycäumsstudien ausweisen, wer juridischer Professor werden wollte, mußte sich über die juridischen Studien ausweisen, und so weiter. Hierauf wurden die, die sich so ausgewiesen hatten, zum Konkurse zugelassen. Derselbe bestand in einer Prüfung, in welcher mehrere den Bittstellern vorher unbekannte Fragen schriftlich beantwortet werden mußten. Diese Beantwortung geschah in einem Saale, wo die Bittsteller ohne Hilfsmittel (Bücher und dergleichen) waren und so überwacht wurden, daß sie während der Arbeit sich bei Niemanden Raths erholen konnten. Die fertigen Ausarbeitungen wurden an Begutachtungsmänner, Kundige in dem Fache, zur Beurtheilung gegeben. Außer der schriftlichen Prüfung mußte jeder Bittsteller vor den aufgestellten Begutachtungsmännern auch noch einen mündlichen Probevortrag halten. Wer sich in dieser Verfahrungsweise als der Tauglichste bewies, erhielt die Lehrerstelle.

Wir wollen nun die aus den angegebenen Verfahrungsweisen hervorgegangenen Lehrer beleuchten. Ohne den würdigen, ausgezeichneten, ja in manchen Fächern sogar großen Lehrern, die unsere Schulen schon hatten, zu nahe treten zu wollen, müssen wir doch sagen, daß diese Verfahrungsweisen große Nachtheile hatten, und daß aus ihnen Lehrer hervorgehen konnten, die ihrem Berufe und dem Zwecke der Menschenbildung nicht genügten.

Was zuerst die Landschule betrifft, von der wir wiederholt sagten, daß sie den unermeßlichsten Einfluß auf das Wohl und Wehe des menschlichen Geschlechtes hat, so war sie fast am schlechtesten daran. Der Präparand war in der Regel ein armer junger Mensch, der den Aufenthalt in der Stadt nicht leicht bestreiten konnte, der daher suchen mußte, ihn so kurz als möglich zu machen und bald in einen Dienst zu kommen, wo er sich sein Stückchen Brot verdienen konnte. Die Folge hievon war, daß er die vorgeschriebenen Gegenstände in der kürzesten Zeit, die gestattet war, lernte, die Prüfung machte und die Stadt verließ. Außerdem, daß schnell eingelernte Dinge nicht lange haften und daß der Präparand sich nicht nützliche Nebenkenntnisse erwerben konnte, hatte dies noch den Nachtheil, daß er sich in allgemein menschlichen Dingen nicht ausbilden und seine ganze Lebensweise nicht veredeln und erhöhen konnte. Alle gegebene Zeit brauchte er zum Lernen, sie war zu kurz, um sich anderweitig umsehen zu können, er war nicht in der Lage, Bekanntschaften zu machen, mit Leuten ausgezeichneter oder höherer Bildung umzugehen und sich das edlere, feinere, umsichtigere Wesen anzueignen, wodurch der Mensch auf den Menschen wirkt, wodurch er einen Blick über die großen Verhältnisse erhält und wodurch er lernt, wie er am sichersten die Herzen behandeln soll. So gebildet oder roh der Präparand in die Stadt kam, so gebildet oder roh ging er in der Regel wieder fort. <u>Auswendiglernen von Gegenständen bildet gar nicht, so lange nicht das Herz und das Gemüth des Menschen sich der Gegenstände langsam bemächtigt, sie verarbeitet, sie menschlich und sittlich fruchtbar macht.</u> Nach seiner Studienzeit konnte der Präparand sich auch selten weiter bilden, weil er so schnell als möglich in einen Dienst kommen mußte, weil dieser Dienst ihm viele Stunden des Tages wegnahm, und weil er, um bei seiner geringen Besoldung leben zu können, gewöhnlich die freie Zeit zu Privat-Unterricht verwenden mußte. Und wo auch dies nicht in dem Maße der Fall war, da trat doch auch oft noch keine Weiterbildung ein, weil der Präparand in vielen Fällen nicht das Bedürfniß dazu empfand; denn um sich nach weiterer Bildung zu sehnen, muß man schon ein gewisses Maß derselben haben, man muß die Bildung und ihre edle Erscheinung im Leben schon gesehen und verkostet haben – aber dies war größtentheils nicht in der Möglichkeit. Und endlich, wenn auch der junge Mann weiter streben wollte, wer gab ihm einen Fingerzeig und wer richtete ihn nach dem Wege? Er blieb dem Zufalle oder seinem eigenen Ahnungsvermögen anheim gegeben. Wohin ihn die führten, dort war er. So geschah es also, daß der Lehrer häufig auf keiner höheren Stufe der Bildung stand als seine Schüler. Die Empfindungen, Neigungen, Leidenschaften waren gerade so in seinem Herzen wie in denen seiner Umgebung. Die Kinder konnten also an ihm nicht empor sehen, konnten sich an ihm nicht erheben und konnten durch sein Beispiel und seinen ⁺Umgang nicht besser und verständiger werden. Und gerade das Beispiel des Lehrers ist für seine Schüler von so unglaublich großer und zauberhafter Wirkung. Der Lehrer konnte die gewöhnliche Familienerziehung nicht veredeln und verbessern – ja, wenn die Kinder zu Hause Ausbrüche der Rohheit und des Zornes sahen, so sahen sie oft in der Schule dasselbe. So traurig das ist, so gewiß ist es, daß es vorkam. Wenn nun die Schüler lesen, schreiben, rechnen lernten, wozu war ihnen das, wenn sie nach der Schule nichts mehr lasen, was sie bildete, nichts mehr schrieben, was sie übte, und nur rechneten, was eben vorkam? Sie machten auf diese Weise in allgemein menschlicher Bildung keine Fortschritte, sie wurden nicht mehr Mensch, als sie es schon vorher waren, und verfielen der Gefahr, wenn aufgeregte Zeiten kamen, ihrem Zorne, ihrem Neide, ihrem Hasse, ihrer Rachsucht anheim gegeben zu werden, und schnell tiefer zu sinken, als sie sich in vielen Jahren wieder erheben konnten. <u>So wird die Menschwerdung des Menschen nicht in das Werk gesetzt, und es bleibt dem Zufalle und dem Gange der Begebenheiten überlassen, wie weit sie den Menschen belehren und vorwärts bringen.</u> Können wir das verantworten? wir, in deren Hände der zarte Thon gegeben ist, daß wir ihn formen und ein göttliches Bildniß hervor zu bringen streben! – Drum Heil jenen edlen Schulmännern, die trotz aller Hindernisse sich emporgerafft, die sich selber gebildet haben und eine edle, sittliche, verständige Jugend aufweisen, die aus ihren Schulzimmern hervor gegangen ist. Sie verdienen um so höheres Lob, je tiefer die Lage ist, aus der sie sich herausarbeiten mußten.

IV.

Die Bedenken, welche in Bezug auf die Verfahrungsweise zur Heranbildung der Landschullehrer vorhanden sind, lassen sich in gleichem Grade nicht auch auf Lehrer an Hauptschulen anwenden, indem diese schon einen bessern Fortgang im Präparandenkurse nachweisen müssen, und bei ihrem Leben in größeren Orten, meistens in bedeutenden Städten, im Stande sind, sich weiter auszubilden, und im Umgange mit gebildeten Menschen jene Haltung und Richtung des Karakters zu gewinnen, die nöthig ist, um auf Schüler fruchtbringend einzuwirken. Wir gestehen, daß wir in diesem Stande sehr ausgezeichnete und würdevolle Männer kennen gelernt haben. Aber im Allgemeinen dürfte doch das vom Staate angeordnete Verfahren für Bildung dieser Lehrer nicht genügen, weil es sich hier vorzüglich um bürgerliche Schüler handelt, die einen anderen Lebenslauf vor sich haben, als die Landschüler, weil der selbst mit glänzendem Fortgange zurückgelegte Präparandenkurs doch nicht jene Sicherheit und Weite des Blickes gibt, die ein Lehrer nebst seinen Fächern haben muß, der auf jene Klasse wirken soll, die bei den bei weitem größten Theil des Mittelstandes ausmacht, aus welchem Handwerker, Geschäftsmänner, Leiter von Körperschaften, Gemeinde-Ausschüsse und Vorstände hervorgehen sollen, und weil endlich zuviel der Selbstbildung des Lehrers überlassen ist, die nicht in allen Fällen mit Sicherheit erwartet werden kann. Daher, obwohl die höheren sogenannten deutschen Schulen bei uns im Durchschnitte wohl vortrefflich genannt werden können, möchten sie doch nicht zur schnellen Annäherung an jenes Ziel, welches wir aufgestellt haben, ohne Ausnahme hinreichen, insbesondere in unserer Zeit, welche größere Anforderungen an Verstand und Herz macht, als jede andere, und eben so insbesondere in Bezug auf unsere politische Stellung, welche jedem Bürger einer Stadt es möglich macht, in Aemtern, in Versammlungen, im Reichstage auftreten zu müssen.

Was die Bildung des Lehrkörpers zu Gymnasien, Lycäen und so weiter durch Konkurse anlangt, sollte man zwar meinen, es gäbe kein besseres Mittel, die Tauglichsten zu finden, als eine strenge schriftliche Prüfung und einen mündlichen Probevortrag. Aber das ist doch nicht so. Gerade diese Konkurse stellen bedeutende Gebrechen heraus. Was das Innehaben des Lehrgegenstandes betrifft, so kann man aus mehreren Büchern denselben sehr gut gelernt haben, man kann ihn im Konkurse mit den Worten dieser Bücher sehr gut niederschreiben und kann ihn dennoch so wenig in sich verarbeitet haben, daß man ihn den Schülern nicht zu geben vermag, daß man ihnen nur ein Auswendiggelerntes darreicht und sie wieder nur zum Auswendiglernen veranlaßt. Dieser Fall ist uns in unserer Erfahrung unzählige Male vorgekommen. Und gerade das Konkurswesen führt auf ihn. Beim Konkurse handelt es sich darum, die gegebenen Fragen schriftlich auf das Bündigste und Richtigste zu beantworten. Dies erreicht Einer am sichersten, wenn er mit einem außerordentlichen Gedächtnisse alle Hilfsquellen benützt hat und ihm das Gedächtniß diese Hilfsquellen zu rechter Zeit zu Gebote stellt. Die Methode, die Sachen vorzubringen, ist auch in den meisten Büchern gut, aus denen hat er sie gelernt und prägt sie in derselben Art in seiner schriftlichen Beantwortung aus. Daher rührt die Erscheinung, daß ein Professor eine ausgezeichnete Konkursschrift verfaßt haben kann, und dann später ein Buch über den Gegenstand liefert, das keine Klarheit, keine Einheit, keine Darstellkraft hat. Ein solcher Lehrer bildet aus seinen Schülern dann Auswendiglerner – und doch kommt es bei jedem Wissen nur einzig und lediglich darauf an, daß man es innigst in sein eigenes Wesen verwandelt hat, daß man sich seiner jedes Augenblickes bewußt ist, daß es einen Theil des Lebens ausmacht und daß man es zu jeder Zeit zu seinen Zwecken verwenden kann. Das kann nicht jeder Lehrer hervorbringen, und das bildet eben das Geheimniß und den Unterschied zwischen dem Erzeugen in dem Geiste des Schülers und zwischen den Einfällen in das Gedächtniß desselben. Das blos Auswendiggelernte ist unfruchtbar, liegt als todter Schatz in dem Haupte und nimmt dort die Stelle für etwas Nützlicheres. Was die Gabe des mündlichen Vortrages anbelangt, die nicht immer aus einem guten schriftlichen Vortrage folgt, so ist der Probevortrag ebenfalls kein Beweis dafür. Man kann sich für den Probevortrag vorbereiten, kann ihn mehrere Male zu Hause halten und ihn, da man den Stoff in der Regel selber wählen darf oder ihn wenigstens schon vorhinein weiß, eben so gut auswendig lernen, wie den Konkursstoff. So kannte der Schreiber dieser Zeilen einen Professor, der so stotterte, daß er, ehe man sich an diese Eigenschaft gewöhnte, kaum zu verstehen war. Aber selbst ein unvorbereiteter Probevortrag gibt kein Bild eines zweckmäßigen mündlichen Vortrages, weil man befangen sein kann, weil die Probe zu kurz dauert, und weil man erst in einer Reihe von Vorträgen Geist und Wesen seiner mündlichen Rede entfalten kann. Es ist also der Probevortrag kein sicheres Mittel, sich eines guten mündlichen Vortrages zu vergewissern. Und doch liegt an der lebendigen Rede so viel. Wer den Zauber eines herrlichen Vortrages schon kennt, wo die Haltung des Körpers, der Klang und die Empfindung der Stimme, der Ausdruck des Antlitzes und der Schimmer des Auges mitspricht, der begreift die Worte, die die alten Griechen von ihrem besten Redner sagten: „Die Musen und Grazien wohnen auf seinen Lippen." Erst gegen die Jugend ist der mündliche Vortrag Alles. Das warme Blut, das leichte Herz, die schnelle Entzündlichkeit der Jugend ist durch die sinnliche Gegenwart der Rede gefesselt und folgt dem Flusse der Empfindung. Daher kommt die Erscheinung, daß die Schüler, wenn ein Lehrer den rechten Punkt zu treffen weiß, mit den Augen an seinen Lippen hängen, daß das Gesagte in ihrem Gemüthe gleichsam wie eine eigene Blume desselben aufkeimt, es nie verläßt und zur Frucht wird, die zu größeren und tüchtigeren Männern macht: während ein anderer den bündigsten, richtigsten, wissenschaftlich geordnetsten Vortrag halten kann, und doch die Schüler langweilt, in ihnen nichts erzeugt, das weiter wächst, von ihnen, wenn sie ein Schulzeugniß haben wollen, nur eine Menge eingelernter Worte empfängt und vergeblich geredet hat. Die Gabe, sein Inneres, sein Gemüth, sein Wesen selbst im wissenschaftlichen Vortrage äußerlich zu gestalten, daß es in den Hörern wirkt, und sie selber Edleres und Trefflicheres hervorbringen, ist eine Kunst und kommt, wie jede Kunst, von Gott.

⟨54.⟩ AUS OBERÖSTERREICH

Auch in unserem, obwohl nicht großen, aber gewiß nicht unwichtigen Kronlande geht alles einer bessern und gedeihlichen Zukunft entgegen. Die kleinen Aufregungen, die bei uns wie überall nicht fehlten, als die Zeit in der großen fast europäischen Erschütterung begriffen war, haben sich gelegt, die große Mehrzahl der sittlich und ordnungsmäßig Gesinnten hat sich aus der Ueberraschung, in die sie den entfesselten Elementen der Leidenschaft gegenüber gerathen war, erholt, und legt redlich die Hände an, an dem Aufbau der neuen Zeit, in wiefern sie berufen ist, mitzuarbeiten, die Verblendeten kommen zur Besinnung und erkennen, daß man lernen müsse und daß man mit ruhigem Verstande bauen und nicht mit steter Aufregung einreißen müsse, und die Unfähigen, die sich am meisten in das Geschrei des Tages gemischt hatten, werden stille und gehen wieder ihren Geschäften nach, wie es denn überhaupt die Art dieser Leute ist, bei Gelegenheiten das große Wort zu führen und im nächsten Augenblicke nicht mehr daran zu denken. So glauben wir in dem Aufbaue des neuen Oesterreichs das Unsrige zu thun, und, wenn das einige und kräftige Vaterland in seiner Blüthe dasteht, zwar einer der kleinsten, aber nicht letzten Theile desselben zu sein. Bei dieser Gelegenheit kann ich nicht unterlassen, von dem seltsamen Wahne zu sprechen, der mir in Wien bei öfterem Besuche dieser Stadt entgegen kam, als sei nämlich Oberösterreich ganz besonders von Männern der Umsturzpartei unterwühlt, und als sei dem Volke daselbst nicht zu trauen. Ich kann mit völliger Gewissenhaftigkeit und Sachkenntniß das Gegentheil behaupten, da ich mich im Lande so lange aufhielt und Land und Leute kenne. Ich weiß nicht, wie diese Meinung entstehen konnte, wenn nicht etwa verzagte und ⁺übelwollende Nachrichten sie veranlaßten; denn gerade in Oberösterreich sah es besser aus, als in vielen andern Landestheilen; wenn aber einmal ein Vorurtheil besteht, ist es schwer zu bekämpfen, es bleibt immer etwas hängen, die paar Wellenschläge, welche der vorjährige Revolutionssturm nach den ewigen Gesetzen der Natur erregen mußte, werden nachgetragen, die Oberösterreicher würden sich umsonst darauf berufen, alles willig geleistet zu haben, was der Staat von ihnen verlangte, Steuern und Rekruten, es würde nicht genügen, wenn sie auf die großen Unterstützungen hinwiesen, die aus ihrem Lande vielleicht in reichlicherem Maße zugeflossen sind, als es in größeren und nicht weniger gesegneten Ländern unsers Staates der Fall war, und es wird ihnen endlich nicht zum Verdienste angerechnet, daß die im Oktober vorigen Jahres von Fremden angestellten Versuche, sie zur Organisirung eines revolutionären Landsturmes zu bewegen, an ihrem treuen Herzen gescheitert sind. Es war unlängst in einer Gesellschaft davon die Rede, in der auch der Landeschef Dr. Fischer war. Er äußerte sich hierüber auf eine Art, die dem Lande und ihm sehr zur Ehre gereicht. Er sagte, es sei in Oberösterreich gerade in den gefährlichsten Monaten dieses Jahres kein Militär gewesen, indem alle dort garnisonirenden Truppen zur k. k. Armee in Ungarn abgegeben werden mußten; er zeigte auf die nahe und offene deutsche Grenze hin, auf die beunruhigenden Zustände, welche in Deutschland gerade zu jener Zeit waren, als unsere Sache auch in Ungarn in eine gefährliche Phase eingetreten war, und dennoch, fügte er bei, wurde von dem Lande alles und noch mehr geleistet, als man von ihm gefordert hat, es sei überdies mit einer Bereitwilligkeit geschehen und mit einer Hingebung für das allgemeine Wohl, daß die Oberösterreicher statt getadelt als Muster aufgeführt zu werden verdienen. Zur Aufrechthaltung der Ruhe habe er nur eine Macht gehabt, die Biederkeit und Treue des Volkes, das übrigens allerdings einen hervorragenden Fehler habe, es sei dies der schöne Fehler, daß es seine Tugenden geräuschlos übe, und nicht mit der Posaune verkünde. Dieses ist das Zeugniß, welches der Landeschef dem Lande gab. Aber wozu rede ich von einem Vorurtheile, das vielleicht in dem Augenblicke schon verschwunden ist, das in dem großen Maße auch gar nicht vorhanden war, und gewiß der Wahrheit keinen Eintrag thut. Eins kann mit Sicherheit behauptet werden, daß wir aus vollem Herzen mit dem großen Vaterlande gehen, wenn der Aufbau der gerechten, glücklichen und mächtigen Sache geschieht, und wenn es sich darum handelt, für unsern jungen geliebten Monarchen wie ein Mann einzustehen.

⟨55.⟩ DER 4. OCTOBER

Das letzte Bollwerk der Empörung ist gefallen — Comorn, die jungfräuliche Feste, öffnet dem Sieger die Thore; — nicht über den Schutt der Bastionen, nicht über die Leichen ihrer Brüder stürmen Oesterreichs Krieger voran, um das strafende Schwert über Rebellen zu schwingen, das Panier des Aufruhrs von den Wällen zu reißen, und mit gerötheten Waffen die Macht ihres Herrn zu verkünden, — nein! Comorns Besatzung beugte sich reumüthig vor den Stufen des Thrones, und sie ward besiegt — durch ihres Kaisers Gnade! Willig senket sich die letzte Tricolore, und in allen Gauen, von allen Zinnen, weht das ehrwürdige Banner des Hauses Habsburg-Lothringen!

Herrlich ist der Lorbeerkranz, den Oesterreichs Heere im Kampfe für das Recht errungen; Franz Joseph brach zu diesem Kranze das letzte Blatt, und dieses Blatt war vom Blute nicht geröthet. Möge dieser unblutige Sieg der frohe Bote des langersehnten Friedens sein, den wir um so freudiger begrüßen, da ihn eine Hand bietet, die von Gott bestimmt ist, Wunden zu heilen und Segen zu spenden.

Wir nahen dem Ende eines thränenreichen Jahres; blicken wir noch einmal theilnehmend nach den Grabeshügeln zurück, die sich über den Opfern einer wahnsinnigen Verblendung wölben; versenken wir unsere traurigen Erinnerungen in die Fluthen des Vergessens und wenden wir uns hoffnungsvoll einer schöneren Zukunft zu, wo alle Völker des Kaiserstaates versöhnt, liebend sich die Hände reichen, um mit vereinten Kräften das glückliche Oesterreich zu schützen; — es walte fortan der Arm der Gerechtigkeit, das Wort der Gnade.

Wir begehen heute zum ersten Mal das Namensfest unseres geliebten Herrschers; die Vorsehung mochte es fügen, daß am selben Tage die Gebete für das Wohl des kaiserlichen Jünglings mit den Freudentönen der Wiederkehr des Gesetzes und der Ordnung verschmelzen, — Sein hoher Name soll uns stets an das Glück des Friedens mahnen!

Es sammelten sich heute die Städter in dem Dome — die Gemeinden in ihren Kirchen, die Krieger in ihren Cantonirungen zu feierlicher Andacht — kehrt dieser Tag wieder, dann sollen die Betenden keine Schranken trennen, das mächtige Oesterreich wird der große Tempel sein, in dem die Millionen froher Unterthanen dem Allmächtigen danken, daß Er ihnen Franz Joseph zum Herrscher und zum — Freunde gab.

⟨56.⟩ ⟨DIE FAHNENWEIHE DES REGIMENTS WOHLGEMUTH⟩

Wir feierten heute ein Fest, welches einen freundlichen Eindruck auf das Herz eines jeden Vaterlandsfreundes machen mußte. Es wurde die neue Fahne des 5. Bataillons des Regimentes Wohlgemuth, das seinen Werbbezirk hier hat, geweiht. Der Hauptplatz unserer Stadt war mit Teppichen und Fahnen festlich geziert, unter denen die kaiserliche Fahne auf dem Rathhausthurme als die höchste und größte flatterte. Zur religiösen Feier war ein Zelt und ein Altar aufgeschlagen, waren tapezirte Bänke gestellt und Blumen gestreut. Fahnenmutter war die Gattin unsers verehrten Herrn Landes-Chefs, Dr. Alois Fischer. Die Fahne lag auf einem Tische, die Bänder derselben waren schön geziert, und eines trug, von der Fahnenmutter eingestickt, die Worte, durch deren Verwirklichung unser Vaterland gerettet worden ist, nämlich: „Siegreich und treu!" Unter dem Gezelte, an dem sich die militärischen, die Civil- und Stadtbehörden, so wie die Officiere der Nationalgarde (worunter auch von benachbarten Städten), versammelt hatten, wurde bei zahlreicher geistlicher Assistenz die Feldmesse gehalten. Die Capelle der Nationalgarde trug das Meßlied nebst anderer religiöser Musik wahrhaft vortrefflich vor, das Linienbataillon war in Parade längs des ganzen Platzes aufgestellt, und gab die üblichen Salven. Der Platz war mit Menschen gefüllt, und von allen Fenstern und Balconen sahen festlich geschmückte Menschen hernieder. Die Weihe der Fahne, das Einschlagen der Nägel durch die Fahnenmutter, die Behörden, die Geladenen, und durch einen Theil des Bataillonskörpers, geschah mit Unterbrechung der Messe, welche hierauf zu Ende gelesen, und mit dem Segen an die Anwesenden beschlossen wurde. Nach der religiösen Feier rückte das Bataillon näher ins Viereck, Major Heß hielt eine kurze, kräftige Anrede, und darauf erfolgte der Schwur zu der neuen hocherhobenen Fahne. Wir gestehen, daß es für uns der ergreifendste Augenblick war, als in der Eidesformel die Bestandtheile Oesterreichs aufgezählt wurden, und wir mit erschütterter, aber befriedigter Seele uns innerlich sagen konnten: „Es fehlt kein Theil!" Der Eid lautete auf das Vaterland und die Verfassung. Nach Beendigung der Feierlichkeit gingen die zahlreich versammelten Menschen in fröhlichem Gewühle aus einander. Den Beschluß machte eine heitere Mittagstafel, zu der sich die militärischen Behörden Theile des Officiers-Corps, der Herr Landes-Chef, Mitglieder der Nationalgarde, des Gemeinderathes, des Magistrathes, der Regierung und des Kreisamtes, einfanden. Die Toaste waren in folgender Weise ausgebracht: Auf Se. Maj. den Kaiser vom Herrn F. M. L. Grafen von Falkenhain. Auf die ruhmgekrönte Armee und ihre Führer, Radetzky, Haynau und Jellachich, vom Herrn Landes-Chef Dr. Fischer. Auf das Regiment Wohlgemuth und dessen Inhaber, vom Herrn Gemeindevorstande Körner. Auf das 5. Bataillon und dessen Major, Heß, vom Magistratsrathe Kenner. Auf die Repräsentanz des Kronlandes Oberösterreich, vom Herrn Major Heß. Auf die Repräsentanz der Gemeinde der Stadt Linz, vom Herrn Major Heß. Auf die Nationalgarde vom Hrn. Major Heß. Die Fahnenmutter, welche auf das dringende Verlangen ihrer Fahnenkinder dem Mahle beigewohnt hatte, hatte sich auch einmal ganz still erhoben, und sagte so leise, daß die Worte vom Herrn Major Heß laut verkündet werden mußten: „Die Kaiserin Maria Anna, die Kaiserin Mutter, und die Erzherzogin Sophie," auf welche Namen mit jubelnder Freude von den Anwesenden Bescheid gethan wurde. Daß noch andere Toaste folgten, auf den Herrn Grafen v. Falkenhain, auf den Herrn Landes-Chef, auf den Herrn General Sassai, auf alle fernen Lieben, u. s. w., ist natürlich. Wir schließen diese einfachen Worte mit dem innigsten Wunsche, daß die neugeweihte Fahne mit derselben Gewißheit immer glücklich und siegreich flattern möge, mit welcher Gewißheit wir wissen, daß sie immer nur auf dem Felde der Ehre, der Treue, und des Ruhmes zu sehen sein wird. Aber noch einen höheren Wunsch haben wir: Möge die Menschheit ihre Güter im Frieden entfalten können, mögen die Fahnen unseres Heeres nur in festlichen Aufzügen wallen, und mögen wir uns mehr erzählen können, wie tapfer und treu unsere Armee in den Tagen der Gefahr gewesen sei, als wie tapfer und treu sie noch ist.

⟨57.⟩ BILDUNG DES LEHRKÖRPERS ⟨V.–VII.⟩

V.

Aus dem, was wir in den vorigen Artikeln gesagt haben, geht beinahe die Beantwortung unserer dritten Frage, wie der Lehrkörper beschaffen sein soll, von selber hervor.

Bevor wir aber dennoch etwas in diese Frage eingehen, müssen wir einen Punkt berühren, der auf die Güte der Lehrer von entscheidendem Einflusse ist, und der, wenn er nicht geregelt ist, vergeblich auf jene Eigenschaften hoffen läßt, die wir von den Lehrern erwarten: ich meine die Besoldung. So lange nicht jeder Lehrer so gestellt ist, daß er ohne Sorge in die Zukunft schauen kann, so lange haben wir kein Recht, von ihm ausgezeichnete Begabung und Ausbildung zu fordern, ja wenn der Landschullehrer, wie jetzt nicht selten der Fall ist, bitteren Entbehrungen ausgesetzt ist, so kann nicht Herz und Seele bei seinem Geschäfte sein, er ist gedrückt und die Schwingen seines Wesens, selbst wenn er sie in reichem Maße hätte, können sich nicht über seine Schüler entfalten. Es ist auch nicht denkbar, daß Männer von geistiger Thatkraft und von Seelengröße sich diesem sonst so schönen und einladenden Stande widmen werden; denn wie sehr auch das Geistige dem Körperlichen vorgeht, wie sehr einen Mann auch sein Herz zu den Kindern ziehen kann, so wie jener größte Kinderfreund einstens gesagt hat: „Lasset die Kleinen zu mir kommen," so ist es doch ein unabweisbares Bedürfniß, daß man sich und die Seinigen erhalte, daß man dem Körper gebe, was er braucht, und mancher Mann wird sich von der Neigung seines Herzens abwenden und lieber zu einem andern Stande gehen, der ihm ein Auskommen gibt, als zu dem Lehrstande, der ihm Darben und seiner Witwe, wenn er stirbt, das größte Elend in Aussicht stellt. <u>Es ist unsere heiligste Pflicht, das Leben der Lehrer vor Mangel und Entbehrung sicher zu stellen, weil es unsere heiligste Pflicht ist, unsere Kinder gut erziehen und unterrichten zu lassen.</u> Aber nicht bloß vor Mangel und Entbehrung soll der Lehrer sicher sein, sondern auch ein heiteres und erquickendes Dasein soll ihn umgeben, daß sein Geist immer die nöthige Klarheit und Freudigkeit habe, und daß wir hoffen können, daß Männer von Weisheit, Seelenruhe und Geistesbildung sich diesem Stande widmen werden, die dann, wenn ihre Anzahl eine größere wird, weit mehr und weit sicherer den Staat und die Gesellschaft heben und einem edleren Glücke entgegen führen, als es unzählige Gesetze vermögen, oder als es Waffen und Gefängnisse im Stande sind. Weil es aber noch lange dauern möchte, bis der größere Theil der Menschen diese Wahrheit einsieht und mit Freude sein Schärflein beiträgt, daß der Lehrer leben könne, weil es noch lange dauern könnte, bis der gemeine Theil seinen Vortheil erkannt, daß er um das kleine Schulgeld seinen Kindern ein geistiges Kleid kaufe, das unendlich nützlicher und dauernder ist, als jedes leibliche, das viel mehr kostet, als das geistige; so meinen wir, es dürfte zweckmäßig sein, <u>daß der Staat diese Sache in die Hände nehme, daß er das Schulgeld abschaffe und die Lehrer selber besolde.</u> Es dürfte diese Frage eine der ersten auf den künftigen Landtagen sein, und es dürfte jedes Kronland seinen Schulbedarf festsetzen und auf die Landesauslagen umlegen, die durch die Landeskonkurrenz zu decken sind. Wenn Abstufungen in den Gehalten festgesetzt werden, so würde ein Vorrücken in Aussicht gestellt, und in vielen Fällen ein Sporn des Strebens vorhanden sein.

Nachdem wir nun von der Erhaltungsfrage gesprochen haben, gehen wir auf unsere Anforderungen an den Lehrstand über. Von dem Landschullehrer setzen wir voraus, daß er den Kindern einfach und klar den nöthigen Bedarf an Kenntnissen beibringe, Lesen, Schreiben, Rechnen, wie es im Leben vorkommt, allgemeine Uebersicht der Staatsdinge, Klugheit und Bildung des Urtheils in Rede und Schreibübungen. Das Größte, das wir fordern, ist aber, daß der Lehrer ein Theil des Erziehers ist, daß er mit den Schülern umgehe, daß aus seinem guten, einfachen, gelassenen, edlen Wesen ein Hauch in die jungen Seelen übergehe, und daß wir die Hoffnung haben, außer unterrichteten Menschen auch sittliche und rechtschaffene zu haben, was bei weitem am höchsten anzuschlagen ist, und was bis zu den weitesten Gränzen ausgebildet werden kann. Wir denken uns ein Land voll gesitteter Menschen als einen erhabenen Anblick, und stellen uns vor, daß Gottes Auge mit Wohlgefallen auf einem solchen Lande ruhen müßte.

Was unsere Forderung an höhere Lehrer betrifft, so sind sie dieselben, daß sie nämlich ihre Fächer fruchtbringend vorzutragen verstehen, und sittlich auf die Jugend wirken. Weitläufig über Gymnasien zu sprechen, glaube ich, gehört nicht zum Zwecke dieser Blätter. Ueber Gymnasien, mit deren bisheriger Einrichtung wir uns nicht befreunden konnten, werden wir an einem anderen Platze reden. Wir sprechen hier nur von einer der größten Gefahren, die auch am häufigsten vorhanden war, nämlich von dem bloßen Auswendiglernen, das in Gymnasien fast durchgängig seinen Sitz aufgeschlagen hatte. Es ist dies der natürlichste Weg für beschränkte und für bequeme Lehrer, und es ist, selbst wenn die Bücher und Fächer, was sie nicht sind, die besten wären, das Ertödten jedes Geistes und jeder künftigen Frucht desselben. Wie über Gymnasien, glauben wir auch über Universitäten uns hier nicht weitläufig ausbreiten zu dürfen. <u>Eine</u> Eigenschaft fast aller Lehrer müssen wir hier noch anführen, ohne die alle übrigen nutzlos sind: <u>die höchste Liebe zu dem Amte</u>. Der Lehrer muß sich auf jede Unterrichtsstunde freuen, sie muß sein Glück ausmachen, er darf nicht sagen: „dürfte ich nur nicht mehr herein gehen, ihr Schüler seid nicht bildbar, ihr seid zu nichts etc ....". Wenn die Schüler nichts sind, ist meist der Lehrer schuld, und sollte der Zufall lauter verwilderte, verwahrloste zusammen geführt haben, so ist gerade dadurch der Ansporn zu größter Sorgfalt in ⁺Bildung des Lehrkörpers, wenigstens für die Zukunft, gegeben.

VI.

Nachdem wir, was jetzt freilich schon wieder ziemlich lange her ist, im Allgemeinen die Eigenschaften eines Lehrers angegeben haben, schreiten wir zur Beantwortung der Frage, wie wir meinen, daß in Zukunft die Lehrer gebildet werden sollen. Wir können hier wieder nur die allgemeinen Gesichtspunkte angeben, von denen wir ausgehen, und es dem Einsichtigeren überlassen, sie im Genaueren auszuführen oder sie zu widerlegen. Für den Landschullehrer dürfte es wünschenswert sein, daß er seinen Präparandenkurs nicht nur in der guten Erlernung seiner Gegenstände hinbringe, wie bisher, sondern, daß er auch praktisch den Beweis ablege, daß er lehren und einer Schule vorstehen kann. Wir würden daher vorschlagen, daß dem Lernkurse, durch den die Zeugnisse erworben werden, noch ein Uebungskurs angefügt werde, in welchem der angehende Lehrer in der Schule, wie der angehende Arzt am Krankenbette seine Kenntnisse praktisch erprobe. Wir sehen gut ein, daß bei der großen Anzahl der Präparanden diese Probe an einer einzigen Anstalt schwer durchzusetzen ist, indem jedem Präparanden nicht eine geraume Zeit zum Lehren kann eingeräumt werden, ohne die Probe in die längste Zeit hinauszuziehen; aber wir sehen nicht ein, warum man es hierin nicht so machen sollte, wie in äteren Zeiten die Aerzte und Künstler thaten, nämlich, daß der Schüler irgend einem erprobten Meister übergeben werde, der ihn praktisch prüfe und seine Meinung über ihn abgebe. Freilich müßten diese Meister mit größter Umsicht und Parteilosigkeit bestellt werden. Nur die trefflichsten und anerkanntesten Lehrer dürften mit diesem Rechte und dieser Ehre bekleidet werden. Man wende nicht ein, daß ja die Präparanden, wenn sie als Gehilfen eintraten, in eine solche praktische Prüfung kommen, da dieser Eintritt nur in solche Plätze geschieht, die eben erledigt sind, und es daher leicht sein kann, daß der Gehilfe zu einem Meister kommt, bei dem er nicht das Nöthige lernt. Diese Uebungs- und Probezeit würde von größtem Nutzen sein, wenn die Meister von der Wichtigkeit ihrer Aufgabe durchdrungen wären, und weder von falschem Mitleid noch von andern Nebenrücksichten geleitet, nur der Tüchtigkeit und Tauglichkeit ein gutes Zeugniß gäben. Wir schlagen die praktische Probe darum vor, weil wir hierin den natürlichen Weg erkennen, den das Leben überall geht. Bei allen Dingen, die wir unternehmen, bei allen Geschäften und Leistungen, die wir von andern fordern, sehen wir auf die Früchte. Wenn wir von einem Kaufmanne, von einem Künstler, einem Handwerker etwas wollen, fragen wir nicht um seine Zeugnisse, oder wo er gewandert sei, sondern wir sehen das an, was er bisher geleistet hat, und darnach richten wir uns und machen unsere Bestellungen. Keinem Menschen fällt es im gewöhnlichen Leben anders ein, als daß er sich von dem Erfolge selber überzeugt. „An den Früchten werdet ihr den Baum erkennen." Aber so wie man im gewöhnlichen Leben die Probe nicht leichtsinnig anstellt, ohne den Leichtsinn schwer zu büßen, so soll auch die Probe der künftigen Lehrer nicht in einem oberflächlichen Vertrage oder einem kurzen Schulhalten bestehen, auf welche beiden Dinge er sich vorbereiten kann, sondern in einer längern, durchgreifenderen Ausübung seines Amtes unter den Augen des Meisters, so daß der letztere die ganze Wesenheit und die ganze Befähigung seines Zöglings zu beurtheilen im Stande ist. Und nur wenn das Urtheil vollkommen günstig ausfällt, lasse man den Präparanden in entschiedene Dienste als Gehilfe treten – aber wir wiederholen hier, was wir schon gesagt haben, man stelle seine Einkünfte und sein äußeres Leben so, wie es einer trefflichen Vorbereitung und einem trefflichen Charakter geziemt, daß er nicht gedrückt, nicht gedemüthiget werde und nicht in Folge dieser Dinge herabzusinken beginne. Daß wir außer den Lehrfächern noch die große und bei weitem wichtigere Aufgabe von den Lehrern gelöst wünschen, nämlich sittlich veredelnd und erhebend auf die Jugend zu wirken, haben wir schon öfters ausgesprochen. Aber wir sind in Verlegenheit, welchen Kurs der Präparand hierin machen, und wie er sich ausweisen soll, und wie wünschenswerth, wie dringend ist gerade diese Sache. Möge es der Weisheit unserer Schulbehörden gelingen, diesen Knoten zu lösen, mögen sie ein Mittel erfinden, daß der Präparand in seinem Herzen und Charakter ausgebildet werde, daß er Sitten und Lebensweise der edleren gebildeteren und sanfteren Klasse der menschlichen Gesellschaft lerne, daß er einen weiteren Blick habe und den seiner Schüler gemeinnützig erweitere, daß er von Leidenschaft, Harm, Rohheit und Willkühr entfernt sei, und diesen Hauch der Gelassenheit, der Güte, der Rechtschaffenheit auch auf seine Schüler übertrage, und daß er endlich auf solche Weise der eigentlichste Wohlthäter der Menschheit werde, die er in seinem Kreise während seinem Leben um eine kleine Stufe hebe, daß sie sein Nachfolger wieder hebe, und daß wir so dem Ziele, das uns Gott gesteckt hat, zuwandern können. Möge dies unseren Schulbehörden gelingen, und möge ihnen das noch schwerere Werk gelingen, Männer zu finden, die dies zu beurtheilen im Stande sind.

VII.

In Beziehung der Bildung des Lehrkörpers für höheren Unterricht als in den Anfangsschulen gehen wir von demselben Grundgedanken aus, der uns bei dem Vorschlage zur Bildung der Lehrer der Anfangsschulen geleitet hat, nämlich von dem Grundgedanken der Erfahrung praktischer Brauchbarkeit. Wie wir gesagt haben, daß man sich in allen Fällen des geschäftigen Lebens weniger auf Aussagen und Zeugnisse als auf die eigene Anschauung der Brauchbarkeit stützt, so sollte man es auch in dem wichtigsten aller Dinge, im Unterrichte und in der Erziehung der Menschen thun. Jedes Zeugniß ist Aussage eines Anderen, der irren kann, es ist ferner in der Regel auf kurze Prüfung gegründet, in welcher der Zufall mitwirken kann, und es bezeugt gewöhnlich die theoretischen Kenntnisse, von denen es noch immer ungewiß ist, ob sie ihr Besitzer auch praktisch ausüben und Anderen beibringen kann. Die Konkursprüfung ist ebenfalls, wenn sie praktische Tauglichkeit darthun soll, viel zu kurz, zu einseitig und dem Zufalle unterworfen, wie wir in einem früheren Aufsatze schon darzuthun versucht haben. Wenn man wissen will, ob Jemand ein guter Dichter sei, werden wir da schon völlig überzeugt sein, er sei es, wenn uns ein Anderer es auf Ehrenwort versichert, oder wenn wir ihm zur Probe ein kurzes Gedicht aufgeben? Nein, wir werden seine Werke selber lesen, um uns selber Einsicht zu verschaffen, oder, wenn er noch keine Werke gemacht hat, so werden wir sagen, er solle erst eine Reihe derselben zu Tage fördern, und dann werden wir wissen, ob er ein guter Dichter sei oder nicht. Und so ist es in allen Dingen. Was immer für eine Beschäftigung Jemand ergreift, so muß er in ihr eine Lernzeit überdauern, nach welcher er nicht sogleich als anerkannter Meister dasteht, sondern seine Kunst oder Beschäftigung auszuüben anfängt, aus deren Werken erst die Menschen ihn beurtheilen und dann seinen Ruhm und seine Anerkennung gründen. Erst nachdem dieses geschehen ist, vertraut man sich ihm gerne an, und ist überzeugt, ⁺daß er den Anforderungen auf das Vortrefflichste entsprechen werde. So, dächten wir, sollte man auch bei den Lehrern unserer Jugend vorgehen. Wenn Einer sich zu dem Lehramte vorbereitet hat, so erlaube man, daß er in seinem Fache als Privatlehrer auftrete, daß er Schüler, die ihm vertrauen, gewinne und ihnen an einem öffentlichen Orte vortrage, so daß Jedermann seine Vorträge besuchen, und sich über ihn ein Urtheil bilden kann. Daß man mit einem solchen Privatlehrer Niemanden Unrecht thue, ist klar, indem ja Niemand gezwungen wird, ihn anzuhören. Gewöhnlich muß er auch schon ein Mann von Tüchtigkeit sein, der sich durch herausgegebene Schriften oder auf sonst eine Weise einen Namen und Achtung gewonnen hat; denn sonst wird er schwerlich auf Gerathewohl Schüler bekommen. Diese Privatlehrer, denen man an allen höheren Lehranstalten Vorträge erlauben möge, geben die Grundlage zu künftigen Professoren ab. Es wird möglich sein, aus ihren Vorträgen sich ein umfassendes und gründliches Urtheil über ihre praktische Fähigkeit zum Lehramte zu bilden, und dieses Urtheil wird nicht ein einseitiges und befangenes sein, da es nicht auf der Ansicht eines einzigen Menschen, sondern auf der Ueberzeugung Vieler, die ihn gehört haben, beruht. Es ist hier allerdings auch eine Gefahr möglich. Es kann Jemand durch äußern Glanz, durch Geschicklichkeit des Vortrags, durch hohle tönende Redensarten ein des Urtheils nicht mächtiges Publikum gewinnen und Ruhm erlangen: aber einerseits wird es schon

Männer geben, die einen solchen Mann durchschauen und ihr besseres Urtheil über ihn in die Wagschale des Rufes legen werden, und andererseits wird der Staat schon zur Berufung von Professoren ein Gericht von Lehrmännern und allenfalls anderen Sachkundigen zusammenstellen, die um so gewisser ein rechtes Urtheil fällen werden, als die ganze Sache eine offenkundige ist, und als sie selber edle, tüchtige, anerkannte, aus praktischer Erfahrung hervorgegangene Männer sind, die kein beschränktes, eifersichtiges, engherziges und unwissendes Gutachten abgeben werden. Und so schließen wir unsere kleinen Andeutungen über Schul- und Erziehungswesen mit dem Wunsche, das einige Körnlein Wahrheit und Brauchbarkeit darin sein mögen, daß andere Männer auch ihre Aufmerksamkeit diesem Gegenstande zuwenden mögen, und daß aus ⁺den gemeinschaftlichen Ansichten Aller dasjenige hervorgehe, was die Menschheit auf einen höheren edleren Standpunkt setze, und sie dem Ziele etwas näher führe, das uns der Schöpfer als höchstes Glück, als höchste Freude und als höchste Vollendung aufgestellt hat.

⟨58.⟩ NOCH EIN NACHWORT ÜBER DIE SCHULE

Ich habe, als ich die Aufsätze über Schulangelegenheiten schrieb, einen Umstand, ich kann nicht sagen, vergessen, aber nicht recht in das Ganze einflechten können, ohne den geregelten Gang zu stören, ich trage ihn daher nach, da ich ihn für wichtig halte. Wenn ich sagte, daß Lehrer, namentlich in den untern Fächern, außer ihrem Lehrgegenstande auch noch auf Anstand, Sitte, Rechtschaffenheit der Schüler zu sehen haben, ohne welche Dinge ja nicht einmal der Lehrgegenstand gut eingeprägt werden kann, so gilt dies ganz besonders von unserer Zeit, wo die Kinder mit viel mehr Stoffen der Verwilderung beladen wurden, als in anderen Zeiten. Ich habe mir zur Aufgabe gemacht, unsere zarteste Jugend, wie sie mir so vor Augen kommt, zu beobachten, namentlich bei ihren Spielen, wo sie einen zufällig dastehenden Mann nicht beachtet, und ich muß gestehen, daß ich da Worte gehört habe, die die Seele schaudern machen könnten, Worte von Morden, Brennen und Gotteslästern. Ich weiß recht wohl, daß die Kinder solche Worte nicht überlegen, oft kaum verstehen, daß auch bei Gassenspielen die wohlerzogenen Kinder nicht anwesend sind, aber etwas bleibt immer hängen, und wenn sie erwachsen und einmal Gelegenheit kommt, sind ihnen die Begriffe geläufig und gelangen viel leichter zur That. Gewiß aber geht aus solchen Kindern ein verwildertes Geschlecht, ein verwilderter Pöbel hervor, als sonst, und da sie als Kinder die

Erfahrungen nicht machten, welche Entsetzen die Unordnungen im Staate hervorrufen können, wie wir es jetzt erfahren haben, daß selbst das Gute augenblicklich, von dem Bösewichte ergriffen, dem schrecklichsten Mißbrauche unterliegen kann, so sind sie weit eher geneigt, ihre Kindererinnerungen, die ihnen recht schön vorkommen, zu verwirklichen und mit Gewaltthaten und Willkürlichkeiten einzuschreiten. Die Erfahrungen des Vorgängers machen so selten den Nachfolger klug. Die nämliche Beobachtung machten außer mir noch manche andere Männer, und ich habe mit Vielen geredet, die mir es gesagt haben. Auch ist es eine fast allgemeine Klage der Lehrer, daß die Kinder jetzt in der Schule ungeberdiger, wilder, unfolgsamer, störrischer sind, als sonst. Nicht selten sieht man jetzt, wie die Kinder sonst Hirsche, Pferde, Männer auf die Mauern kritzelten, daß sie nun gedankenlos Galgen, Sensen und Tod aufzeichnen. Sollen solche Vorstellungen Wurzel in den jungen Herzen fassen? Neulich sagte ein Mann zu mir: „das ist zu weit hergeholt, daß ist zu ängstlich, die Kinder wachsen heran, denken nicht mehr an solche Dinge und werden die besten Menschen." Ich aber antwortete: „Beliebige Vorstellungen in den Kinderherzen wuchern lassen, und sich damit trösten, daß die Heranwachsenden schon anders werden würden, ist mindestens ein sehr großer Leichtsinn, wenn man bedenkt, daß die ersten Kindeseindrücke die dauerndsten sind, daß sie oft das ganze Leben und den Charakter bestimmen, und daß bei den gebildetsten Menschen die Anklänge der Jugend durchschimmern, um wie viel mehr bei den ungebildeten, die in späteren Jahren wenig Ansporung zur Aenderung fanden. Dies wußten unsere Vorältern sehr wohl, als sie das Sprichwort erfanden: „Jung gewohnt, alt gethan." Die Ursache zu dieser Erscheinung liegt recht nahe. Wie viele Menschen waren in dem vergangenen Jahre von Leidenschaft erfaßt, sie sprachen sich ohne Rücksicht aus, und

namentlich in den ungebildeteren Ständen war die Sprache am unüberlegtesten und zügellosesten. Was Wunder nun, daß die Kinder, dieses eigentliche Geschlecht von Nachahmern, die Sache ergriffen und die Vorstellungen noch verworrener und
⁵ unverständlicher in ihrem Haupte aufbewahrten. Daß dann solche Vorstellungen leicht in unziemliche Handlungen übergehen, und überhaupt auf die Sitten, das Benehmen und den zukünftigen Charakter Einfluß haben, ist natürlich.

Ich habe das Alles gesagt, um die Ueberzeugung zu erwek-
¹⁰ ken, daß die Leiter der Menschheit, und unter ihnen die Lehrer der Jugend, außer der gewöhnlichen Aufgabe noch eine größere haben, nämlich die bösen Eindrücke, die aus den Uebeln der Zeit hervorgegangen sind, nach und nach zu verwischen und unschädlich zu machen, damit das, was die
¹⁵ Zeit Gutes gebracht hat, reiner und verständlicher und ungetrübter sich in den Gemüthern entfalten kann. Die Männer haben daher eine größere Arbeit vor sich, als in anderen Zeiten, sie sprechen sich auch darüber aus und rüsten sich dazu. Möge man das anerkennen, möge man es erleichtern,
²⁰ mögen überall die tauglichen Männer sein, und mögen die jüngeren sich mit desto größerem Eifer vorbereiten. Jedenfalls ist das oben Gesagte ein Grund mehr zur Heranbildung vortrefflicher Lehrer.

⟨59.⟩ EIN WORT ÜBER GEMEINDEBILDUNG

Als ich vor einigen Tagen eine kleine Reise in Oberösterreich machte, kam mir mehrfach der gleiche Anstand an verschiedenen Punkten vor, den die Leute bei der Zusammenfindung zu Gemeinden hatten. Manche sehr kleine Abtheilungen auf dem flachen Lande äußerten den Wunsch, für sich eine Gemeinde zu bilden. Dies fiel mir auf, ich forschte nach dem Grunde, da ich einsah, daß kleinere Gemeinden nicht so leicht ihre Auslagen bestreiten können, und erfuhr, daß es fast überall die Armenangelegenheit ist, die sie bestimmte. Gewöhnlich war es in der Nähe eines Marktes, wo die Bauern nicht mit dem Markte dieselbe Gemeinde bilden wollten, weil der Markt mehr Arme hat, als das Land, und also die Bauern größere Auslagen in dieser Hinsicht fürchteten, als wenn sie für sich allein wären. Die Sache ist wahr, aber sie hat auch noch andere Seiten, welche wir ein wenig besprechen wollen.

Die Gemeinde braucht eine Person, welche die Schreibgeschäfte verrichtet. Wenn diese Person auch kein förmlicher Beamter sein darf, wenn sie auch nur die Fähigkeit haben muß, die Sache recht zu verrichten, so wird sie doch nicht so leicht ankommen, als manche glauben, und wird, wenn man die nächst beste nimmt, der Gemeinde durch Ungeschicklichkeit vielleicht größeren Schaden thun, als man durch die geringe Bezahlung derselben erspart. Diese Person, soll sie die Geschäfte gut thun, kostet auf jeden Fall etwas. Dann braucht die Gemeinde einen Jäger, den sie bezahlen muß, oder der Pächter der Jagd braucht einen Jäger, den er bezahlt, daher er um das weniger Pachtzins geben kann, daher die Auslage wieder auf die Gemeinde fällt. Dann braucht die Gemeinde einen Sicherheitsmann, der Polizeidienste und dergleichen thut. Endlich muß doch ein Zimmer für die Schreibgeschäfte und ein festes Zimmer für einen Gefangenen sein, wenn etwa ein Verbrecher eingebracht wird, nicht gleich abgeliefert werden kann, und daher aufbewahrt werden muß. Dies Alles fordert Auslagen. Das sind die unumgänglich nöthigen. Es werden auch noch andere zufällige dazu kommen. <u>Je kleiner die Gemeinde ist, desto mehr kommt auf jeden Einzelnen, um die Auslagen zu bestreiten.</u> Es ist also die Rechnung zu machen: Um wie viel zahlen wir weniger, wenn wir nicht zu dem Markte treten, und also weniger Arme haben, und um wie viel zahlen wir mehr, weil wir zu klein sind, und doch alle Gemeindepflichten zu besorgen haben. Gewiß wird in den meisten Fällen der letzte Betrag den ersten übertreffen, und die Gemeinden würden irren, wenn sie sagen: wir verrichten unsere Dienste selber, sie kosten nicht viel; denn bald würden sie sehen, daß der Schaden, wenn man den Gemeindeobliegenheiten nicht recht nachkommen kann, viel größer ist. Dann sagen sie auch: wir versorgen unsere Armen mit Naturalgaben, in den Markt müßten wir Geld geben. Hierauf antwortet man: es wird in Zukunft von der Gemeinde abhängen, auf welche Weise die Armen versorgt werden, und wo Naturalgaben ausreichen, wird man kein Geld bedürfen. Endlich ist der Stand der Armen ein wechselnder. Heute sind mehr im Markte, morgen können mehr auf dem Lande sein. Hiezu kommt noch der Umstand, daß jetzt Manche, die ihre Heirathsbewilligung auf dem Lande erhielten, in Märkten leben; diese würden dann von den

Märkten ausgewiesen werden und auf das Land kommen; umgekehrt wird es Wenige geben, die im Markte die Heirathsbewilligung erhalten haben, und dann auf dem Lande leben. Zudem hängt es in Zukunft von der Gemeinde ab, ob sie viele oder wenigere Heirathsbewilligungen zu Stande kommen lassen will. In den Märkten sind oft Verdienstanstalten, Fabriken oder dergleichen. Ist Land und Markt getrennt, dann wird der Markt immer eher seine Eingebornen beschäftigen, als Fremde. Das Alles ist wohl zu beachten. Endlich kann auch die Industrie in vielen Landestheilen wieder sehr steigen, neue Erwerbsquellen können sich eröffnen, diese sind dann meistens in den Märkten, wem aber kommen sie zu Gute, als der ganzen Gemeinde? – Kleine Gemeinden sind zwar leichter zu übersehen, so wie <u>ein</u> Joch leichter zu bewirthschaften ist, als <u>vierzig</u>. Aber nährt auch ein Joch so wie vierzig? Die zu kleine Gemeinde ist unbeachtet, die größere hat Ansehen, hat Einfluß, man beachtet sie, ihr Wort gilt etwas, sie kann in Landesangelegenheiten etwas in die Wagschale legen. Dazu kommt, daß, wenn viele kleine Gemeinden sind, auch viele Gränzen und daher viele Anlässe zu Streiten und Prozessen vorliegen. Freilich wäre es auch wieder gefehlt, wenn die Gemeinden zu groß wären, so daß der ganze Körper zu unbehülflich würde und seine inneren gemeinschaftlichen Angelegenheiten nicht mehr wohl besorgen könnte. Das rechte Maß wird hier auch wieder in der Mitte liegen, und einsichtsvolle Männer in den Gegenden werden es gewiß finden.

Mancher Mühlviertler wird sich an diese Meinung erinnern, wie ich sie ihnen neulich sagte: ich gebe sie nun dem Wiener Boten mit, daß er sie auch in andere Landestheile trage, vielleicht ist etwas daran brauchbar, gut gemeint ist sie gewiß. Und somit schönen Gruß, nächstens vielleicht wieder etwas.

⟨60.⟩ NOCH EIN WORT ÜBER GEMEINDEN

Weil die Gemeinden in der Zukunft ein vielfach in einander greifendes Leben führen werden, und weil sie ihre gesammten Angelegenheiten selber zu besorgen haben werden, so ist es ganz und gar nicht einerlei, ob eine Gemeinde aus diesen oder andern Bestandtheilen zusammen gesetzt ist. In Oberösterreich wurde gestattet, daß man Einwendungen und Vorstellungen einreichen konnte, wenn man mit einer Zutheilung zu einer Gemeinde nicht zufrieden war, und zu einer andern Gemeinde zugetheilt werden, oder allein bleiben wollte. Da geschah es nun hie und da, daß wirklich Vorschläge einliefen, denen man durchaus nicht willfahren konnte, und da meinten zuweilen die Betheiligten, daß ihnen Unrecht geschehe. Es wird wohl auch anderwärts so ergangen sein. Es ließe sich recht viel über die Zusammenstellung der Gemeinden sagen, und das Geschäft ist nicht so leicht, als sich mancher denken mag, besonders dort, wo, wie in Oberösterreich, die Bauernhöfe meistens allein in der Mitte ihrer Grundstücke liegen, und das ganze Land so zu sagen ein einziges großes Dorf ist, in welchem Dorfe ganz herrliche Marktflecken und Städte liegen. Wenn immer ein bestimmter abgerundeter Bezirk zu der nämlichen Pfarre gehörte, so wäre die Sache leichter, und es könnte eine oder es könnten mehrere zusammengränzende Pfarren eine Gemeinde bilden: aber öfter hat einer zu einer Kirche eine Viertelstunde, und gehört in eine Pfarre, die eine Stunde abliegt. Oft sind Kirchen nahe bei einander, oft weiter entfernt; oft liegen Häuser mitten in einer Pfarre und gehören doch zu einer andern. Dazu kommt noch, daß das Land in Steuergemeinden (Katastralgemeinden) eingetheilt ist, und daß es oft die größten Schwierigkeiten hat, solche Gemeinden zu zerreißen, weil die Ordnung in den Steuerbüchern, die Gliederung des Landes und dergleichen unterbrochen werden müßte; und andererseits kann die Steuergemeinde nicht wieder gleich als die zukünftige Gemeinde gelten, weil da nicht selten Pfarrgemeinden zerrissen werden müßten, was auch schwer ist, indem doch jeder in die Kirche gehen möchte, in die seine Voreltern gegangen sind, und weil er gerne in dem Kirchhofe begraben sein möchte, in dem seine Vorfahrer, sein Vater, seine Mutter, seine Kinder liegen. Das könnte ja bleiben, sagt man, und er doch in eine andere Gemeinde gehören. Da ist sein Herz getheilt, halb gehört es zur Pfarre und will ihr Bestes, halb soll es zur neuen Gemeinde gehören, und auch ihr Bestes wollen. Wie erst, wenn Pfarrer und Gemeinde in einen Streit kommen? Das Beste der Gemeinden und des Landes erfordert es, daß alle Gemeindeglieder mit Leib und Seele beisammen seien, daß sie ihre Angelegenheiten sich eben angelegen sein lassen, daß sie wie eine einzige Familie sind, wo es Jedem gut geht, wenn es Allen gut geht. Darum wären wohl jene Gemeinden die lebendigsten, welche durch die natürlichsten menschlichen Bande zusammen gebunden sind, als: Gleiche Kirche, gleicher Gottesacker, gleiche Schule (oder zusammengehörende Schulen) gleiche Lage der Grundstücke (nicht daß sehr gute und sehr schlechte zur selben Gemeinde gehören), gleiche Feldprodukte, gleiche Absatzwege, gleicher Handel und Wandel, gleiche Sitten, und wo möglich, daß sich alle persönlich kennen. – <u>Aber ist das auch immer zu erreichen?</u> – Ich sage nein, da müßten wir uns erst eine Welt erschaffen, und hübsch das gute und schlechte Erdreich in Gemeinden abtheilen, die Bäche und Flüsse leiten, daß sie Gemeinden ja nicht durchschnitten, durch die Berge einen Weg bohren, daß man zusammen könne, und die Winde sperren, daß sie in Schluchten nicht den Schnee zusammen blasen und den Weg ungangbar machen – endlich müßten wir unsere Vergangenheit umwerfen, durch die nach und nach Alles sich so gemacht hat, wie es jetzt ist, gut und schlecht, wie es kam, und wie man es aber nicht sogleich zerreißen kann, ohne großen Schaden anzurichten, so wie ein Mensch nicht seine Glieder abnehmen und zum Ausbessern irgend wohin schicken kann. Glücklich die Gegend, wo die Gemeinden sich nach dem, was sie gemeinschaftlich haben, bilden können. Aber wo das nicht ist, heißt es, sich fügen, es machen, wie es eben möglich ist, und das Zusammenwachsen mit gutem Willen befördern. Unsere Behörden, das muß man ihnen nachsagen, thun ihr Möglichstes. Sie suchen zusammen zu stellen, was sie am tauglichsten zusammen achten, und wo sie auf Vorstellungen nicht hören können, schreibe man es gewiß nicht der Unbilligkeit zu, sondern der Unmöglichkeit. Man habe nur Vertrauen, es wird schon gehen. Endlich, da Alles jetzt ein ⁺neuer Bau ist und kein Mensch Alles gleich auf das erste Mal treffen kann, so sind ja Abänderungen und Verbesserungen nicht ausgeschlossen. Eine Gemeindeverbindung ist keine Ehe, und wenn in der Folge sich bessere Maßregeln und Eintheilungen zeigen sollten, so wird man sie auch machen, namentlich da die Gemeinden und die gewählten Vertreter des Landes ein Wörtlein zu reden haben.

⟨61.⟩ NACHTRAG ZU DEM IN DER LINZER-ZEITUNG,
NR. 222, VORKOMMENDEN AUFSATZE ÜBER DAS
PROVISORISCHE GEMEINDEGESETZ

8. Dieses Criterium zeigt zwei Hindernisse an, welche der vollständigen Ausführung des Gemeindegesetzes im Wege stehen, und zwar:

A) Die Uebertragung der niederen Polizei-Geschäfte und anderer Gegenstände, die vom Staate den Gemeinden anvertraut werden.

B) Die unförmlichen Gemeindegrenzen.

Es drängt sich demnach die Frage auf, was soll in dem gegenwärtigen Augenblicke, in welchem schon die Bezirkseintheilung nach den unziemlichen Gemeindegrenzen erfolgt ist, und selbst die Bezirks-Hauptmannschaften im Vertrauen, daß den Gemeinden die Ausführung politischer Geschäfte anvertraut werden kann, mit so ausgedehnten Bezirken abgerundet wurden, eilends geschehen, um den angezeigten Uebelständen abzuhelfen?

Die schnellste Abhilfe könnte damit erfolgen, daß ad A von den selbständigen Ortsgemeinden politische Unterbeamte gewählt, und nach ihrer Stellung bezahlt würden, die den Bezirks-Hauptmannschaften unterstehen, und nur von ihnen nach den Vorschriften für die landesfürstl. Beamten absetzbar sind, und ihnen nebst der Gemeindevermögens-Verwaltung die Vollziehung auch jener Geschäfte übertragen würde, die nicht unmittelbar von der Bezirks-Hauptmannschaft besorgt, und nicht geradezu bewirkt werden können; dagegen die Gemeinden von jeder Haftung für diese Geschäfte und Beamte befreit sein sollen. Durch diese Stützen würden die Bezirks-Hauptmannschaften der zuversichtlichen ⁺Geschäfts-Ueberbürdung enthoben, und es müßten die Gemeinden, resp. Gemeindebeamten, unter der Leitung der Bezirks-Hauptmannschaften, alle dermalen commissariatischen Geschäfte, mit Ausnahme des Strafverfahrens, das ohnehin an die Bezirksgerichte übergeht, zugleich mit der Gerichts-Organisirung zu übernehmen und fortzuführen verpflichtet werden (§. 81 Gemeindegesetz.)

Ad B. Sowohl die Gemeinde- als Pfarrgrenzen, bilden zweckwidrige Lagen, letztere sind oft einem andern Kirchenplatze viel näher gelegen, als dem eigenen, und ganz zweckwidrig durchschneiden sie mehrmals die Gemeindegrenzen der Steuerbezirke, weil man bei der ursprünglichen Vermessung, zur Regierungszeit Kaiser Joseph des Zweiten, nur die Besteurung im Auge hatte, bei der Vermessung anno 1820 zum Behufe des stabilen Catasters hat man sich ganz bequem an die alten Steuer-Gemeindegrenzen angelehnt, und nicht an politische Arrondirung im gegenwärtigen Sinne gedacht; dortmals hätte man leicht eine zweckmäßigere Eintheilung pflegen, und hiernach die Vermessung vornehmen können und sollen; nun aber dieses nicht geschah, so dürfte es füglich nach und nach zu Stande gebracht werden, da es nur einen Grenzaustausch betrifft, der sich theilweise vornehmen läßt, ohne daß eine Geschäftsstörung unterläuft.

Zum Behufe der gegenwärtigen Uebergabe jedoch sollte man die Pfarrgrenzen beibehalten, weil die meisten politischen Geschäftszweige pfarrweise behandelt und abgeschlossen sind, daher die pfarrweise Uebergabe von den Commissariaten schnell und ohne Anstand erfolgen kann, denn ein Commissariat besteht aus keinen andern, als Pfarrgrenzen.

Ich führe daher nur, obwohl sich eine Casuistik aufstellen ließe, einige Beispiele an, nämlich:

Die Erwerbsteuer ist durch Pfarreien abgegrenzt.

Der Concurrenz-Kataster ebenso.

Der Vogtei-Kataster über Kirchenbauten auch.

Die Schulheizungskosten sind pfarrweise regulirt.

Die Armenversorgung theilt sich nach Pfarren.

Die Straßenbaukosten richten sich nach Pfarreien.

Die Sicherheitskosten, sogar die Polizeidiener, werden nach Pfarreien bezahlt, und die Sanitätskosten nach selben bestritten.

Conscription, Vorspann und Einquartirung kennt nur die Pfarrgrenzen.

In Gewerbssachen beobachtet man die Pfarrgrenzen, und die Gewerbsverleihung wird nur für die Pfarre, gemäß Hofkanzlei-Decret vom 21. Februar 1828, Z. 3716, gestattet.

Die wichtigen Pfarr-Matrikel verdienen gleichfalls bei der Uebergabe volle Berücksichtigung.

Dagegen wären zur genauen Durchführung der pfarrweisen Uebergabe nur zwei Vorarbeiten nothwendig: 1) Daß man den bisherigen Gerichts-Eintheilungsplan auf die Pfarrgemeindegrenzen umändere. 2) Bei jenen wenigen Geschäftszweigen, die nach den alten Steuer-Gemeindegrenzen verwaltet wurden, (nämlich Grund- und Häusersteuer, dann die Verzehrungssteuer) müßte die Austauschung der Geschäfte nach Pfarreien vorgenommen, oder durch Abschriftsnahme vorbereitet werden, welches doch nicht schwer ist. Es bestünde daher der wesentliche Vortheil darin, daß es zur pfarrweisen Uebergabe nur der leichten Vorarbeiten in der Grund- und Häusersteuer-Arrondirung, und jener der Verzehrungssteuer, bedarf, während die Vorarbeiten zur Uebergabe nach den alten Steuergemeinden alle die vielen politischen Geschäfte berühren, und ehevor diese Arbeiten geliefert sind, kann an eine

Uebergabe nicht gedacht werden, ohne sich der Gefahr einer Geschäftsstockung oder Verwirrung auszusetzen, die sehr nachtheilige Folgen nach sich ziehen dürften.

⟨62.⟩ DER 25. NOVEMBER IN LINZ

Am Samstage den 24. November langte gegen die Dämmerung Se. Majestät unser Kaiser in der Hauptstadt von Oberösterreich an. Es war diese Ankunft keine Durchreise, sondern ein ausdrücklicher Besuch, den der Kaiser seinen biedern Oberösterreichern machte. Wenn auch bei uns auf den Ruf der Freiheit so manche Köpfe den Verstand verloren, und meinten, jetzt werde alles Mögliche und Unmögliche zu verwirklichen sein, und wenn auch manche diese Freiheit blos zur Ausbesserung ihrer Privatverhältnisse benützen und daher Verwirrung anrichten wollten: so war doch der allgemeine Sinn unserer Landsleute so gesund und natürlich, daß sie sich nie zu Zerstörung und Vernichtung der staatsnothwendigen Verhältnisse hinreißen ließen, und die vereinzelten Ausbrüche der Leidenschaft und Verwilderung nachdrücklich mißbilligten. Daher war auch die Freude eine allgemeine und herzliche, als es hieß, daß der Kaiser zum Besuche in das Land komme. Alle wußten wohl, daß man sich um den Kaiser vereinen müsse, daß wir mit den vereinten Kräften stark, geordnet und glücklich sein können, da das Auseinanderfallen in streitende Zwecke und Richtungen alles Glück, allen Wohlstand, alle Ordnung und endlich alle menschliche Sittlichkeit und Religion zerstöre. Aber nicht diese Rücksicht allein waltete in den Gemüthern, – sondern die gewinnende Persönlichkeit unsers Kaisers wirkte auch auf alle Herzen mit unbesieglicher Macht. Fast allgemein war der Ruf zu vernehmen: „Wie gutmüthig, wie treuherzig sieht er aus!" und in allen Gemüthern setzte sich der Gedanke fest: „So jung ist er, so sehr sollten ihm nur die Freuden der Jugend zu Theil werden, und eine solche schwere Bürde trägt er schon, und für uns Alle opfert er ⁺sich". Eine Dienstmagd brach bei seinem Anblicke in Thränen aus, und sagte: „Wie erbarmt mir der junge Herr, daß er schon eine so große Last auf sich genommen hat!" Und wahrlich kein Gedicht und keine Festbeschreibung kann den Kaiser mehr ehren, als die Thränen dieser Magd. Die Bewohner unserer Stadt thaten alles Mögliche, um ihre Freude zu erkennen zu geben. Triumphpforten, Fahnen, festlicher Empfang, Ausschmückung der Stadt mit Teppichen, Beleuchtung, Theater, Ball, Fackelzug, Abendmusik vom Gesangvereine und ein fröhliches Zusammenströmen der Menschen war zu erblicken. Viele Arme wurden von mehreren Menschenfreunden gespeist. Zahlreiche Gemeinden kamen mit Huldigungsadressen, und unsere Traunviertler Bauern verließen den Kaiser mit der lebhaftesten Freude, daß er so freundlich, so gesprächig und so gut sei. Diese Ansprachen der Gemeinden sollen ihn besonders erfreut haben. Er that manche Wohlthaten hier, besuchte alle menschenfreundlichen Anstalten, redete in den Spitälern mit den Kranken, in den Kasernen mit den Soldaten, in der Audienz mit allen anwesenden Menschen, und hinterließ tausend Gulden C. M. für die Armen.

So wird dieser Tag lange unvergeßlich sein, und so wird er ein Stein mehr sein in dem Baue der Einheit, des Zusammenhaltens, der Macht und der Herrlichkeit unseres österreichischen Landes.

⟨63.⟩ ⟨Aufruf und Dank⟩

Heute kam Martin Brauner, Schuhmacher aus der Gemeinde Wallern in Oberösterreich, zu mir, derselbe Ehrenmann, der wiederholt große Quantitäten Obstwein und andere Getränke für die k. k. Armee nach Unterösterreich geführt hatte, und brachte 5 fl. 30 kr. C. M., die er in Wallern zu dem Zwekke gesammelt hatte, daß zwei Gulden dem Soldaten Joseph Wagner, Gemeiner beim 3. Kürassier-Regimente König von Sachsen, 1. Eskadron, in Theresiopel in Ungarn zukommen, und der Rest den zwei Brüdern Angerer beim 10. Jägerbataillon gegeben werde. Ich sende das Geld an die verantwortliche Redaktion dieser Blätter *), daß sie es durch die entsprechenden Militärbehörden den gedachten Soldaten, die aus der Gemeinde Wallern Inwohnerssöhne, und Wagner noch dazu der Sohn einer Witwe sind, zukommen lasse. Zugleich entwickelte Brauner den Gedanken, einen Aufruf an alle Gemeinden erlassen zu wollen, daß sie, so wie sie bedeutende Beiträge für die Invaliden unseres Kronlandes zusammen geschossen haben, auch für jene Soldaten etwas thun sollen, die weder Invaliden noch auch ganz unverletzt sind, nämlich für Kranke und Verwundete, die doch wieder fortdienen können. Er sagte, die Gemeinden sollten nur für die aus ihrer Gemeinde stammenden Soldaten dieser Art etwas thun, das thun sie lieber und leichter, und es geschieht doch etwas für Alle, und wir zeigen auf diese Weise unserer herrlichen Armee, daß wir dankbar sind für die Wohlthaten, die sie unserm Vaterlande durch ihre glorreichen Thaten in der Wiedereroberung Ungarns und Italiens erwiesen haben. Ich glaube, daß wir nicht viele Worte brauchen werden, unseren Oberösterreichern diesen Gedanken Brauners zu empfehlen und sie zu bitten, für ihre Gemeindekinder, die verwundet oder krank sind, etwas zu thun. Oberösterreich ist in der ganzen Monarchie bekannt, daß es immer die reichhaltigsten Sammlungen macht, wenn irgend wo ein Unglück geschieht und ein Bedarf entsteht. Was es nun oft ganz Fremden thut, wird es gewiß seinen Landeskindern und Gemeindekindern, die für uns gekämpft haben, nicht versagen. Die Beiträge groß und klein können an die Redaktion des „Wiener Boten" eingehen, oder bei dem Unterzeichneten derzeit in Linz (an der Donau 1313), oder bei Militärbehörden, oder bei wem immer, zu dem die Gebenden Vertrauen haben, es wird jeder die kleine Mühe übernehmen, den Betrag an die bezeichneten Soldaten kommen zu lassen. Zugleich hat Brauner gebeten, einen Dank an die Armee Namens der Gemeinde Wallern auszusprechen, und hat gesagt, er hätte wohl da einen Aufsatz des Herrn Schullehrers, aber der werde wohl nicht genügen, und ich möchte einen andern verfassen; allein ich lehnte es ab, indem ich sagte: „Unsere Armee wird wohl lieber gleich die Worte, wie sie aus dem Munde ihrer Landsleute kommen, hören wollen, als die aus dem Munde eines Dritten, wenn es derselbe auch eben so gut mit der Armee meint, als jeder Andere; darum lassen wir nur die Worte des Schullehrers, sie sind schon recht, und es wäre Sünde, wenn ich andere setzte." Brauner war mit meiner Rede zufrieden, und ich lasse den Aufsatz des Schullehrers folgen, in der Ueberzeugung, daß er von unserer braven Armee sehr gut wird aufgenommen werden.

AUFRUF UND DANK

Dank an die österreichische Armee Namens der Gemeinde Wallern.

Hohe, unvergleichliche Führer der k. k. Armee!

Nehmen Sie nicht ungütig, wenn schlichte Oberösterreicher, welche stets mit Leib und Seele ihrem kaiserlichen Herrn und dem Vaterlande ergeben waren, Ihnen ihren Dank für alle in dieser verhängnißvollen Zeit gehabten Mühen, Sorgen, Entbehrungen, Anstrengungen und Aufopferungen darbringen. Heil Dir, große Armee! Heil Dir, Die Du solche Führer hattest, Dein Haupt ist nun mit nie vewelkenden Lorbern gekränzt, Dein Ruhm erschallet nicht nur in Oesterreichs großem Kaiserstaate, sondern hat sich auf der ganzen Erdenrunde verbreitet; denn Du warst die Stütze des Vaterlandes, die Wehre der Gutgesinnten; aber auch warst Du die Geißel der Wühler und Abtrünnigen; Du kanntest keine Gefahr, wenn es hieß: Vorwärts, wir müssen siegen! Die Liebe zu unserm jugendlichen Monarchen, das Beispiel seiner Tapferkeit und Furchtlosigkeit sowohl in Italiens Kugelregen, als auch in Ungarns hartnäckigen Bestürmungen gab Dir Muth und Kraft, Deinen weisen Führern zu folgen und nach Ihrem Beispiele dem Tod mit lächelnder Miene entgegen zu blicken, und noch sterbend wie Sie, dem Kaiser und dem Vaterlande mit brechendem Auge ein Hoch zu rufen.

Dank, ritterliche Führer! nochmals Dank, sieggekrönte Armee!

Möchten die Herzen aller Bürger Oesterreichs so denken wie wir, und unser Beispiel nachahmen, indem wir für unsere Pfarrsöhne, welche arm sind, eine kleine Beisteuer sammelten; der Betrag ist freilich klein, doch kommt er aus gutem Herzen.

⟨64.⟩ WAS IST DAS RECHT?

Nachdem nun die Kriegsbegebenheiten vorüber gegangen sind, nachdem die Wehen, die auf sie folgten, sich allgemach auszugleichen beginnen, da auch unsere Staatszustände sich immer mehr befestigen und ordnen; so wollen wir in den Spalten unseres Blattes von Zeit zu Zeit auch über einige Dinge ein Wort reden, die sonst in die Schule gehörten, die aber jetzt auch außer der Schule, ja man kann fast sagen, überall besprochen werden, da wir ja eigentlich nun Alle, alt und jung, in einer neuen Schule begriffen sind, und die für uns von der größten Wichtigkeit sind, da sie, falsch angewendet, die größten Verwirrungen hervor zu bringen im Stande sind, nämlich vom Rechte und von dem Staate. Wir wollen versuchen, auf dem einfachsten Wege für Jedermann verständlich diejenigen Lehren aus der Rechtswissenschaft darzulegen, welche die hervorragendsten, welche die wichtigsten, und welche von allen Rechtslehrern als unbestritten anerkannt sind. Wir wollen dabei diejenigen auslassen, die minder wichtig, die spitzfindig oder die noch zwischen den Männern der Wissenschaft selbst streitig sind. Wir wollen von dem Staate sagen, was seine Bedingungen sind, wie er entstanden ist, wie er sich fortgebildet hat, welche Gestalten er in den verschiedenen Zeiten der Menschengeschichte angenommen hat, welche Eigenschaften er aus Gründen des Rechtes haben muß, damit er ein menschlicher Staat sei, und welche Eigenschaften er aus Gründen der Klugheit haben muß, daß er ein glücklicher Staat sei. Wir hoffen uns den Dank Derjenigen zu verdienen, welche sich in diesen Dingen unterrichten wollen, weil sie dieselben in der jetzigen Zeit brauchen, weil es sich überhaupt für den Menschen ziemt, Derlei zu wissen, und weil sie doch nicht mehr in eine Schule gehen können, um sie erst zu lernen; und wir hoffen, daß Diejenigen nicht ungehalten sind, welche diese Sache ohnehin wissen, für sie sind diese Blätter nicht geschrieben, sie können aus ihnen nichts lernen und würden uns im Gegentheil sehr verbinden, wenn sie uns mit ihrem Schatze von Kenntnissen und mit ihren Erfahrungen beisprängen und uns da unterstützten, wo unsere eigenen Kräfte nicht ausreichen, oder unser Gedächtniß einen Punkt außer Acht gelassen hat.

Wir schreiten zur Sache.

Kein Wort wird so vieldeutig gebraucht, und keines ist außer der Religion in dem Laufe der Zeiten so gemißbraucht worden, als das Wort: recht. Man sagt: dieses Kleid ist mir recht – jener Mensch handelt recht – das Wetter ist recht – die Rechnung ist recht – die Obrigkeit hat ein Recht, und so weiter. Ja, wenn Menschen gegen einander feindselig sind, so halten sie Alles für recht, was sie gegen den Feind unternehmen, und Alles für unrecht, was er gegen sie unternimmt, wenn es auch ganz das Nämliche wäre. So thun es auch Partheien im Großen, sie halten, wenn die Gemüthsbewegungen einmal auf das Höchste gestiegen sind, die größten Gewaltthaten, selbst Mord, für recht, und doch wäre es gerade ihnen am nöthigsten, daß sie in einem solchen Zustande wüßten, was recht sei, und es auch übten. Bei allen Bedeutungen, die man dem Worte recht gibt, liegt immer das Nämliche zu Grunde, daß nämlich recht Dasjenige sei, was einem Zwecke anpassend ist. Wenn wir bei den Menschen von recht und von Rechten reden, so nehmen wir Das von

ihren Handlungen, und wir müssen jene Handlungen recht
nennen, welche der Vernunft und dem Gewissen gemäß sind,
die entgegengesetzten müssen wir unrecht nennen. Allein,
wenn wir von Rechten reden, wenn wir sagen: „ich habe
ein Recht zu Dem oder Jenem," so meinen wir nicht bloß
eine rechte Handlung, die Jemand auch unterlassen könnte,
z. B. eine Wohlthat, sondern wir meinen damit etwas, was uns
ein anderer schuldig ist, was er leisten oder gestatten muß,
wozu uns die Behörde behilflich sein muß, was wir, wenn es
keine Behörde gäbe, erzwingen dürften, und was ja die Staaten wirklich mit Gewalt, nämlich mit Krieg von einander
erzwingen. Was ist denn nun Das, was der Mensch dem
Menschen schuldig ist, was nie geweigert werden darf, und
was, wenn es doch geweigert wird, erzwungen werden darf?
Wir kommen einfach zur Beantwortung der Frage, wenn wir
sagen: „Der Mensch ist als Mensch auf der Welt, er hat einen
freien Willen, mit dem er sich gut und glücklich machen, und
mit er sich auch zu Grunde richten kann, er hat hiezu ein
Gewissen, welches ihm ohne Ausnahme vorschreibt, seine
reine Menschlichkeit zu entwickeln, Das heißt, so gut und
so vollkommen zu werden, als es für einen Menschen möglich
ist. Hievon geht das Gewissen nie und nirgends ab, es stellt
diese Forderung an sich selber immer und allzeit als Gesetz
auf, weßhalb wir sie auch das Sittengesetz heißen, und es
verlangt, daß man diese Forderung durch eigene Kräfte, nicht
durch fremde Beihilfe erfülle. Folglich gibt die Vernunft auch
die Befugniß, zu fordern, daß man von Andern nicht in
Erfüllung dieses Gesetzes gehindert werde, und daß man die
Hinderung mit Zwang hintanhalten darf, und Dieß ist das
Recht. Weil aber jeder Mensch ein Gewissen hat, weil Jeder
nach der höchsten Vollkommenheit streben soll, so gibt die
Vernunft Jedem die gleiche Befugniß, in seiner Menschlichkeit nicht gestört werden zu dürfen, und Dieß ist das all-

gemeine menschliche Recht." Es kann so ausgesprochen werden:

Recht ist ein solches Verhalten der Menschen, wodurch alle als Personen, d. h. nach höchster sittlicher Vollkommenheit strebende Wesen, neben einander bestehen können. Als oberstes Rechtsgebot könnte man es so sagen: Enthalte dich jeder Handlung, wodurch ein Anderer in seiner Persönlichkeit, d. h. in seinem Streben nach sittlicher Vollkommenheit, gestört werden würde. Unser Heiland und Lehrer, Christus, hat es einst so ausgesprochen: „Was du nicht willst, daß es dir geschehe, thue du auch dem Andern nicht."

In diesem obersten Rechte liegen alle einzelnen Rechte, die wir entwickeln werden. Es hat auch verschiedene Eigenschaften, von denen wir im Nächsten reden werden.

⟨65.⟩ UEBER DIE BEZIRKS-HAUPTMANNSCHAFTEN

Ich habe es in Nr. 273 der Linzer-Zeitung von 28. Nov. 1849 vorausgesagt: es werden sich die k. k. Bezirkshauptmannschaften, ohne Beihülfe von Gemeindebeamten, nicht behaupten können; dieses ist, leider! eingetroffen, weil man den Gemeinden keine politischen Geschäfte anvertrauen will. Allein die Bezirkshauptmannschaften haben weder Justiz- noch Strafverfahren in ihrem Wirkungskreise, sie sind größtentheils Manipulations-Behörden, Manipulations-Geschäfte aber hätte der Staat auch den Gemeinden ohne Gefahr übertragen können, weil diese Geschäfte ihre bestimmte Richtschnur haben. Der Staat hätte sich nur die Bemessung der Erwerb- und Einkommensteuer, die Gewerbsverleihung und die Paßausstellung vorbehalten dürfen. Bei dem Umstande also, daß der Staat keine politische Geschäftsführung an die Gemeinden abtreten will, so bleibt nur übrig, in jeder Entfernung von zwei Postmeilen Bezirks-Commissäre zu exponiren, und in mehr bevölkerten Gegenden ihnen mehr Hülfspersonale beizugeben damit doch einmal die bereits ausgesprochene Auflösung der Commissariate zur Wahrheit werde. Freilich erfordert diese Beamtenvermehrung einen größeren Staatsaufwand, diesen muß sich der Staat gefallen lassen, weil die Geschäftszweige in den untern Instanzen getrennt wurden, und jede Theilung der Geschäfte eigentlich eine Geschäftsvermehrung ist, und eine Vermehrung der Vollzugsorgane erfordert. Ist aber der ohnehin verschuldete Staat nicht in der Lage, einen bedeutenderen Besoldungs-Aufwand zu bestreiten, so müssen die untersten Behörden, welchen die meiste Last der Ausführung im Staats-Organismus obliegt, dermaßen concentrirt werden, daß die Bezirksbehörden zugleich Gerichtsbehörden werden, und in den obern Instanzen die Verwaltungspflege getrennt bleibt, da die Sonderung der Geschäfte wohl besser ist, aber in den untern Stellen, wenn sie von Nutzen sein soll, für den verschuldeten Staat dermal zu kostspielig wird.

⟨66.⟩ ⟨DIE EHRUNG MARTIN BRAUNERS⟩

Vormittags fand in dem nahen Orte <u>Wallern</u> die feierliche Uebergabe der von Seiner Majestät mit a. h. Entschließung vom 23. November 1849 dem dortigen Schuhmacher Martin Brauner in Anererkennung der verdienstlichen Leistungen durch Sammlung und Verführung von Verpflegs-Erfordernissen für die k. k. Truppen in Ungarn verliehenen großen silbernen Civil-Ehren-Medaille am Bande statt.

Das kleine Oertchen Wallern war wohl nie so belebt, als an diesem Tage.

Ein Gottesdienst, wobei von dem ganzen Volke die Haydn'sche Messe gesungen wurde, eröffnete die Feier. Nach dessen Beendigung zogen alle Anwesenden – die Schuljugend mit ihren Fähnlein voraus – in das Schulhaus.

Dort erfolgte die Medaillen-Uebergabe durch den Amtsverweser der Bezirkshauptmannschaft Wels, Rudolph von Sonnleithner, in wahrhaft würdiger Weise.

Die von demselben gesprochenen Worte waren der Ausdruck eines echten Biedermannes, dem es um das Wohl seines schönen Vaterlandes Ernst ist. Inhalt und Ton der Rede fanden lauten Widerhall in den redlichen Herzen der Oberösterreicher, und auf den Schluß der Rede: „Gott segne unser großes Vaterland – Unser ritterlicher Kaiser Franz Joseph der Erste lebe hoch" folgte ein langgehaltenes Vivat.

Nachdem der Betheilte mit bewegter Stimme und gerührtem Herzen einige herzliche Worte des Dankes entgegnet hatte, zerstreute sich die Versammlung, um sich bei einem fröhlichen Mittagsmahle, dem auch die Ortsgeistlichkeit und mehrere Herrn Seelsorger aus der Umgegend beiwohnten, und wobei gemüthliche Heiterkeit die beste Würze war, wieder zu finden.

⟨67.⟩ ⟨DR. ALOIS FISCHER, DER STATTHALTER VON ÖSTERREICH OB DER ENNS⟩

⁺Unter den Männern welche bei der Neugestaltung Oesterreichs theils aus dem Reichstage, theils aus andern Kreisen zu hoher Wirksamkeit und zu wichtigen Aemtern gelangt sind, befindet sich auch Dr. Alois Fischer, früher Advocat in Salzburg, jetzt Statthalter des Kronlands Oesterreich ob der Enns. Es dürfte Ihnen wohl nicht von Unwichtigkeit seyn etwa von seinem frühern Leben zu erfahren, namentlich da eine solche Umwandlung bei uns noch nicht so häufig ist, und wenigstens in ⁺unsern Sitten nicht unbedeutendes Aufsehen gemacht hat. Fischer ist in Landek, einem großen Dorfe im tirolischen Oberinnthale, geboren. Die Bewohner der sogenannten „drei oberen Gerichte" Landek, Laudek und Pfunds thaten sich von jeher durch Gemeinsinn, Vaterlandsliebe und Treue gegen das Kaiserhaus hervor. Schon zu „Herzog Friedls" Zeiten spielte Landek eine Hauptrolle, aber seinen größten Glanz erlangte es durch die Geschichte von 1703. Hormayr nennt Landek das Uri von Tirol. Mehrmals kömmt auch der Name Fischer aus frühern Zeiten vor. Noch lebt ein Oheim Dr. Fischers in hohem Greisenalter, der im Jahr 1809 sich sehr bethätigte und deßhalb in den Adelsstand erhoben wurde, mit dem Prädicate „von Erlau," weil er mit seinen Gesinnungsgenossen gleich den Männern vom Rütli in einer Au von Erlen seine Zusammenkünfte gehalten hatte. Der Vater Fischers war kaiserlicher

Salzfactor in Landek und gräfl. Wolkensteinischer Herrschaftspfleger zu Wiesberg. Er starb aber schon als der Sohn noch ein Knabe war. Seine ersten Studien machte Fischer zu Chur in Graubündten, weil sein Stiefohm dort Bischof ist, und setzte sie dann in Innsbruck, Graz und Wien fort. Im zweiten Jahr der Rechte ging er im Winter nach Hause um die Kanzlei seines eben verstorbenen Stiefvaters, eines Advocaten, zu ordnen. Dieser Vorfall hatte aber für ihn unangenehme Folgen. Als er Wien verlassen wollte, gaben ihm seine Freunde ein Abschiedsmahl, zu dem die damalige Polizei einen ihrer Vertrauten schickte. Da diesen niemand kannte, und er auf die höfliche Bitte sich zu entfernen nicht Folge leistete, wurde er von einem Studirenden vor die Thüre gebracht. Die Folge war daß am andern Tag beinahe alle Theilnehmer an dem Mahle verhaftet, verhört, und die Ausländer ausgewiesen wurden. Fischer wurde bei seiner Ankunft in der Heimath verhaftet und von dem damaligen Kreishauptmann zu Imst in Untersuchung gezogen. Die Sache hatte kein Resultat, und obwohl man nachträglich noch in die Jahre hinein forschte, so kam nichts verfängliches zum Vorschein. Für Fischer war der Vorgang insofern empfindlich als ihm der Studiendirector in Innsbruck die Fortsetzung der Studien nicht gestattete, wodurch er drei volle Jahr verlor. Es gelang ihm später durch Verwendung eines einflußreichen Mannes die Erlaubniß zu erhalten die Prüfung der letzten drei Rechtsjahre in beliebigen Zeitfristen abzulegen. Fischer nahm sich der Sache so an daß er sämmtliche Prüfungen im Laufe eines Jahrs vollendete. Er ging dann nach Pavia um zu promoviren. Später erhielt er eine Advocatenbefugniß in Salzburg, wo er ein sehr ausgedehntes Geschäft errichtete, und ungefähr von dem Jahr 1830 bis 1848 fortführte. Als der März des letztgenannten Jahrs die Umwälzung in Oesterreich hervorbrachte, und wie natürlich die Augen der Menschen nach Männern suchten die sie in dieser

Zeit vertreten könnten, lenkte sich das Vertrauen seiner Mitbürger auf Dr. Fischer. Die Stadt Salzburg gab ihm das Ehrenbürgerrecht und ordnete ihn mit drei andern Deputirten nach Wien ab, um bei dem Ministerium die parlamentarische und administrative Selbständigkeit des Landes anzubahnen. Von dort zurückgekehrt arbeitete er die Grundzüge der Landesverfassung aus, und bewirkte einen Zusammentritt der Landesvertreter, damit sie berathen und dem Ministerium zur Genehmigung vorgelegt würden. Als in Folge des 15 Mai der Kaiser Ferdinand Wien verließ, durch Salzburg kam, und man nicht wußte was denn eigentlich vorgegangen sey, ja aus den Aeußerungen der Begleiter des Kaisers entnommen wurde daß die revolutionäre Partei in Wien vielleicht schon eine provisorische Regierung eingesetzt habe, machte Dr. Fischer den Linzer Deputirten, die dem Kaiser nachgereist waren um ihm Linz als Aufenthaltsort anzubieten, den Vorschlag einen Zusammentritt der deutschen Provinzen in Linz auszuschreiben. Der Vorschlag wurde angenommen und beurkundet. Er rief mehrere Salzburger Bürger herbei, damit auch sie die Schrift unterzeichneten. In einer am selben Vormittag abgehaltenen Versammlung der Bewohner Salzburgs wurde der Vorschlag zum Beschlusse erhoben, und zugleich weiter beschlossen eine Deputation nach Kärnthen und eine nach Innsbruck abzuordnen, der Stadt Linz aber zu überlassen sich mit Steiermark ins Einvernehmen zu setzen. Einem Brief, den er damals nach Tirol geschrieben hat, entnehmen wir die Aeußerung daß es ihn empöre daß sich die Provinzen immer nur das gefallen lassen sollen was man in Wien will: „Die Millionen wohnen in den Provinzen, nicht in Wien." Da inzwischen beruhigendere Nachrichten aus Wien einliefen und der Reichstag in Aussicht stand, hatte der Beschluß, obgleich die Deputationen abgereist waren, keine weitern Folgen. Im Junius wurde Fischer von dem Lande Salzburg zum Vertreter in den Reichstag gewählt. Gleiche Ehre war ihm von der Stadt zugedacht. In den ersten Wochen seines Wiener Aufenthalts wurde er von dem damaligen Minister Doblhoff in das Bureau des Innern berufen. Im August beauftragte ihn Doblhoff mit der Leitung der öffentlichen Angelegenheiten Tirols, Fischer lehnte es ab und trat dafür bloß eine Reise nach Tirol an um sich von dem Zustand des Landes ¹zu überzeugen und dem Minister zu berichten. Damals war gerade die Spaltung zwischen Nord- und Südtirol am weitesten gediehen. Die Reise Fischers wurde ihrer Zeit viel in den öffentlichen Blättern besprochen. Er wurde von beiden Parteien mit Mißtrauen empfangen, er ⁺erklärte ihnen den Zweck seiner Sendung, und es gelang ihm größtentheils das Vertrauen zu gewinnen. Er schlug als Landeschef Tirols den Grafen Bissingen vor als einen Mann „der das Land kennt und liebt, viele Bildung besitzt und das Herz auf dem rechten Fleck hat." Erst in Kremsier sah Fischer Doblhoff wieder, da inzwischen die Octoberereignisse eingetreten waren und alle Verhältnisse umgeändert hatten. Als nach der Ankunft Kaiser Ferdinands in Olmütz ein Manifest (vom 15 Oct.) erschien an die Landleute gerichtet, worin ihnen die Entlastung von Grund und Boden versichert wurde, von weiterem aber keine Rede war, begab sich Fischer, der gerade mit einer Reichstagsdeputation in Olmütz anwesend war, mit andern Deputirten zu Wessenberg und stellte vor daß das Manifest geeignet sey die größte Aufregung in den Provinzen hervorzurufen. Hierauf erschien das Manifest vom 19 Oct. an alle Völker des Reichs mit Versicherung der Aufrechthaltung aller gewährten Rechte und Freiheiten. Beim Eintritt des Ministeriums Schwarzenberg-Stadion gab Fischer sein Amt, als nur vom abgetretenen Ministerium ins Vertrauen berufen, zurück, Stadion nahm aber die Entlassung nicht an. Im December wurde Fischer als Landeschef nach Oberösterreich gesendet, und vor wenigen Wochen wurde diese provisorische Würde in die definitive eines Statthalters verwandelt. In Salzburg steht Fischer in gutem Angedenken, er wird als thätiger und redlicher Rechtsfreund geschildert, man verdankt ihm nebst dem Ministerialrath v. Lasser die dem Lande gewordene Selbständigkeit, man verdankt ihm die Forstregulirungscommission und die Herabsetzung des hohen Zinsfußes der auf den Besitzungen der Gebirgsbewohner haftenden Stiftungscapitalien. Er soll sich für Wiedererlangung der eigenen Berg- und Salinendirection und für eine eigene Forstschule im Lande sehr thätig verwendet haben.*) Als Privatmann ist Fischer ein Mann von freundlichen wohlwollenden Sitten und von sehr gutem Herzen. Er mag ungefähr in den ersten fünfziger Jahren stehen.

*) Letztere ist vom Ministerium bereits beschlossen worden. A. d. E.

⟨68.⟩ EIGENSCHAFTEN DES RECHTES

Wir haben einmal vorhin den obersten Rechtssatz ausgesprochen: Enhalte dich aller Handlungen, wodurch ein Anderer aufhören müßte, eine Person zu sein. In diesem Rechtssatze liegen hauptsächlich zwei Eigenschaften: Erstens ist das Rechtsgesetz ein verneinendes Gesetz oder ein Verbot; denn es sagt nur, welche Handlungen man nicht unternehmen dürfe, sagt aber nicht zugleich, welche man unternehmen müsse. Es ist auch ganz in der Natur der Sache gegründet. Wenn ich die heiligste Pflicht habe, nach Vollkommenheit zu streben, wenn daher die Vernunft das Gesetz aufstellt, daß mich Niemand in diesem Streben hindern dürfe, so darf ich jede Störung mit Zwang abhalten, habe aber nicht die Befugniß, Jemanden zu zwingen, daß er mich in meinem Streben geradezu unterstütze; denn dadurch griffe ich ja in seinen freien Willen ein, den er zur Erlangung seiner Vollkommenheit hat, und ich störte gerade sein Recht. Also ist Jeder schuldig, mich in meinem Streben nach menschlicher Vollkommenheit nicht zu stören, er ist aber nicht schuldig, mich geradezu zu unterstützen. Also ist das Rechtsgesetz nur ein Verbot. Wenn wir hier von Schuldigkeit reden, so meinen wir immer die Rechtsschuldigkeit, Das heißt, die Schuldigkeit eines Verhaltens, das man erzwingen darf. Es gibt aber auch noch eine andere Schuldigkeit, eine moralische oder eine Pflichtschuldigkeit, deren Verhalten man zwar nicht erzwingen darf, wozu aber das Gewissen den Menschen antreibt. Zum Beispiele, wenn ich arm bin, darf ich den Nachbar nicht zwingen, mir etwas zu geben, aber er als Mensch hat die Pflicht, mir beizuspringen, und wenn er es nicht thut, handelt er unmenschlich und unchristlich, aber nicht rechtswidrig. Man nennt solche Verbindlichkeiten, die nicht erzwungen werden dürfen, sondern die nur das Gewissen gebietet, Tugendpflichten oder Pflichten schlechtweg. Die Verbindlichkeiten, welche erzwungen werden dürfen, nennt man Schuldigkeit. Es ist die Pflicht des Menschen, einen Armen zu unterstützen, aber es ist nicht seine Schuldigkeit; und es ist die Schuldigkeit eines Menschen, einem andern nicht den Arm abzuhauen, und es ist auch seine Pflicht, Dieß nicht zu thun. Jede Schuldigkeit ist also Pflicht, aber nicht jede Pflicht ist zugleich Schuldigkeit. – Wenn auch das Rechtsgesetz nur lauter Unterlassungen fordert, so kann doch der Fall eintreten, daß wir auch Leistungen schuldig werden, Das heißt, daß wir für einen Andern geradezu etwas thun müssen und es im Rechte schuldig sind. Diese Fälle sind im Leben sogar die häufigsten, und wir werden am geeigneten Orte davon sprechen.

Die zweite Haupteigenschaft des Rechtsgesetzes ist, daß es nur lauter äußerliche Handlungen fordert und nicht verlangt, daß man dabei innerlich diese oder jene Gesinnung habe. Das Rechtsgesetz fordert, daß mich Niemand in meinem Streben nach Vollkommenheit störe, daß er also äußerlich keine Handlung unternehme, wodurch ich gestört werde, hiedurch erreiche ich meinen Zweck schon, ob er die Störung gerne oder ungerne unterläßt, ich darf ihn nur zur Unterlassung der Störung zwingen, nicht zu einer gewissen Gesinnung, die mich nichts weiter angeht, und die er mit Gott und seinem Gewissen abzuthun hat. Dadurch unterscheidet sich das Recht von der Tugend, daß dem Rechte schon durch eine äußere Handlung Genüge geschieht, die Tugend aber zur äußeren

Handlung auch noch die gute Gesinnung fordert. Wer mich an meinem Körper, an meinem Vermögen nicht angreift, erfüllt seine Schuldigkeit völlig, wenn er es auch nur aus Furcht unterläßt; wer aber dem Armen nur hilft, weil er dadurch Segen für sein Geschäft und einen dreifachen Gewinn hofft, der erfüllt seine Pflicht nicht ganz, weil er nur äußerlich etwas thut, in der Gesinnung aber nicht. Die Tugend verhält sich also zum Rechte so: weil es eine Tugend gibt, müssen alle Handlungen unterbleiben, wodurch die Erreichung derselben verhindert würde, es muß also ein Recht geben. Die Thiere haben daher keine Rechte unter sich, sondern zwischen ihnen besteht nur das Verhältniß des Kampfes.

Woran werden wir also erkennen, daß etwas eine Rechtsschuldigkeit sei, oder da das Rechtsgesetz nur Verbietungen aufstellt, woran werden wir erkennen, daß irgend eine Handlung im Rechtsgesetze verboten ist? Daran, daß wir sehen, ob die Handlung macht, daß ein Anderer nicht mehr seine volle Persönlichkeit ausüben kann, oder daß sie es nicht macht. Im ersten Falle ist sie rechtswidrig, im zweiten nicht, wenn sie auch oft dabei gewissenswidrig sein kann. Z. B. ohne Ursache einen Menschen binden, ist rechtswidrig, weil er dadurch eines Theils seiner Persönlichkeit beraubt wird; einen Menschen ohne Ursache hassen, ist nicht rechtswidrig, weil er dabei so vollkommen werden kann, als er will, obwohl dieser Haß andererseits im Gewissen sehr abscheulich ist. Das Streben nach Vollkommenheit aber darf nie so verstanden werden, daß, weil ich dazu ein Recht habe, auch alle Mittel recht wären, sondern ich darf rechtlich nur meine Mittel, Vernunft, Verstand, freien Willen u. s. w. verwenden, nicht die eines Andern, weil ich dadurch seine Persönlichkeit störte. Z. B. ich habe nicht das Recht, um mich zu vervollkommen, die Bücher oder Schriften meines Nachbars zu nehmen oder ihn zu zwingen, daß er sie mir leihe.

⟨69.⟩ FOLGEN DES RECHTES

Wir haben gesagt, daß das Rechtsgesetz nur lauter <u>Verbietungen</u> enthalte; enthält es denn nicht auch <u>Erlaubungen</u>? Allerdings: Alles, was nicht im Rechtsgesetze verboten ist, ist rechtlich erlaubt. Alle jene Handlungen, wodurch nicht die Persönlichkeit eines Andern angetastet wird, sind im Rechtsgesetze erlaubt, Das heißt, das Rechtsgesetz ist auf sie nicht anwendbar, wie gut oder schlecht, wie thöricht oder wie gescheit, wie schön oder wie häßlich die Handlungen auch sein können. Z. B. wenn Jemand seinen Körper mit Lehm beschmiert, wenn er ihn nicht wäscht, wenn er unverdauliche Sachen ißt, so erlaubt ihm das Alles das Rechtsgesetz, Das heißt, er verletzt dasselbe nicht, weil er in keine fremde Persönlichkeit eingreift, es verbietet ihm also diese Handlungen nicht. Wir bemerken aber, daß nicht zu vergessen sei, daß, wenn auch eine Handlung vom Rechte nicht verboten ist, sie doch deßhalb nicht auch von dem Gewissen schon erlaubt ist, und daß daher jeder Mensch bei seinem Thun und Lassen nicht nur das Recht, sondern auch sein Gewissen zu Rathe ziehen müsse. Wenn z. B. ein völlig unabhängiger Mensch, der mit Niemanden in Verbindungen steht, der Niemanden etwas schuldig ist, seinen mit dem schönsten neu eingeführten Getreide angefüllten Hof anzündet und sich an den mächtigen Flammen sehr erfreut, so ist dieser Mann ohne Zweifel in seinem wohlbegründeten Rechte begriffen, aber wie übermüthig, wie phantastisch, wie unsittlich handelt er, es wird ihm Jeder aus dem Wege gehen, Jeder wird ihn scheuen, Jeder wird ihn verachten.

Alle Handlungen, welche das Rechtsgesetz nicht verbietet, darf der Mensch ausüben, ohne daß ihn ein Anderer mit Zwang daran hindern dürfte, er hat also ohne Weiteres zu diesen Handlungen ein Befugniß, Das heißt, <u>er hat ein Recht dazu</u>. Weil es nun sehr viele solche Handlungen geben kann, so gibt es sehr viele Rechte, und die Summe aller Handlungen, die der Mensch ausüben darf, ohne das Rechtsgesetz zu verletzen, <u>sind sein Rechtskreis</u>, in den kein Anderer eindringen darf. Der Rechtskreis ist bei allen Menschen gleich, aber die Befähigung, ihn auszuüben, ist nicht bei allen von Gott gleich vertheilt. Z. B. Jeder hat das Recht, singen zu lernen und zu singen, aber der Eine hat eine schöne, biegsame Stimme dazu, der Andere eine rauhe, ungefügige Kehle, die nur zu krächzen versteht. Man kennt es nicht bei einer jeden Handlung, die man vornimmt, ob sie in dem Rechtskreise liege oder nicht, ob man ein Recht dazu habe oder nicht; man braucht sie nur zu prüfen, ob sie in eine fremde Persönlichkeit eingreift oder nicht: allein ist es doch nicht so leicht, in jedem einzelnen Falle sogleich nach dem obersten Rechtsgesetze zu entscheiden, da manchmal mehrere Umstände zusammen wirken, da man oft von einer Leidenschaft befangen ist, da man oft zur Prüfung nicht Zeit hat und oft die nöthige Verstandesbildung und Entwicklung nicht besitzt. Diese Umstände hat man im Laufe der Zeiten betrachtet und hat sich die Fragen gestellt: ist Dieses und Jenes ein Recht, und wie ist es aus dem obersten Rechtssatze herzuleiten? Man hat sich die Arbeit des Erkennens der einzelnen Rechte erleichtert, indem man bei bequemer Zeit die Fragen erörterte, um in der Zeit der Nothdurft die Antwort zur Hand zu haben. Die Wissenschaft des Rechtes hat bloß zur Aufgabe, die einzelnen erheblichen Rechte, die der

Mensch in seinem Gange zur Vervollkommnung braucht, aus dem allgemeinen menschlichen Rechtssatze abzuleiten. In dem allgemeinen Rechtssatze liegen alle einzelnen Rechte, die Wissenschaft hebt sie nur heraus und bringt sie zur Anschauung. Ja in jedem Menschen, selbst in dem rohesten, liegt das ganze Rechtsgesetz mit allen Rechten eingepflanzt: er kann das Ding nur nicht sagen, er kann es sich nicht zur Deutlichkeit bringen, er verwechselt und verwirrt es in der Anwendung oder setzt es in der Hitze der Gefühle gar außer Augen. Die Wissenschaft aber sagt es, sie bringt es zur größeren Deutlichkeit und entwickelt es in den einzelnen Theilen, daß man im Augenblicke der Anwendung den Satz schon fertig vor sich habe.

Wir wollen die Darstellung in den folgenden Aufsätzen versuchen.

⟨70.⟩ PERSÖNLICHE RECHTE

Das erste Recht, welches aus dem allgemeinen Rechtsgesetze fließt, ist das Recht auf die eigene Person, Das heißt das Recht, vermöge welchem jeder Mensch beliebig über seine eigene Person verfügen darf. Die Ableitung aus dem allgemeinen Rechtsgesetze liegt nahe. Soll jeder Mensch den höchsten Zweck der Vervollkommnung mittelst seines freien Willens anstreben, und darf ihn hierin Niemand hindern, so muß er eben seinen freien Willen auf seine eigene Person anwenden dürfen, um sie dem Zwecke der Vervollkommnung entgegen zu führen. Ob der Mensch gut oder schlecht über seine Person verfügt, ob er dumm oder verständig wird, ob er sich ausbildet oder nicht, ob er seine Gesundheit pflegt oder nicht, Das liegt außer dem Rechtsgesetze, Das geht rechtlich einen Andern nichts an, Das hat er vor Gott und seinem Gewissen zu verantworten, mit freiem Willen soll er seinen Geist und seinen Körper zu größter Vollkommenheit führen, und der freie Wille hierin darf ihm nicht benommen werden. Es versteht sich von selber, daß es Lagen und Ursachen geben wird, wo man nicht sein ganzes Verfügungsrecht über seine Person hat, ja wo man sogar mit seiner Person einem Andern etwas leisten muß. Wir werden später, namentlich bei den Verträgen, davon sprechen. Das Rechtsgesetz bezüglich des persönlichen Rechtes spricht sich so aus: Enthalte dich jeder äußeren Einwirkung auf die Person eines Andern. Jede solche

Einwirkung ist eine Rechtsverletzung und darf mit Zwang abgehalten werden. Unter welchen Umständen man aber doch auf die Person eines Andern einwirken darf, werden wir gleichfalls später, und zwar wieder hauptsächlich bei den Verträgen erörtern.

Da wir uns nun jeder äußeren Einwirkung auf eine Person enthalten müssen, so entsteht offenbar die Frage: <u>Wer ist denn unter allen Dingen auf Erden eine Person?</u> Wir haben oben schon gesagt, daß eine Person ein Wesen ist, welches einen freien Willen hat und mittelst desselben der höchsten Vollkommenheit zustreben soll. <u>Also sind nur Menschen Personen.</u> Alles unterhalb des Menschen ist ein Ding oder eine Sache, gegen die kein Recht verletzt wird, wenn man beliebig über sie verfügt. <u>Aber ist der Mensch zu jeder Zeit eine Person, und woran erkennt man die Persönlichkeit?</u> Nicht zu jeder Zeit ist der Mensch eine Person; denn nicht immer hat er seinen freien Willen. Kinder haben bis in ein gewisses Alter keinen menschlichen Willen, sondern mehr ein thierisches Begehren. Wahnsinnige, Fieberkranke, von ihren Affekten, z. B. vom Zorne Ueberwältigte haben keinen freien Willen. Darf man also gegen diese beliebig verfahren, weil sie in einer gewissen Zeit keine Person sind? <u>Nein</u>; denn sie können aus ihrem Zustande heraus kommen, dann sind sie eine Person, und durch manche Verfügungen über sie hätte man ihnen diese künftige Persönlichkeit genommen. Wohl aber verletzt man kein Recht, wenn man über solche Menschen im Zustande ihrer Unpersönlichkeit so verfügt, daß nichts von ihrer künftigen Persönlichkeit aufgehoben wird, ja daß man sie oft gerade dadurch herbei führt, wie solche Menschen selber handeln würden, wenn sie in dem Augenblicke eine Vernunft hätten. Kinder erzieht man, Fieberkranken gibt man Arznei und Pflege, ja man muß sie oft binden, Wahnsinnige unterwirft man einer Heilart, ja man überwacht sie und sperrt sie oft ein. Ist so ein Mensch zu seiner Persönlichkeit gelangt, so kann er nicht sagen, daß man damals ein Recht an ihm verletzt hat; denn er war damals keine Person, und von seiner jetzigen Persönlichkeit ist ihm durch das damalige Verfahren nichts genommen worden. Es ist hiebei sehr schwer, wie weit man gehen müsse, da jedes Zuweit eine Rechtsverletzung, jedes Zuwenig leicht ein Unglück werden kann. Z. B. Kinder in der Strafe zu Krüppeln machen, wäre eine Rechtsverletzung, ihnen Alles ohne Strafe hingehen lassen, ein Unglück. Als Regel gilt: Gerade so viel thun, als zum Zwecke ausreicht. Rath und Beihilfe von Sachverständigen wird in solchen Fällen ohnedem immer eingeholt.

Woran man erkennt, daß ein Wesen eine Person ist, ist leicht zu ermitteln. Da nur Menschen Personen sind, so muß uns Alles als Person gelten, was ein menschliches Ansehen hat, wie häßlich oder verstümmelt es auch sei. Die Frage könnte nur bei neugebornen Kindern zweifelhaft sein, wenn nämlich etwas zur Welt käme, bei dem man keine menschliche Gestalt entdecken könnte. In diesem Falle tritt die Entscheidung meistens bald ein. Ist das Ding lebensfähig und lebt es, so werden sich bald menschliche Zeichen zeigen; denn es ist eine Fabel, daß von Menschen etwas Anderes, als Menschliches, geboren werden kann; ist es nicht lebensfähig, so ist ohnedem von einer Person keine Rede. Gewöhnlich sind Mißgeburten, wenn sie leben, blödsinnig, aber auch Andere, die eben nicht Mißgeburten sind, können blödsinnig sein (Troddeln, Kretins); darf man diese als Sachen behandeln? Nein; denn kein Mensch kann wissen, ob sie nicht geheilt und daher vernünftig werden können *).

Ueber die einzelnen persönlichen Rechte nächstens.

*) In vielen Theilen Europas, besonders in der Schweiz, geben sich ausgezeichnete Menschenfreunde mit Erfolg mit der Heilung des Kretinismus ab.

⟨71.⟩ DIE EINZELNEN PERSONENRECHTE

Es wird sehr leicht sein, aus dem allgemeinen Personenrechte die einzelnen abzuleiten; denn wenn jeder Mensch das Recht hat, über seine eigene Person zu verfügen, so liegen in diesem Rechte alle Rechte über die einzelnen Bestandtheile und Wirkungsweisen der Person. Die Personenrechte sind daher unzählige, so wie es unzählige Wirkungsweisen des Menschen gibt. Wir wollen hier Beispiels halber nur die wesentlichsten derselben aufzählen.

Der Mensch hat das Recht über seinen Geist, er hat das Recht, ihn beliebig zu entwickeln, auszubilden und der Vollkommenheit entgegen zu führen. Er hat also das Recht, sich Wissenschaften zu erwerben, sich in der Kunst zu versuchen, seine Sittlichkeit zu entwickeln und seine religiösen Gefühle zu beleben. Da er aber für die Verwendung seines Geistes nur sich und Gott verantwortlich ist, so hat er auch das Recht, unwissend zu bleiben, unentwickelt und verwahrlos't; er begeht dadurch keine Rechtsverletzung gegen Andere, obwohl eine schwere Sünde, vielleicht die schwerste, gegen sich selber. Rechtsverletzungen gegen den Geist des Andern können nicht leicht vorkommen, da man auf den Geist nicht unmittelbar äußerlich einwirken kann, sondern nur mittelbar mittelst des Körpers, daher diese Rechtsverletzungen zunächst Rechtsverletzungen des Körpers und erst entfernt Rechtsverletzungen des Geistes sind. Wir werden sie bei den Rechtsverletzungen des Körpers behandeln.

Einer Art, wie man unmittelbar auf den Geist des Andern einwirken, also eine Rechtsverletzung herbei führen könnte, müssen wir hier erwähnen, nämlich der Sprache. Durch die Sprache wirken wir auf den Geist und können ihn veredeln oder verderben. Ist durch die Sprache eine Rechtsverletzung des Geistes eines Andern möglich? So lange man die Wahrheit spricht, in Wissenschaft, Nachrichten oder wie immer, kann man keine Rechtsverletzung begehen; denn wenn auch der Geist eines Andern in Folge von erhaltenen Mittheilungen Schaden leidet, so geschieht Dieß nicht, weil man zu ihm gesprochen hat, sondern weil die Verhältnisse so sind, wie man gesagt hat, und ihm dieses Wissen einen Schaden zufügt. Anders ist es, wenn man die Unwahrheit sagt und so auf den Geist des Andern einwirkt. Die Frage stellt sich also: <u>ist die Lüge rechtswidrig?</u> Die Frage ist wichtig, weil es bei allen Verträgen fast einzig auf Rede und Gegenrede ankommt, also Lüge oder Wahrheit unterlaufen kann und daher den Vertrag zu einem solchen oder einem andern oder gar keinen macht. Eine Lüge ist die absichtliche Darlegung des Unwahrheit. Absichtlich muß es sein, weil es sonst keine Lüge, sondern ein Irrthum ist, und Darlegung der Unwahrheit muß es sein, weil es sonst keine Lüge ist. Obwohl wir nun sagen müssen, daß jede Lüge unmoralisch ist und den Menschen entwürdigt, so können wir nicht sagen, daß jede Lüge zugleich rechtswidrig ist. Erstens ist jene Lüge nicht rechtswidrig, die der Lügner dem Andern nicht wirkend übergibt, sondern Dieser sich nimmt. Z. B. Zwei sind übereingekommen, das Wasser immer Wein zu nennen (aus Scherz oder wie immer); Einer trägt einen Eimer Wasser, der Andere fragt, was er trage, der Erste antwortet: „Wein, ich werde ihn auf meine Kohlpflanzen gießen, Diese gedeihen trefflich davon." Dieß hört ein Dritter, gießt Wein auf seine Kohlpflanzen und verdirbt sie. Hat der Redner eine Rechtsverletzung begangen? Nein; denn er war bei der Antwort in seinem Rechte, und es kann hier von keiner Einwirkung die Rede sein, da der Redner gegen den Dritten gar nicht handelte, sondern nur gegen seinen Mitverabredeten, und den Dritten nichts anging, was die Zwei mit einander haben. Zweitens ist die Lüge nicht rechtswidrig, wenn daraus nicht nothwendig das Handeln eines Andern folgt; denn jede Rechtsverletzung besteht in einer äußeren Einwirkung auf einen Andern, die Lüge allein aber wirkt noch nicht ein, wenn sie der Andere nicht glaubt und darnach handelt. Z. B. Ein Neuigkeitskrämer erzählt, daß unzählige Russen als Hilfstruppen um Wien stehen, er lügt aber; ein Zweiter glaubt es, führt Lebensmittel nach Wien und hat großen Schaden. War die Lüge eine Rechtsverletzung? Nein; denn es folgte nicht nothwendig aus ihr, daß der Andere werde Lebensmittel nach Wien führen. Es ist also hier die Einwirkung nicht als äußerliche von dem Lügner ausgegangen, sondern der Andere hat sie erst dazu gemacht. <u>Nur wenn aus der Lüge nothwendig eine Handlung folgt, die schadet, so ist die Lüge eine Rechtsverletzung</u>; denn da ist sie eine äußerliche Einwirkung, weil sie die Handlung bewußt erzeugte. Z. B. Hätte der obige Spekulant zum Lügner gesagt: „ich verlasse mich auf deine Nachricht, ich schicke Lebensmittel nach Wien", und Jener wäre bei seiner Aussage verharrt, so wäre er ein Rechtsverletzer gewesen und hätte müssen Schadenersatz leisten. So aber ist er bloß ein verächtlicher Mensch. Ein anderes Beispiel. Ich kaufe eine Kette, der Besitzer sagt, sie sei Gold, und lügt; ich kaufe sie als Gold und zahle sie. Hier ist der Verkäufer Rechtsverletzer, weil er durch die Lüge nothwendig eine Handlung erzeugte, die mich beschädigte. Nur also <u>wenn die Lüge gleich einer äußeren rechtsverletzenden Einwirkung ist, d. h. wenn sie erkennbar nothwendig eine verletzende Handlung hervorruft,</u>

ist sie widerrechtlich, sonst, wenn sie auch schadet, ist sie bloß unsittlich und vor dem Gewissen zu verantworten. Wir werden sehen, daß sich die ganze Lehre der Verträge hierauf gründet.

Von den Personenrechten über den Körper nächstens.

⟨72.⟩ RECHTE ÜBER DEN KÖRPER

Obwohl eigentlich nur der Geist den Menschen zum Menschen macht, obwohl nur der Geist ein höchstes Ziel hat und der stetigen Vervollkommnung fähig ist, also darum Rechte hat: so ist doch der Körper wenigstens hier auf Erden das vorzüglichste Werkzeug des Geistes; denn der Geist vermag nur durch den Körper auf die Welt und auf die Mitmenschen zu wirken und auf sich einwirken zu lassen. Wenn daher der Körper mit dem Geiste, der zu seiner Vervollkommnung das Recht bedarf, zu einem Ganzen verbunden ist, so ist kein Zweifel, daß dem Geiste die Verfügung über seinen Körper zur Erreichung seiner höchsten Zwecke zusteht, und daß kein Mensch den andern im Gebrauche seines Körpers hindern darf. Wenn uns daher Niemand im Gebrauche des Körpers hindern darf, so haben wir so viele Rechte über unsern Körper, als wir mit ihm nur immer Handlungen vorzunehmen belieben. Wir haben also das Recht, den Körper zu nähren, zu kleiden, zu pflegen, ihn zum Gehen, zum Stehen, zum Arbeiten zu benützen, ihm Erholung und Vergnügen zu gewähren und ihn so lange zu erhalten, als es nur immer die Gesetze der Sterblichkeit gestatten. Gebrauchen wir den Körper zu thörichten oder unsittlichen Dingen, so sind wir zwar im Rechte, aber wir sind unserem Gewissen und Gott verantwortlich.

Bei dem Rechte auf den Gebrauch des Körpers versteht sich von selber, daß dieser Gebrauch nicht gegen die Rechte eines

Andern gerichtet sein darf. Ich habe z. B. das Recht, mit meinem Arme überall hin zu schlagen, gewiß aber nicht auf den Körper eines Andern.

Die Rechtsverletzungen gegen den Körper sind Jedermann bekannt, sie zeigen sich dem unwissendsten Menschen als Rechtsverletzungen auf und gehören zu den größten Verbrechen, die es zwischen Menschen geben kann. Sie laufen auf zwei Klassen hinaus: auf Zwang und Verletzung. Zum Zwange gehört jeder Gewaltgebrauch des Körpers eines Andern, als: Gefängniß, d. h. Festhaltung des Menschen in einem Raume gegen seinen Willen; Fesselung, d. h. Hemmung der Bewegung einzelner Körpertheile durch Bande; Entführung, d. h. gewaltsame Entfernung eines Menschen von seinem Aufenthaltsorte, und mehreres Andere. Zur Verletzung gehört Alles, was den Körper aus seinem Gesundheitszustande reißt, als: Verwundung, d. h. Trennung des Zusammenhanges der Gefäße; Verstümmlung, d. h. Abtrennung einzelner Theile von dem Körper; Todtschlag, d. h. feindselige Behandlung eines Menschen, wodurch sein Tod erfolgt; Mord, d. h. absichtliche Behandlung eines Menschen zum Zwecke, daß sein Tod erfolge, und mehreres Andere.

In wie ferne wir doch ein Recht erlangen können, auf den Körper eines Andern einzuwirken, werden wir in der Lehre der Durchsetzung der Rechte, des Schadenersatzes, der Strafe, der Nothwehr, der Verträge anführen.

Bei dieser Gelegenheit wirft sich auch die Frage auf: Ist der Selbstmord widerrechtlich? Wir setzen hier einen Menschen voraus, der so unabhängig ist, daß er durch seinen Tod keine Schuldigkeit verletzt, die er gegen einen Andern haben könnte. Wenn ein solcher sich tödtet, so wirkt er auf Niemand andern ein, begeht also keine Rechtsverletzung. Eine so schauerliche, das Herz des Menschen betrübende Thatsache auch ein Selbstmord ist, so ist er doch keine Rechtsverletzung. Wenn andere

Schuldigkeiten durch ihn gebrochen werden, so ist dieser Bruch eine Rechtsverletzung, nicht der Selbstmord an sich allein. Hier entsteht nun die weitere Frage: Darf man sich also einem versuchten Selbstmorde nicht widersetzen? Hierauf antworten wir: Der Selbstmord ist ein solcher sittlicher Frevel, er hebt alle Bedingung zur weiteren Vervollkommnung auf, also auch alle Rechte, daß man es nicht eine Rechtsverletzung nennen kann, wenn wir uns einem Selbstmörder widersetzen; im Gegentheile, wir geben ihm alle Rechte, die er eben wegwerfen wollte, wieder zurück. Wir können also einen Selbstmörder als Einen betrachten, der etwas unternimmt, wozu ihm die Vernunft nie die Einwilligung geben kann, er ist daher des freien Gebrauches seiner Vernunft beraubt und darf so behandelt werden, wie Wahnsinnige oder Fieberkranke, die auch für eine Zeit keine Person sind, die man aber so behandelt, daß sie ihre Persönlichkeit wieder erlangen können. Man widersetzt sich also einem Selbstmörder, man heilt den Zustand seines Geistes und behandelt ihn so, wie er sich selbst behandeln würde, wenn er den Gebrauch seiner Vernunft hätte.

Es wird auch in der Lehre der körperlichen Rechte gerne die Schulfrage aufgeworfen: Darf ich einen Andern tödten, um mein Leben zu erhalten? Gewöhnlich wählt man das Beispiel, daß ihrer Zwei nach einem Schiffbruche ein Bret erreichen, das nur Einen zu tragen im Stande ist. Darf nun Einer seinen Nachbar hinabstoßen, um sich zu retten? In der Wirklichkeit wird wahrscheinlich ein Kampf entstehen, und der Stärkere wird den Schwächeren in das Wasser drängen; aber wer behauptet, er habe dazu das Recht, Der hat überhaupt keine Vorstellung über das Wesen der Rechte. Wenn ich auf einen Andern nicht einwirken darf, so gibt mir der Umstand, daß es mir nützt, auch kein Recht, daß ich einwirke.

Wenn der Arzt auf den Körper eines Menschen einwirkt, so geschieht Dieß nur, weil er gerufen und mit der Behandlung beauftragt wird. Es ist daher genau so viel, als ob der Mensch selber auf sich einwirkte. Wo der Arzt von selber einschreitet, wie z. B. bei Scheintodten, Ohnmächtigen, da ist es, wie in dem Falle der Wahnsinnigen und Fieberkranken: man hat ein Wesen vor sich, das in dem Augenblicke keine Person ist, und das man der Persönlichkeit wieder zuzuführen bemüht ist; man verletzt also kein Recht.

⟨73.⟩ ⟨ANSPRACHE BEI ERÖFFNUNG DER UNTERREALSCHULE IN LINZ⟩

Hochansehnliche Versammlung! Der Aufforderung des Herrn Statthalters gemäß erlaube ich mir mit kurzen Worten die Wesenheit und den Zweck der Schule, die hier eröffnet worden ist, zu schildern. Seit Jahren hat sich der Gang menschlicher Bildung in zwei hauptsächliche Richtungen gespalten: entweder in Erlernung und Uebung alles dessen, was der Mensch als Mensch braucht, Veredelung des Herzens, Klärung der Vorstellungen, Erweiterung des Verstandes: humanistische menschliche Studien; oder in Erlernung und Uebung der Dinge, die man zu bestimmten irdischen Zwecken braucht: realistische Studien, Sachstudien. In neuester Zeit bei Ausdehnung des Handels und Verkehres haben letztere eine immer größere Bedeutung gewonnen, eine Bedeutung, die sie in vergangener Zeit nicht gehabt hatten, ja es ist sogar ein Streit entbrannt, ob nicht das Humane gänzlich beseitigt, und nur das Reale gelernt werden solle. Competente Richter haben sich für Beibehaltung beider Richtungen erklärt, und ich glaube mit Recht, weil der Mensch als solcher das Menschliche braucht, und weil er, als einem bestimmten Stande angehörig, das nöthige Sachliche wissen muß; nur darin ist ein Unterschied, welche von den beiden Richtungen in einem gegebenen Falle die vorherrschende sein soll. Wer mit Leitung menschlicher Angelegenheiten in größerem Maßstabe betraut werden soll, wer wissenschaftlich tief gehende Betrachtungen anzustellen hat, wer mit den Dingen der heiligen Religion umgehen soll, der braucht umfassendere, vorherrschend humanistische Vorbildungen, weil er ja in den allgemeinsten menschlichen Verhältnissen zu wirken bestimmt ist: der Staatsmann, der Arzt, der Priester. Für sie ist seit Jahren das Gymnasium. Wer sein Hauptaugenmerk auf Erzeugung und den Betrieb bestimmter, stofflich nothwendiger Dinge richtet, der braucht zwar auch menschliche Bildung, weil sie kein Mensch entbehren kann; er braucht sie aber nicht in den weitesten Kreisen, sondern in den seinem Stande angehörigen, er braucht jedoch vorherrschende sachliche Kenntnisse, die ihn in so kurzer Zeit als möglich zu seinem künftigen Geschäfte desto tauglicher machen, und dazu sind Sachschulen, Realschulen errichtet worden. Es bestanden schon früher als Fortsetzung der Volksschulen die vierten Classen mit 2 Jahrgängen, in denen die Geschäftsleute in Sachfächern für ihren künftigen Stand vorbereitet wurden; es bestanden die polytechnischen Anstalten, in denen die Sachwissenschaften in höchster Vollendung gelehrt wurden; aber für die, welche weiter gehen wollten, als durch die 4. Classe, aber doch nicht die umfangreiche Ausbildung des Polytechnikums brauchten oder erschwingen konnten, waren nur an einigen Hauptpuncten der Monarchie mittlere Sach- oder Realschulen vorhanden, die aber mehr Vorschulen für das Polytechnikum waren; jetzt hat man angefangen, sie an allen Puncten der Monarchie zu errichten, wo es nöthig schien, um den Bedürfnissen sämmtlicher Bewohner des Kaiserstaates zu genügen, und auch unsere Kronlands-Hauptstadt Linz hat der günstige Fall getroffen, schon in den Anfang solcher Schulgründungen einbezogen zu werden. So eben ist diese Schule in den nur einstweilig hergestellten Räumen eröffnet worden. In ihr sollen alle Gewerbs- und Geschäftsleute, die nicht eine vorzugsweise wissenschaftliche Bildung bedürfen, alles das erlernen, was als Grundlage zu allen Geschäften angesehen werden kann, und sie sollen jene allgemeine menschliche Bildung sich aneignen, die Niemand entbehren kann, der nicht zu den untersten Ständen des Landes gehören will. Die Schüler erhalten Unterricht in den Lehren der heiligen Religion, sie treiben deutsche Sprache nebst Lesung ausgewählter Schriftstücke zur Bildung des Herzens und Geschmackes, aber auch zur Gewinnung derjenigen Fertigkeit des Gedankenausdruckes und der Geschäftsstilisirung, die sie in ihrer Zukunft nöthig haben, und dies ist der humanistische Antheil.

Statt der zweiten Kronlandsprache, die in unserem Kronlande nicht besteht, ist die italienische bestimmt worden, und der bei weitem größte Theil der Schüler hat sich bereits für dieselbe einzeichnen lassen. Es wird ihnen das Nothwendige über Handels- und Wechseldinge beigebracht, über Zölle und Staatsmonopole, so wie die hieher einschlägigen Rechnungsarten; sie erhalten Unterricht in der Naturgeschichte aller drei Reiche als Grundlage zur Kenntniß der Verkehrsgegenstände; sie lernen in der Naturlehre die Gesetze der uns täglich umgebenden Erscheinungen kennen, und lernen diese Gesetze auf Industrie, Gewerbe und Verkehr anwenden; sie lernen in der Erdbeschreibung und Geschichte die Erde nebst ihren Bewohnern und vorzüglichsten Producten kennen, so wie die wesentlichsten Geschicke des menschlichen Geschlechtes, beides in vorzüglichster Rücksicht auf unser besonderes Vaterland; sie lernen Chemie, diese merkwürdige Wissenschaft, die in unseren Tagen einen Aufschwung genommen hat, wie in allen früheren Jahrhunderen nicht, und die fast in jedes Geschäft und Gewerbe eingreift; sie erfahren das Wesentlichste der Baukunst zur Orientirung und Einsicht bei zukünftigem Bedürfnisse; sie lernen Meßkunst in Verbindung mit dem in selbe einschlagenden Zeichnen; sie lernen endlich Zeichnen, und zwar Maschinenzeichnen, Ornamentenzeichnen, Bauzeichnen und freies Handzeichnen, und werden im Schönschreiben geübt. In allen diesen Dingen wird vorzugsweise der künftige Gebrauch vor Augen gehalten, und daher, so weit es nur immer möglich ist, Alles practisch betrieben, wie es der denkende, vorwärtsschreitende, ein größeres Ziel vor Augen habende Geschäftsmann bedarf. Außer diesem Hauptzwecke hat aber auch die Schule den Nebenzweck, Vorbereitung für die Oberrealschule und das Polytechnikum zu sein, so daß sie als erste Stufe betrachtet werden kann zu jener höheren Gewerbs- und Handels-Fähigkeit, mithin zu Kraft und Macht, in welcher manches Volk, alter und neuer Zeit, vorgeleuchtet hat, und deren Oesterreich so fähig, als würdig ist. Wir dürfen uns bei den gewonnenen Lehrkräften der Hoffnung hingeben, daß der Zweck der Schule erreicht werden, und daß sie bei gewonnener Uebung an Tüchtigkeit und Glanz immer fortschreiten wird. An Ihnen, meine Herren Lehrer, wird es sein, die Ueberzeugung der Behörden, denen die Documente Ihrer wissenschaftlichen Befähigung bei den Competenzgesuchen vorgelegen sind, auch vor den gesammten Bewohnern der Landes zu rechtfertigen. Ich erwarte mit Gewißheit den Augenblick, und freue mich darauf. Ich wiederhole den Dank, den der Herr Statthalter ausgesprochen hat, an die Gemeinde von Linz, an die Herren Stände Oberösterreichs und an Se. Majestät unseren glorreichsten Kaiser, der mit landesväterlicher Vorsorge diese Anstalten im ganzen Reiche einzurichten befohlen hat. Zum Schlusse wende ich mich an den Höchsten aller Herren, zu Gott, und bitte um seinen Segen zum Gedeihen und Fortkommen der neugegründeten Anstalt.

⟨74.⟩ EINLEITENDE WORTE ⟨ZU DER
MONATSSCHRIFT „DIE DEUTSCHE VOLKSSCHULE"⟩

Zum Beginne eines neuen Unternehmens, wodurch alle Freunde der Volksschule unseres Kronlandes zum Austausche ihrer Gedanken und Meinungen verbunden werden sollen, und dem wir jeden Segen und jedes Gedeihen wünschen, und auf den Wunsch der Redaction sei es mir gegönnt, einige einleitende Worte zu sprechen. Es haben wohl zu allen Zeiten edle Männer und Kinderfreunde über die Volksschule gesprochen, und haben sich derselben im Stillen und ohne Anspruch zugewendet, aber in neuerer Zeit ist eine wahrhafte Fluth von Reden und Schriften über die Volksschule herein gebrochen, manche haben plötzlich, was die Nachdenkenden wohl längst wußten, die Wichtigkeit derselben entdeckt, haben Vorschläge über Vorschläge zu ihrer Verbesserung ergehen lassen, und hätten sie, wenn menschliche Verhältnisse nicht mächtiger als menschliche Fantasien wären, zu Tode verbessert, wie Staatsmänner, die über Nacht ihren Beruf lernen, den Staat schnell bis zu seinem Untergange vervollkommnen; andere haben über die Schulen den Stab gebrochen, und sie für eitle und nichtsnütze Spielereien erklärt. Die ersten sagen: „Wir müssen umfassende Schulen anlegen, die gesammte Masse der Menschheit muß gründlich unterrichtet werden, die Wissenschaft darf kein Sondergut mehr sein, alle Menschen müssen auf das Maß der Bildung gehoben werden, auf dem jetzt die

Gebildetsten stehen, dann wird die Welt ihrer Bestimmung zugeführt werden, das Böse wird verschwinden, Arbeitsamkeit, Glück und Wohlstand wird sich verbreiten, und jeder Mensch wird wahrhaft als Gottes Ebenbild leben können." Die Andern sagen: „Was hat die Schule bisher genützt? hat sie die Verbrechen verhindert, hat sie nur den Leichtsinn, die Trägheit, die Arbeitsscheu abgehalten, wodurch die Menschen sich elend und zu Bettlern machen? hat sie die Menschen verständig gemacht, oder sind sie so thöricht, wie immer, und allen Gaukeleien und Verführungen zugänglich, wie zu allen Zeiten? oder hält das in der Schule Gelernte auch nur einige Jahre an, oder ist es vielmehr schon gänzlich vergessen, ehe der Knabe in das Mannesalter tritt? Die wahre Schule ist das Leben selber, und ohne sie bleiben die Menschen fast Thiere, die sich in der Aufregung selber angreifen und vertilgen." Wie so oft, dürfte auch hier, wie mich eine vieljährige Schulerfahrung und der Umgang mit Kindern gelehrt hat, die Wahrheit in der Mitte liegen. Beide Theile haben Recht und Unrecht. Wer Menschen kennt, der lächelt über den Entwurf, die höchste Bildung allen zu geben, und die gesammte Masse der Menschheit zur Vollendung der Einsicht, der Tugend und des Glückes zu führen. Zu diesem Ziele führt Gottes unerforschlicher Rathschluß die vereinigte Menschheit, die vergangenen Jahrtausende der Geschichte und die unzählbaren künftigen Jahrtausende derselben sind die Schule dazu, aber sie sind, um mit Schulmännern zu reden, nur die Anfangsklasse, die oberen Klassen folgen erst im Jenseits nach. Wenn nun auch die Schule die Erreichung des großen Menschheitszweckes nicht allein für sich schon zu verwirklichen vermag, so ist sie in Verbindung mit anderen Kräften des Lebens doch eine mächtige Mithilfe dazu. Sie bringt Kenntnisse, die man im Leben braucht, und die den Verstand aufhellen und tüchtiger machen, sie bringt Erziehung, die das Herz veredelt und zu Anstand und Sitte leitet, sie ist also ein Wegweiser und ein Führer auf einem Theile des Lebensweges. Aber könnten das nicht Aeltern und Vormünder selber an ihren Kindern und Schutzbefohlenen thun? So wie jeder für sich innerlich die höchste Religion haben, und sie für sich auch äußerlich ausüben kann, dennoch aber der große Verein der Kirche sich gebildet hat, um die Einheit des Lehrbegriffes fest zu halten, und Einigkeit des Glaubens zu erzielen; so wie Männer ihre Lebenszeit der Aufgabe der heiligen Religion widmen, um andere gründlich zu belehren, und ihnen die Segnungen derselben zu ertheilen, und auf diese Weise eine gemeinschaftliche, erbauende Gottesverehrung erreicht wird, und der Baum des Christenthumes in die Jahrtausende hinein grünt und blühet: eben so bildete sich auch eine Anstalt für Lehre von Kenntnissen und für Erziehung zur Sitte, nähmlich die Schule. Männer machen es sich zur Lebensaufgabe, sich die Befähigung hiezu zu erwerben, sie widmen sich mit Hingebung dem Berufe des Lehrens, sie setzen sich in Verbindung mit ausgezeichneten Menschen, die Treffliches über Schule und Erziehung gesagt, und geschrieben haben, um so an vielen Kindern in Vereinigung, in Einheit und gegenseitiger Erbauung das zu wirken, was Aeltern und Vormünder zu wirken oft nicht die Fähigkeit, oft nicht die Zeit haben. Der Staat, die Ordnungsidee der Menschheit, setzt der Schule sein Siegel auf. Dieß ist die Bestimmung, dieß die Würde der Schule. Sie ist nach der Kirche das wichtigste Gut. Es stehen ihr große Schwierigkeit entgegen in dem Leichtsinne und Unverstande der Menschen, in Armuth, in Klima und beschwerlichen Wegen und endlich in der kurzen Zeit, und noch dazu kindischsten Zeit, die viele Menschen nur dem Schulgehen zuwenden können; aber, wenn alle Umstände klug benützt werden, wenn jene Kenntnisse beigebracht werden, die bei der gegenwärtigen Weltlage jeder, auch der Niederste bedarf, wenn hierin der Stufengang von

Niederem zu Höherem gehörig befolgt wird, wenn auf Zucht, Ordnung und Sitte gesehen wird, dann werden die Früchte der Schule nicht fehlen. Wenn viele das vergessen, was sie in der Schule gelernt haben, so werden noch mehrere es sich merken, es benützen, und auf der in der Schule angedeuteten Bahn vorwärts gehen; wenn trotz der Schule noch Verbrechen, Laster und Leichtsinn vorhanden sind, so werden sie durch die Schule gewiß vermindert, und wenn die Kirche ihre Segnungen verbreitet, und wenn andere heilbringende Anstalten auch noch mitwirken, so werden wir gewiß im Vereine der Kräfte einen Theil jenes Zieles verwirklichen, zu dem uns Gott in der Zeit und Ewigkeit hinführt. Lasset uns daher freudig Hand anlegen trotz der Hindernisse und Ungunst, die zu überwinden sind, oder die verschwinden werden; es ist ja der schönste Beruf, Kinder, diese Knospen der Menschheit, zu entwickeln. Jeder edle Mensch ist immer auch ein Kinderfreund, und von ihm, der uns überall als ein Muster vorleuchtet, erzählt ja die heilige Geschichte auch, daß er ein Kinderfreund gewesen sei.

Möge dieses Allgemeine über die Schule als Einleitung des obderennsischen Schulblattes nicht zu viel sein, und mögen wir uns auf diesem Raume zu gegenseitiger Belehrung über Einzelnes öfter begegnen, daß wir einerseits immer Höheres anstreben, andrerseits aber über diesem Streben auch das nothwendige Niedrere nicht verabsäumen.

Zum Schlusse bitte ich, daß der Gruß, den ich hiemit allen Lesern dieses Blattes sende, eben so freundlich aufgenommen werde, als er freundlich gegeben ist.

⟨75.⟩ ⟨PATRIOTISCHE FEIER IN LINZ⟩

Als vor zwanzig und mehr Jahren die großen Versuche über Electricität gemacht wurden, da waren es wenige Männer der Wissenschaft, die weissagten, daß diese Macht ein großes Beförderungsmittel von Botschaften werden würde; die andern zweifelten und meinten, daß es nur Gegenstand der Schule sein könne; dennoch steht die Sache heute fertig da: der Mensch hat sich den Blitz dienstbar gemacht, daß er lautlos und friedlich auf dem schmalen Wege eines ⁺Drahtes fortläuft und die mitgegebene Nachricht überbringt. Alle furchtbaren Eigenschaften, die die Menschen an ihm sehen, wenn er vom Himmel fährt, hat er außer der Schnelligkeit verloren. Diese aber ist größer, als alle Menschen ahnen konnten, und so groß, wie es unser Verstand nicht fassen würde, wenn sie nicht da wäre. Mit ihr durchzuckt er in einem Augenblicke einen Welttheil und erregt an einem Punkte Zeichen, die das sagen, was man von einem Hunderte von Meilen entfernten Orte aus sagen wollte. So trägt er die Maßregel des Krieges in die entfernten Heerlager, so eilt er dem mit den Flügeln des Dampfes beschwingten Verbrecher vor, und macht, daß er weit von dem Orte seiner Unthat ergriffen wird, und so breitet er auch die Segensbotschaften über die Länder aus. Dies durchdrang mit dem Aufleuchten der Freude unsere Seele, da wir vorgestern Nachmittags an den Mauern unserer Stadt lesen konnten, daß Se. k. k. apostolische Majestät, unser wiedergeschenkter Kaiser, des folgenden Tages um zehn Uhr in die alte ehrwürdige Stephanskirche fahren und dort Gott, seinem Retter, danken werde. Es gibt keinen einzigen Menschen in dem ganzen weiten Reiche Oesterreich, gut oder böse, hoch oder niedrig, der nicht in diesen Tagen an den Kaiser gedacht, von dem Kaiser gesprochen hätte — diesen allen kam die Nachricht zu, und beglückte die Guten, und muß die Bösen, wenn es deren noch gäbe, bekehren. Man mußte denken: das tragen in diesem Augenblicke die Mauern aller größeren Städte der Monarchie an sich, und von ihnen geht die Kunde wie auf Strahlen eines Sternes in die Länder, und trift die Herzen. Als am andern Tage um 10 Uhr das feierliche Hochamt des Dankes gehalten wurde, als die Glocke der Wandlung klang, und in der lautlosen Kirchenstille die Hände an die Brust klopften: so geschah das wahrscheinlich in derselben Zeit in allen Theilen des Reiches, das weitgedehnte Kaiserthum war wie ein einziger Opferaltar, von dem in derselben Stunde die Gebete wie ein unsichtbarer Weihrauch zu dem Himmel stiegen — und dieser Gedanke hatte etwas so Großes, daß sein Inhalt kaum weniger ein Wunder des allmächtigen Gottes ist, als es ein Wunder war, wodurch er die Folgen eines Verbrechens vereitelte, das so verworfen ist, daß keine Zeit, kein Raum, keine Meinung besteht, die es nicht dem Abscheu und der Verdammung übergibt. Nur von wessen Herzen sich das Auge Gottes weggewendet hat, oder eigentlich, wer selber sein Herz von dem liebenden Auge Gottes abwendet, der begeht Verbrechen, und das schwerste ist, in dem geheiligten Haupte eines Volkes das Volk zu morden, es ist der Vatermord in der entsetzlichsten Gestalt.

Als am Abende die unzählbaren Lichter und Lämpchen unserer Stadt entbrannten — wie es ein Jahrtausende altes Zeichen ist, daß der Mensch seine Freude seine Verehrung seinen Dank und seine Andacht durch den kräftigsten und

sanftesten Reiz, durch den Glanz des holden Lichtes, ausdrückt
— als die Tausende von Lichtern brannten: so war es wieder
dieselbe Stunde, in der in den Hunderten von Städten die
Funken sachte entglimmten, bis die Städte wie Feuerinseln
in dem Lande standen, von denen jetzt der Dank und die
Freude, so wie Vormittags in Worten der Andacht, im Scheine
des Lichtes zu dem Himmel empor stieg und empor flammte,
welcher wahrscheinlich wie bei uns mit Sternen bedeckt über
dem weiten Reiche stand. Alle diese Feuer wurden von dem
Feuer entzündet, das lichtlos in der feinen Eisenstraße seine
Botschaft brachte. Die Gemeinschaft des Wortes- und Feuerdankes
macht das Reich zu einer Familie, in der der Vater in
jedem Augenblicke zu allen Kindern reden kann. Das fühlen
die Entfernteren mit tiefer Freude. Wenn wir nun auch das
Feuermeer, das gestern in Wien gelodert haben wird, in dem
die größeren Städte alle wie funkelnde Diamanten geglänzt
haben werden, mit unseren Blicken nicht erreichen können,
wenn auch unsere Einbildungskraft nicht hin reicht, uns das
Schauspiel malen zu können, so dürfen wir doch sagen, was
unsere Stadt gethan hat, da unser reizendes Ländchen nicht zu
den untersten gehört, indem er so gerne in seinen Bergen
verweilt hat, und da es nicht das letzte in Liebe und Treue
ist, weil aus ihm die zehnten Jäger entsprossen sind. Nach den
unausgesetztesten Anstrengungen der vorhergegangenen Tage
erblühte gestern Abends die ganze Stadt in einem Lichtglanze
und in einem Strahlenschimmer, wie es seit ihrem Bestande
nie der Fall gewesen war, und man begnügte sich nicht mit
bloßen Lichtern, sondern in geringsten Wohnungen wie in
höchsten bestrebte man sich, besondern Schmuck und besondere
Zierde anzubringen. Was dem Tage seine größte Weihe
gab, und was gerade das Zeichen der Innigkeit der Gefühle
war, bestand darin, daß die Empfindungen vorzugsweise in
religiöser Richtung ihren Ausdruck suchten, wie ja der Mensch

immer, wenn sein Herz mächtig erschüttert ist, seine Zuflucht zu Gott nimmt. So sah man auf dem in Lampenschimmer schwimmenden ständischen Theatergebäude in einem Sternenmantel von einem Feuerrahmen umschlossen das Bildniß Sr. Maj., über dessen Haupt ein Engel seine Hände hielt, und auf beiden Seitenflügeln des Baues standen in Fensterbuchstaben von Lampen die Worte: „Sende deine Engel und er ist bewahrt." So las man auf dem Hause, in welchem der Herr commandirende Feldmarschall-Lieutenant Fürst Taxis wohnt, auf schimmernden Lampengrunde mit Lampenbuchstaben in den Fenstern die herrlichen biederen altdeutschen und Soldatenworte: „Herr Gott wir danken dir." So sprach sich im Transparente auf dem beschöflichen Palaste die hochwürdige Geistlichkeit aus, so war in „dem Himmel Dank," ⁺„Gott schütze des Kaisers Haupt." „Die Rettung ist ein Unterpfand von Gottes Schutz für Oesterreich" „Franciscus Josephus redonatus populo" „Salvanti et salvato." „Singet dem Herrn ein Loblied; denn er hat Wunder gethan," ⁺„dankt nun Alt und Jung im Kaiserstaat dem, der ihn geschützt mit starker Hand" „Oculus Dei mire invigilat Caesari," und in zahlreichen andern Aeußerungen, die oft die unbedeutendsten Fenster und zuweilen in rührender Unbeholfenheit brachten, dieselbe Empfindung des Religiösen sichtbar. Daran reihte sich eine Erscheinung, die auch sehr zahlreich vorkam, nämlich das Bild des Kaisers irgend wie geschmückt geehrt und beleuchtet in die Fenster gestellt, dann sein Name entweder ganz, in Lampenfeuer oder Transparent, oder sein Namenszug mit Zierden und Kronen in Lampen transparent brillantirt oft mit sinnigen Sprüchen und Gedichten. Prachtvoll war das Landhaus, der Thurm stand mit einem Meisterstücke von Beleuchtungskunst in dem Nachthimmel, und trug auf höchster Höhe noch weit ins Land sichtbar die Riesenbuchstaben F. J. In herrlichem Schimmer stand auf dem ⁺Hauptplatze das Rathhaus und die Wache, so wie zahlreiche

Privathäuser. Und so wetteiferten noch Bezirkshauptmannschaft, Realschule, Bezirksgericht, Handelskammer, Gewerbe-Verein, Post, so wie unzählige Private der Landstraße, Herren-Gasse, Promenade, und am Donauufer, und endlich die die Stadt umgebenden Puncte Urfahr, Pöstlingberg und Freinberg, ihre Freude würdig und feierlich zu bezeigen. Fünfhundert Fackelträger zogen mit Fahnen durch die Straßen, und machten vor dem Gebäude der Statthalterei Halt, und der Männergesangsverein trug Stücke vor. Ergreifend war es, als bei dem Anstimmen der Volkshymne plötzlich sich alle Häupter entblößten. Die Straßen und Plätze waren so von Menschen erfüllt, daß oft die zahlreichen Wägen ins Stocken geriethen, und halten mußten. Es muß ein erhabener Anblick gewesen sein, von den umgebenden Anhöhen die Stadt zu betrachten, wie sie gleich einem Spitzengewebe aus zitterndem Lichte in der dunkeln Landschaft lag und nach und nach im Fortschreiten der Nacht erlosch, während die Sichel des Mondes das feine weiße Licht über den westlichen Höhen der Stadt und über dem Donaustrome hielt.

Und so schließen wir diese Worte, die aus dem tiefsten Herzen kamen, mit der Bitte, Gott möge das Gebet von Millionen erhören, und unsern Kaiser nach diesem unheilvollen Tage noch recht lange, lange leben lassen, den Kaiser, der sich nach so kurzer Zeit die Liebe aller seiner Völker erworben hat, der nach so kurzer Zeit die Hoffnungen aller Staatsbürger zu erwecken wußte, und mit dem nach dieser Unthat alle Herzen nur noch fester durch die Bande der Liebe und Treue verbunden sind, daß das Licht von Ehre Wohlfahrt Macht und Herrlichkeit von Oesterreich und seinem Hause immer heller leuchte, und seine Bewohner mit Stolz und seine Feinde mit Zagen fülle.

⟨76.⟩ ⟨VORBEREITUNGEN ZUM EMPFANGE DER
BRAUT DES KAISERS⟩

Ihre königl. Hoh. die Prinzessin Elisabeth in Bayern, Braut Sr. Maj. unsers Kaisers, wird am 21. d. M., von Passau zu Schiffe kommend, in Linz landen und hier Nachtruhe halten. Daß gerade unsere Stadt es ist in welcher die hohe Braut auf ihrem Brautzug den ersten Tritt auf österreichischen Boden thut, erfüllt hier alles mit freudiger Bewegung. In allen Kreisen, von den höchsten Behörden bis zu dem Bewohner des kleinsten Stübchens herab, wird in unserer Stadt zum Empfang gerüstet. Nach den Anstalten zu schließen, wird der Schmuck der Hauptstadt Oberösterreichs alles übertreffen was man hier in dieser Art je gesehen hat. Aber auch in dem Lande oberhalb Linz wird die liebenswürdige Braut Gelegenheit haben zu bemerken mit welch innigem und freudigem Herzen man ihr Nahen begrüßt. Ein geschmückter Dampfer wird mit Abgeordneten aller Stände bis Passau zum ehrfurchtsvollsten Gruß entgegenfahren. Der Markt Aschach, wo die Donau aus den Bergen zuerst in das offen liegende fröhliche Land herausströmt, beabsichtigt einen hohen Festbogen über die Donau zu spannen, die Bewohner beider an den Strom gränzenden Landestheile schicken sich an, an die Ufer zu kommen, und so wird der Zug durch geschmückte Menschen, Blumen, Festgewinde, Kränze, Fahnen und Glockengeläute einem Triumphzug gleichen.

⟨77.⟩ ⟨ALBUMBLATT IM RADETZKY-ALBUM, ALS EHRENKRANZ DES UNSTERBLICHEN HELDEN ....⟩

Kein Ruhm ist so süß u ehrenvoll als der Nachruhm der Liebe seiner Zeitgenossen.
5 Linz am 1ᵗ Jänner 1854
                    Adalbert Stifter

⟨78.⟩ ÜBER KOPFRECHNEN

⟨I.⟩

Der Schulbote, der so viel Gutes für Lehrer und Schüler bringt, möge mir, der ich seit vielen Jahren ein Kinderfreund bin, erlauben, zuweilen auch eine kleine Botschaft zu bringen, in der ich das eine oder das andere erzähle; wie ich über das nachdenke, was den Kindern gut ist, wie ich mit ihnen rede, und ihnen anmerke, was sie gerne wollen, und wie ich ihnen nicht bloß mit Freuden einen Apfel gebe, den sie gern essen, sondern ihnen auch Dinge sage, die sie gerne wissen möchten, und die ihnen für ihr künftiges Leben nützlich sind.

Für heute will ich von dem Kopfrechnen sprechen, weil das die erste Wissenschaft ist, die Kinder lernen, und will den Boten bitten, meine Worte an Lehrer und Schüler zu bringen.

Ich sagte, dass das Kopfrechnen die erste Wissenschaft ist, in die die Menschen eintreten. Ich glaube der Beweis ist leicht. Lange vorher, ehe man einen Buchstaben kennt, und die sinnreiche Kunst erlernt hat, aus sichtbaren Zeichen hörbare Worte zu bilden, hat man schon einmal gesagt: ich habe einen rothen Apfel und einen gelben Apfel, das sind zwei Äpfel. Man hat da das einfachste Beispiel einer Kopfrechnung gemacht. Fast kein Kind, wenn sich die Ältern nur ein wenig mit ihm abgeben, ist, das nicht, lange bevor es in die Schule geht, schon bis auf eine gewisse Stufe hinauf zählen kann. Das Zählen ist das einfachste und allerälteste Rechnen. Mit ihm haben die Menschen, sobald sie nur mehrere gleichartige Dinge gehabt oder gesehen haben, angefangen, sie haben dann für die ganz bestimmte Mehrheit der Dinge ein Wort gemacht, und dieser Ausdruck der bestimmten Mehrheit der Dinge ist die Zahl. Sie ist vielleicht eine sehr große Anzahl von Jahren hindurch ein Wort geblieben, ehe man die Kunst gefunden hat, die Zahl durch eigene nur ihr zukommende Zeichen auszudrücken. Bald mußte man lernen, nicht bloß um eins aufwärts zu zählen, sondern zur Zeitersparung, wenn viele Dinge zu zählen waren, um zwei, drei, vier, u. s. w. Man lernte also Mehrheiten zusammen zählen. Und dieses Zusammenzählen ist der Grund aller, auch der größten, zusammengesetztesten Rechnungen, aus ihm sind alle Verfahrungsarten im Rechnen abgeleitet, ja aus ihm ist in dem Laufe der Jahrtausende eine der schönsten und der erhabensten und wirksamsten Wissenschaften hervorgegangen, die Wissenschaft der Mehrheiten oder der Größen, die Mathematik, eine Wissenschaft, mit welcher Dinge bekannt werden, die dem Uneingeweihten wie Zauberei erscheinen.

Ich werde auf diese Entwicklung später mit kurzen Worten zurückkommen.

Wenn die Menschen aufwärts zählen können, kommen sie bald in die Lage, auch abwärts zählen zu müßen, wenn sie von einer Mehrheit von Dingen eins, zwei, drei vier u. s. w. verzehren, verwenden, wegschenken. Bald lernen sie nicht bloß um eins, sondern um zwei und mehr zurückzählen. Sie können nun abziehen. Dasselbe geht aus dem Zählen oder Hinzugeben hervor; denn dass, wenn man von sieben Dingen vier wegnimmt, drei bleiben, folgt aus der Wahrheit, dass drei und vier sieben bilden. Aus dem Zählen ist also das Abziehen abgeleitet worden. Nach einer Zeit haben die Menschen das Hinaufzählen um eine gewisse Mehrheit auch schon zu langsam und zeitraubend gefunden, und sie haben, wenn sie z. B. gesagt haben: vier und vier ist acht, acht und vier ist zwölf, zwölf und vier ist sechzehn, sechzehn und vier ist zwanzig, sich dieses Ergebnis gemerkt, und in Zukunft gesagt: fünfmal vier ist zwanzig. Solcher Ergebnisse wurden bald sehr viele, und die Menschen kamen endlich auf den Gedanken, um sich diese Ergebnisse leichter merken zu können, sie von Zahlen bis zu einer gewissen Höhe in einer Ordnung auf eine Tafel zusammenzustellen. Aus dieser Tafel konnten die Ergebnisse dann leichter überschaut und auswendig gelernt werden, damit man in Zukunft des lästigen Hinaufzählens um eine gewisse Mehrheit enthoben war. Solche Tafeln sind das sogenannte „Einmaleins." So leicht uns jetzt der Schritt zum Einmaleins vorkommt, so nothwendig er auf das Zählen folgen muß, so schwer war er doch einstens den Menschen, und nach dem Zeugnisse der Geschichte ist eine kaum glaubliche Zahl von Jahren vergangen, ehe eine solche Tafel entstanden ist. Aus dem Zählen ist also auch das Vervielfältigen oder Multiplicieren abgeleitet worden.

Es stellte sich auch bei dem Abwärtszählen bald die Nothwendigkeit ein, zu wissen, wie oft eine Mehrheit von einer andern weggenommen werden könne, bis die letztere erschöpft ist. Z. B. Sieben Menschen wollen dreiundsechzig Schafe unter sich theilen, und möchten gerne das zeitraubende Austheilen von eins um eins meiden, da müßen sie nun wissen, welche Zahl siebenmal in dreiundsechzig enthalten sei. Das lernten sie auch aus dem Einmaleins, und sagten: neun ist die Zahl, die in dreiundsechzig siebenmal enthalten ist. Sie lernten aus dem Einmaleins eine Menge solcher Ergebnisse, und wendeten sie in künftigen Fällen an, sie konnten theilen oder dividieren. Das Theilen oder Dividieren ist also ebenfalls von dem Zählen abgeleitet worden.

Diese vier Rechnungsarten: das Hinaufzählen, Abziehen, Vervielfältigen und Theilen nannte man einst die vier Grundrechnungsarten oder die vier Spezies, weil alle Rechnungsweisen, sie mögen so künstlich als möglich sein, auf diesen vier Arten beruhen, und von ihnen abgeleitet werden. Aus dem oben Angeführten ersieht man aber, dass es eigentlich nur eine Grundrechnungsart oder Spezies gibt, das Zählen, und dass, da von ihm die drei andern Grundrechnungsarten ausgehen, von diesen aber alle Rechnungsweisen auf dem Zählen im letzten Grunde alle Rechnungen fußen.

Ich will noch um einen Schritt weiter gehen, und zeigen, wie sich noch andere Rechnungsweisen aus den vier bisher genannten Rechnungsarten ergeben haben.

Man ist sehr oft in der Lage, wissen zu müßen, was das Ergebnis einer Multiplikazion ist, wenn eine Anzahl ganz gleicher Größen (Faktoren) zu multiplizieren ist; denn oft erscheinen im Leben Thatsachen, die eine Stufenfolge bilden, in der jede Stufe das gleich Vielfache der vorhergegangenen ist, z. B. die erste Stufe ist drei, die zweite Stufe dreimal drei, die dritte Stufe drei mal drei mal drei u. s. w., so wird die fünfzehnte Stufe sein: fünfzehnmal die Zahl drei mit sich selber multipliziert. Die Rechnungskunst hat Mittel gefunden, solche Multiplikazionsergebnisse (Produkte) in vielen Fällen kürzer als durch die bloße Multiplikazion zu finden, oder die Rechnungsverrichtung bloß mit einem Zeichen zu bezeichnen, und mit dem Zeichen weiter zu rechnen, ohne die Multiplikazion wirklich zu verrichten, wobei der Vortheil eintritt, dass solche Zeichen oft mehrere in der Rechnung eintreffen, und sich gegenseitig mindern oder gar aufheben, wodurch zuletzt eine kleinere Multiplikazion nothwendig wird, oder ganz wegfällt. Man nennt die Auffindung eines Produktes von ganz gleichen Faktoren potenzieren und das Produkt eine Potenz. Aus der Multiplikazion und also vom Zählen leitet sich das Potenzieren her.

⟨II.⟩

Sehr oft muß man den Faktor kennen lernen, durch dessen Wiederholung ein Produkt, das man Potenz nennt, entsteht. Man nennt einen solchen Faktor auch Wurzel, und sein Auffinden aus dem bekannten Produkte Wurzelausziehen. Das Ausziehen der Wurzel aus einer Potenz von zwei, drei gleichen Faktoren ist nicht schwierig, und besteht in Multiplizieren und Dividieren. Das Ausziehen der Wurzel aus einem Produkte von fünf, sieben, eilf, siebzehn u. s. w. gleichen Faktoren hat aber große Schwierigkeiten; man hat wieder auf weitere Auswege gesonnen, diese Arbeit einfacher zu machen, und hat diese Auswege gefunden. Wie aber diese Auswege immer beschaffen sein mögen, so beruhen sie sämmtlich auf geschickter Anwendung der sogenannten vier Spezies. Also auch das Wurzelausziehen beruht zuletzt auf dem Zählen.

So könnte ich noch weiter gehen, und fernere Rechnungsarten vom Zählen herleiten; aber es würde theils zu weitläufig werden, theils nicht mehr leicht verständlich sein. Das Gegenwärtige genügt, zu zeigen, wie jedes Rechnen ein verschiedenartig angewendetes Zählen ist.

Das Zählen geschah wahrscheinlich einst durch Vorzeigen einer Fingerzahl, und durch Zugeben von Fingerzahlen, bis die Menge ausgedrückt war, die man ausdrücken wollte. Sehr glaublich ist es, dass daraus auch die Ordnung des Zählens in lauter Zehnern, nämlich der Gesammtfingerzahl, herrührt. Manche gehen noch weiter, und behaupten, man habe zum Zählen auch die Zehen genommen, und die Gesammtfingerzahl eine Zehe geheißen, daher das deutsche Wort „zehen oder zehn." Diese Auslegung geht wohl im Deutschen, in andern Sprachen schwerlich, und wir müßen die Sache dahin gestellt sein lassen. So mochten die Menschen lange ihre Zählungen oder Rechnungen durch die Thatsache ihrer Finger gemacht haben. Es kamen aber dann andere Thatsachen hinzu. Ein Rind galt mehrere Schafe, eine Ochsenhaut mehrere Lammfelle, ja man machte künstliche Dinge, die gewisse Werte vorstellen sollten (Münzen), und die Menschen zählten sich ihre Zahlen, die sie vonnöthen hatten, an solchen Werten oder Thatsachen zusammen. <u>Das Auszählen einer Zahl, die man wissen will, aus bekannten und gebräuchlichen Werten oder Thatsachen mit Anwendung der Denkkraft und des Gedächtnisses heißt man Kopfrechnen.</u> Das Kopfrechnen ist wohl, wie ich sagte, nicht bloß die älteste Wissenschaft überhaupt, sondern es wird viele, viele Jahrhunderte die einzige Art des Rechnens gewesen sein.

Durch die Nothwendigkeit, verwickelte Rechnungen zu machen, zu deren Ausführung das Gedächtnis nicht mehr verlässlich genug war, und durch die Buchstabenschrift unterstützt, gelangten die Menschen dahin, für ihre Zahlen künstliche Zeichen zu erfinden, ähnlich den Buchstaben, durch deren verschiedene Zusammenstellung sie alle Zahlen auszudrücken im Stande waren. So nahe scheinbar der Ausweg lag, zu sagen: ⁺„Ich nehme zwei Zeichen (0 1), und lasse jedes in der nächst höheren Stelle links das zweifache der vorigen Stelle gelten, z. B. 0 ist die leere Stelle, 1 gibt eins, 10 gibt zwei, 11 gibt drei, 100 gibt vier, 101 gibt fünf, 111 gibt sechs u. s. w., oder ich nehme drei Zeichen 0, 1, 2, und lasse jedes in der nächst höheren Stelle links das Dreifache der vorigen Stelle gelten, z. B. 1 gibt eins, 2 gibt zwei, 10 gibt drei, 11 gibt vier, 12 gibt fünf, 20 gibt sechs, 21 gibt sieben, 22 gibt acht, 100 gibt neun u. s. w., oder ich nehme zehn Zeichen, und lasse jedes in der nächst höheren Stelle links das Zehnfache der vorigen Stelle gelten" — so nahe, sage ich, scheinbar dieser Ausweg lag, so vergiengen doch Jahrtausende, ehe die Menschen auf ihn kamen, und manche hochgebildete Völker des Alterthums behalfen sich zum Ausdrucke der Zahlen außer

Worten mit sehr ungelenken Bezeichnungen durch Buchstaben. Den nur etwas Unterrichteten sind z. B. die römischen Zahlzeichen bekannt: I, X, L, C, D, M. Aus welchem Grunde sich aus den unzähligen möglichen Sistemen, wie man aus obigem Beispiele sieht, gerade das Zehnersistem ins Leben einführte, kann hier, da es zu weit führen würde, nicht näher erörtert werden; wir weisen nur auf seine Bequemlichkeit hin, die jedem nur etwas geübten Rechner einleuchtet. In der Mathematik und in dem Baue des Zehnersistems insbesondere fanden sich bald Wahrheiten (Sätze), mittels derer man theils Abkürzungen in Rechnungen einleiten konnte, theils im Stande war, große Rechnungen in kleine Theile zu zerlegen, die nacheinander ausgeführt wurden. Die Vorschriften, die sich aus mathematischen Sätzen zur Ausführung von Rechnungen ergeben, heißt man Regeln. Das Rechnen nach Regeln mit Bewusstsein der zu Grunde liegenden mathematischen Wahrheiten ist ein wissenschaftliches Rechnen, das Rechnen nach Regeln ohne jenes Bewusstsein ist ein mechanisches. Das Auszählen einer Zahl mit sistematischen Zahlzeichen (Ziffern) unter Anwendung von Regeln nennen wir Zifferrechnen oder (weil es in der Schule auf Tafeln geschieht) Tafelrechnen. Ich will den zwei Erklärungen des Kopf- und Zifferrechnens, die hier gegeben wurden, keine logische Unfehlbarkeit zuschreiben, aber sie dürften hinreichen, den Unterschied beider Rechnungsweisen darzulegen. Wer z. B. die Aufgabe: „Man will an 17 Armen, Person für Person 3 fl. austheilen, wieviel braucht man Geld dazu?" so löset: „drei mal sieben ist einundzwanzig, einmal drei ist drei und zwei gibt fünf, macht im Ganzen ⁺einundfünfzig", – hat eine Zifferrechnung gemacht, wenn er die Aufgabe auch im Kopfe gemacht hat. Wer die Aufgabe: „Jemand hat 17 fl., dann 31 fl., dann 82 fl. eingenommen; wie viel hat er zusammen eingenommen?" so macht, dass er die Zahlen 17, 31, 82 unter einander schreibt, und dann sagt: zehn und dreißig ist vierzig, vierzig und sechzig ist hundert, hundert und zwanzig ist hundertundzwanzig, zwei und eins ist drei und sieben ist zehn, dieß zu den hundertzwanzig gezählt macht im Ganzen hundertdreißig — der hat trotz des Aufschreibens der Zahlen eine Kopfrechnung gemacht, oder eigentlich eine gemischte, nämlich eine Kopfrechnung mit einer geringen Beimischung von Zifferrechnen.

⟨III.⟩

Der Unterschied zwischen dem Kopf- und dem Zifferrechnen ist ein sehr wesentlicher, und die Vermischung oder Verwechslung beider (besonders die Anwendung des Zifferrechnens statt des Kopfrechnens) ist in den Folgen sehr schädlich, so dass man auf diesen Unterschied nicht genug aufmerksam sein kann.

Ich will zuerst über das Kopfrechnen sprechen, und ein andermal über das Tafelrechnen etwas sagen.

Dass an dieser Stelle nicht eine Entwicklung der Methode des Kopfrechnens gegeben werden kann, wird jeder aus dem Folgenden leicht sehen und begreifen. Es soll nur Einiges über das Wesen dieser Rechnungsart angegeben und gezeigt werden, wie aus der Verkennung dieses Wesens die Früchte nicht eintreten, die man sonst gerade in diesem Fache sehr leicht erzielen kann. Auch will ich vom Kopfrechnen nur aus dem Gesichtspunkte der Volksschule sprechen; denn dieser Rechnungszweig ist auch in andern Richtungen einer sehr großen Ausbildung fähig, und es können hiedurch die schwierigsten und verwickeltsten Aufgaben aufgelöst werden, wie mancher geübte Rechner beweist; wie oft Blinde, die in Blindenanstalten diese Rechnungsweise vorzüglich pflegen, darthun, und wie man es hin und wieder an sogenannten Rechnungskünstlern wahrnimmt. Die Wege aber, welche die Volksschule bei dieser Rechnungsweise gehen muß, sind ganz andere, als solche Rechnungsmeister einschlagen.

Nach meinem Dafürhalten ist der Zweck des Unterrichts im Kopfrechnen in der Volksschule der, dass die Schüler in ihrem künftigen Leben alle im gewöhnlichen Verkehre vorkommenden Rechnungsaufgaben im Kopfe aufzulösen im Stande sein sollen. Es erscheint daher als erstes Mittel zur Erreichung dieses Zweckes die Nothwendigkeit, dass in lauter solchen Werten gerechnet werde, die im Leben gangbar sind, oder wenn auch das nicht, doch in ihrer Bedeutung ohne Schwierigkeit erkannt werden können. Man sage z. B. ein Kreuzer, ein Groschen, ein Fünfer, ein Sechser, ein Zehner, ein Zwölfer, ein Zwanziger, statt: $\frac{1}{60}$, $\frac{1}{20}$, $\frac{1}{12}$, $\frac{1}{10}$, $\frac{1}{6}$, $\frac{1}{5}$, $\frac{1}{3}$ Gulden. Der Grund, weshalb dieses Mittel anzuwenden ist, lässt sich leicht erkennen; wenn das Kopfrechnen für den gewöhnlichen Verkehr sein soll, so müßen die Rechnungen in Werten geübt werden, welche eben der Verkehr gibt. In Brüchen rechnen, scheint bei oberflächlicher Betrachtung vortheilhafter, ist es aber nicht, weil im Leben die Brüche selten gebraucht werden (nur $\frac{1}{2}$, $\frac{1}{3}$, $\frac{1}{4}$, $\frac{1}{5}$, $\frac{1}{8}$ kommen öfter vor), also etwas eingeübt wird, was nicht im allgemeinen Verkehr ist, und weil der Wert des Bruches (z. B. dass $\frac{1}{8}$ Gulden $7\frac{1}{2}$ Kreuzer ist) wieder auf einer Rechnung und sogar vorzugsweise auf einer Zifferrechnung beruht, daher mehr mechanisch ist und leicht vergessen wird, und die Gefahr eintritt, dass ein Kind, wenn es die auswendig gelernten Handgaben vergisst, auch leicht das ganze Kopfrechnen nicht mehr zuwege bringt. Wie wahr das Gesagte ist, zeigt die Thatsache, dass viele Menschen der gemeinen Stände ihr mechanisches Schulkopfrechnen vergessen, und sich dafür ein natürliches, aus den gangbaren Namen entsprossenes selber gemacht haben. Ich will das Angeführte durch ein einfaches Beispiel erläutern. Die Aufgabe: Ein Sacktuch kostet $37\frac{1}{2}$ Kreuzer, was kostet das Duzend? löst manche Schule so: das Duzend kostet 12 halbe

Gulden und 12 achtel Gulden; 12 halbe Gulden sind 6 Gulden, 12 achtel Gulden sind 1 Gulden und 4 achtel Gulden, d. i. ein halber Gulden: also kostet das Duzend $7\frac{1}{2}$ Gulden. Der Mann, der nach dem Verkehr im Leben rechnet, folgert so: Das Duzend kostet 12 halbe Gulden, 12 Sechser, 12 Kreuzer, und 12 halbe Kreuzer; 12 halbe Gulden sind 6 Gulden, 12 Sechser sind 1 Gulden 12 Kreuzer, hiezu noch die obigen 12 ganzen und 12 halben Kreuzer macht 7 fl. 30 kr. Es scheint der letztere Weg länger, er ist aber sicherer, weil, da der Achtelgulden im Leben nicht vorkommt, der Rechner nur zu vergessen braucht, dass $\frac{1}{8}$ Gulden $7\frac{1}{2}$ kr. ist, um die Rechnung nicht mehr machen zu können, oder sich den zuletzt angegebenen Weg zu erfinden, der ein einfaches Zählen ist, und kein weiteres künstliches Rechnen voraussetzt. So sehr also das Rechnen in Brüchen für den geübten Rechner, der sich die Gründe leicht in Ziffern ausrechnen kann, leicht und zeitersparend ist, so wenig, glaube ich, ist es in der Volksschule, zumal auf dem flachen Lande, an der rechten Stelle, weil eben die Kinder jene geübten Rechner noch nicht sind und es nicht leicht werden, und weil ihnen die Bedeutung der Brüche leicht entfällt. Wie soll sich z. B. ein Kind ausrechnen, dass $\frac{1}{32}$ fl. $1\frac{7}{8}$ kr. ist (welcher Bruch bei Gewichtsrechnungen oft vorkommt), wenn es diese Thatsache, die es in der Schule gelernt und auf der Tafel sogar ausgerechnet, wieder vergessen hat. Wenigstens setzt das erneute Ausrechnen dieses Bruches ein Zifferrechnen voraus, das, wenn es auch noch gelingt, wenigstens so viel und mehr Zeit braucht, als das Kopfrechnen nach gangbaren Werten. Dazu kommt noch, dass der Bruchrechner sich gewöhnlichen, einfachen Rechnern im Falle eines Widerspruches schwer verständlich machen kann. Gute Zifferrechner verfallen sehr leicht auf das Mittel des Bruchrechnens im Kopfe, was meistens kaum ein Kopfrechnen, sondern zum öftesten ein Tafelrechnen ohne Zifferaufschreiben ist. Hieraus ergibt sich schon, wie ich oben sagte, dass es schädlich ist, Tafel- und Zifferrechnen zu vermischen. Das erste als mehr mechanisch kann leichter vergessen werden und macht, dass auch das Kopfrechnen vergessen wird, wenn dasselbe nach Art des Zifferrechnens betrieben wird. Man rechne daher ja nicht im Kopfe mit Ziffern, sondern mit Zahlen, und zwar mit solchen, die bekannte Werte oder Thatsachen sind. Daher ist es von großem Nutzen, mit Schülern schon im Kopfe zu rechnen und sie ziemlich zu üben, wenn sie die Ziffern noch gar nicht kennen.

Ein zweites Mittel, den Zweck des Kopfrechnens zu erreichen, besteht nach meiner Meinung darin, dass man bei jeder Rechnung die Schlussfolge so einfach als möglich mache, und sie den Kindern zur Einsicht bringe, weil die einfache Schlussfolge sich leicht einübt, leicht erneuert werden kann und dem ungeübten Verstande des Landbewohners so nahe liegt, dass er sie, wenn er sie vergessen hat, schnell wieder erfindet. Jedes künstlichere Rechnen wird sehr leicht mechanisch, wird leicht vergessen, und führt so zur Unfähigkeit im Kopfrechnen. Man meide daher die sogenannten Rechnungsvortheile, so sehr sie bei dem geübten Rechner die Sache verkürzen und erleichtern, weil wie bei den Brüchen so auch hier die Gefahr nahe liegt, dass der Vortheil und mit ihm die ganze Rechnungsweise vergessen oder, was noch übler ist, die Rechnungsvortheile verwechselt und unrecht angewendet werden können. Dieß ist der Grund der nicht selten vorkommenden und beim ersten Anblicke seltsam scheinenden Erscheinung, dass Kinder, die aus einer Schule kamen, in der man mit Blitzesschnelle im Kopfe rechnete, nach mehreren Jahren es beinahe gar nicht mehr können.

Diese Betrachtung führt auf das dritte Mittel, nämlich alles Mechanische zu vermeiden. Die meisten Lehrer haben <u>die</u> oder jene Kunstgriffe, die auf die Schüler ohne Bewusstsein der Bedeutung übergehen, in den Kreis der Beispiele des Lehrers, die eben aus jenen Kunstgriffen entstanden sind, passen, und daher bewirken, dass die Schüler diese Beispiele schnell und leicht lösen. Der einzige Kunstgriff soll sein, dass man die Kinder gewöhne, ihren Verstand zur einfachsten Anfassung der Aufgabe anzuwenden, und sich auf kein absonderliches Kunststück zu verlassen. Die verstandesgemäße Anfassung der Aufgabe ist viel leichter, als man sich denkt, und besteht in allen Fällen immer darin, dass man die zusammengesetzte Beziehung auf eine einfache, leicht greifbare zurückführt, aus der jene zusammengesetzte wieder leicht zu machen ist. Z. B. Wenn ein Bleistift 4 Groschen kostet, wie viele bekommt man um 35 fl. Man rechnet, wie viele man um 1 fl. bekommt, dann um 10 fl., dann um 3mal 10 fl., dann um 5 fl. Wenn 7 Ellen 42 fl. kosten, was kosten 11 Ellen? Man rechnet zuerst, was <u>eine</u> Elle kostet, und nimmt diesen Wert dann 11mal. Hiebei muß der Lehrer auf das Gewissenhafteste vermeiden, den Schüler zu unterbrechen, wenn er einen längeren und unbequemeren Weg einschlägt, als den der Lehrer weiß; er lasse den Schüler diesen Weg gehen, und zeige erst später durch andere Auflösungen, die er veranlasst, wie man die Sache kürzer oder bequemer hätte machen können. Nur Weckung und Belebung des Verstandes führt zu einem Kopfrechnen, das für das Leben nachhaltig ist; sonst ist alles Mechanische, wie staunenerregend es auch einen Augenblick sein kann, wie sehr es selbst den Anschein einer großen Verstandesgeübtheit haben mag, doch nur eitel, und man kann eine Schule, in der das der Fall ist, leicht erkennen; denn, wenn man den Schülern, die die erstaunlichsten Dinge ausrechnen, ein sehr einfaches Beispiel gibt, das in ihre Maschine nicht passt, so sind sie verblüfft, und können die Rechnung nicht machen. Hierzu kommt, dass Lehrer dieser Art gerne einen Kreis von Schulbeispielen vorräthig haben, die auf eine bestimmte gleichmäßige Art gelöst werden können. Diese Art lernen die Kinder mechanisch, und lösen diese Beispiele, aber auch nur diese. Die einfachste Verstandesanwendung auf unbekannte noch so leichte Fälle ist ihnen dann oft fremd. Ich habe einmal äußerst fertigen Rechnern den Fall vorgelegt: Jemand soll einem andern 34 kr. zahlen, und hat nur Sechser, und der andere hat nur Zehner zum Herausgeben, wie gleichen sie sich aus? Die Rechner konnten die Aufgabe nicht lösen. Der Lehrer wird besser thun, wenn er nicht nach schon hergerichteten Schulaufgaben rechnen lässt, sondern sich Beispiele aus dem Leben sammelt. Die Schulaufgabe ist meistens schon als Rechnungsaufgabe in Bereitschaft gesetzt, das Leben aber gibt die Aufgabe in Gestalt einer Thatsache oder Geschichte, und die Rechnung ist in derselben versteckt, und muß gefunden werden. Es ist z. B. für Kinder und Ungeübte nicht gleichgiltig, ob eine Rechnung so aufgegeben werde: „Wenn ein Stück 6 kr. kostet, wie viele bekommt man um 10 fl.? und was müßte das Stück kosten, wenn alle um 12 fl. zu stehen kämen?" oder wenn gesagt wird: Ein Landkrämer in ⁺Oberösterreich gibt einem Fuhrmanne, der nach Linz fährt, 10 fl. K. M., und sagt: „Bringe mir Peitschenstiele um dieses Geld", der Kaufmann, zu dem der Fuhrmann in Linz kommt, sagt: „Ich gebe einen Peitschenstiel um 5 Groschen W. W." wie viele Peitschenstiele muß der Fuhrmann bringen? Er bringt sie recht. Der Landkrämer sagt dann zu seiner Frau: „Bei diesen 10 fl. K. M. möchte ich 2 fl. K. M. gewinnen, wie theuer muß er einen Peitschenstiel verkaufen?" Ich halte die letzte Art der Aufgabe dem Zwecke des Kopfrechnens in der Volksschule für viel angemessener als die erste. Wenn mehrere Lehrer sich auf das Sammeln von Lebensbeispielen verlegten und dieselben veröffentlichten, so könnte nach und nach ein großer Schatz der mannigfaltigsten Aufgaben des gewöhnlichen Verkehrs zusammen kommen, und es käme der oben besprochene ziemlich häufige Fall nicht mehr so oft vor, dass Leute ihr Schulrechnen nach der Schule weglegen, und sich eines nach dem Leben und nach ihrem Verstande anschaffen müßen, eben weil das Leben andere Forderungen stellt als die Schule. Sie rechnen dann meistens auf Unwegen und mit Ungelenkigkeit, was beides die praktische Schule vermeiden könnte, wenn sie nämlich schon gäbe, was das Leben braucht.

Ein viertes Mittel liegt in der <u>Art</u> der Übung. Viele Lehrer haben die Gewohnheit, dieselbe Rechnung durch mehrere Schüler fortsetzen zu lassen und durch Winke drein zu helfen. Das erste ist gewiss zur Belebung der Aufmerksamkeit sehr gut, und soll zu Anfang und auch später mit Abwechslung angewendet werden, aber der Schlussstein dieses Unterrichts soll sein, dass ein Schüler allein seine Aufgabe überschaut, zurechtstellt und löst. Das sogenannte Dareinhelfen soll überhaupt sparsam und nur dann angewendet werden, wenn keiner der Schüler in der Rechnung fortschreiten kann, was wohl meistens nur eintritt, wenn der Lehrer einen Fehler im Entwickeln des Unterrichtes und des Weiterschreitens in Beispielen gemacht hat. Das Dareinhelfen soll aber kein Einsagen oder Werfen eines Schlagwortes sein, sondern ein Anregen des Verstandes, sich von selbst auf eine richtige Bahn zu begeben. <u>Das Leben gibt die Aufgabe, und hilft niemanden darein.</u> Diese unrecht angewendeten Mittel thun dem Kopfrechnen unermesslichen Schaden, ja können es vollkommen zu einem Scheindinge machen. Es kann, wenn Lehrer und Schüler sich gegenseitig sehr verstehen gelernt haben, so weit kommen, dass sie im eifrigen Wechselgespräch und im Wechsel der rechnenden Schüler die schwersten Aufgaben lösen, dass unkundige Zuschauer ganz befriedigt sind, und dass die Kinder doch nicht rechnen können; denn, wenn ihnen eine leichte Aufgabe gegeben wird, die sie heimlich jedes für sich lösen, und das Ergebnis heimlich dem Aufgeber sagen sollen, so kommt entweder keins, oder es kommen wenige oder mehrere mit falscher Lösung, einige rathen, und die meisten, die sich hilflos sehen, fangen gar nicht an nachzudenken.

Nach meiner Meinung soll das Ergebnis des Kofprechnens in der Volksschule darin bestehen, dass, wenn man Schülern, die zum Austritte reif sind, eine Aufgabe aus dem gewöhnlichen Verkehre gibt, die jeder heimlich bei sich im Kopfe rechnen soll, die meisten eine richtige Lösung bringen, z. B. unter 36 Schülern doch 24. Wenn das nicht der Fall ist, so ist mit Ausnahme des Umstandes, dass die Schülerzahl oder die der Unfähigen übergroß wäre (welche Fälle aber doch nicht gar oft vorkommen), der Lehrer oder der Leiter der Schule an dem ungünstigen Ergebnisse schuld, sei es, dass die Ursache in seinem Willen oder in seiner mangelhaften Vorbildung liegt. Da ganz und gar alle Menschen, die durch ihren Nahrungszweig in die Nothwendigkeit kommen, im Kopfe rechnen zu müßen, es auch wirklich können, also von dem Leben mit Erfolg unterrichtet werden, so liegt wenigstens in den Schülern kein so großes Hindernis, dass wenigstens die Mehrzahl nicht auch in der Schule, welche das Leben darstellen, ergänzen und in ein Sistem bringen soll, zum richtigen und geläufigen Kopfrechnen sollte gebracht werden können.

Es mögen einstweilen, um die Abhandlung nicht zu lang zu machen, die angeführten Umstände genügen. Sie wurden darum gewählt, weil sie der Bahn des Kopfrechnens sehr nahe liegen, und auf dasselbe von großem Einflusse sind. Jeder weiß, dass es noch viele Dinge auf diesem Felde zu besprechen gäbe; vielleicht bringe ich, vielleicht bringt eine andere Feder solche, die nicht von minderer Wichtigkeit sind als die besprochenen.

⟨79.⟩ ⟨DER EMPFANG DER BRAUT DES KAISERS⟩

Herzogin Elisabeth hat vorgestern um 6 Uhr Abends, zu Schiffe von Bayern kommend, in Linz, der Hauptstadt Oberösterreichs, zuerst auf ihrem Einzug in die Monarchie den Boden Oesterreichs betreten. Wie vorauszusehen, glich in der That ihre Fahrt einem Triumphzug. Auf beiden Ufern des österreichischen Bodens wehten Fahnen, waren Festgewinde oder andere Verzierungen angebracht und standen Menschenmengen, besonders festlich gekleidete Kinder mit ihrem Pfarrer an der Spitze, die Vorüberfahrende zu begrüßen. Selbst landeinwärts gelegene Orte bauten an den nächstgelegenen Uferstellen irgendein Willkommenszeichen auf. Die Stadt Linz selber, die zur Nachtruhe der Prinzessin Braut bestimmt war, hatte sich fast buchstäblich bedeckt mit Fahnen, Kränzen, Festgewinden und Blumen. Vorzüglich letztere, als freundlichste Zeichen der Brautschaft, waren als wirkliche und künstliche in einer ungemeinen Fülle vorhanden. Die Landbevölkerung war in die Stadt gekommen, und schon am Morgen bewegte sich eine hier selten gesehene Volksmenge durch die Gassen, und auf allen Angesichtern war theilnehmende Erwartung zu lesen. Um 1 Uhr verbreitete sich die Nachricht, Se. Maj. der Kaiser sey angekommen und werde seine liebliche Braut am Ufer empfangen. Der Drang zum Landungsplatz wurde nun noch größer, und so harrte die dichtgedrängte Menge stundenlang der Ankunft des Schiffs entgegen. Nach 5 Uhr erschien in der That Se. Maj. der Kaiser auf dem Landungsplatz, und wurde mit brausendem Jubel empfangen. Er verfügte sich unter den dort aufgebauten Pavillon und wartete auf die Ankunft des Schiffs. Als dasselbe reich geschmückt die Donau herabfuhr, erhob sich tausendstimmiger Zuruf, die Glocken läuteten, Musik ertönte, und von den Bergen und den zahlreich an den Ufern liegenden Schiffen krachten die Geschütze. Aber in die größte Freude, ja in eine solche Rührung daß aus unzähligen Augen die Thränen hervorbrachen, wurde die allgemeine Stimmung versetzt, als der Kaiser vor Ungeduld kaum die Legung der Brücke erwartete, sondern gleich über das erste Brett in das Schiff sprang, und seine Braut vor den Augen seines Volks auf das herzlichste begrüßte und küßte. Die höchsten Civil- und Militärbehörden, der Gemeinderath sowie eine Schaar weißgekleideter Mädchen empfiengen hierauf die Braut, der von einem der Mädchen ein Gruß gesagt und ein Kranz gereicht wurde. Der Gemeindevorstand empfing die erlauchte Einkehrende unter dem Stadtthor mit einer Rede. Unter beständigem Jubel und Schwenken der Taschentücher bewegte sich nun der Zug durch die Stadt in das sogenannte Landhaus, das die allerhöchsten Gäste beherbergen sollte. Nach 7 Uhr war festliches Theater, welches von Sr. k. k. Hoheit dem Erzherzog Max und Sr. k. k. Hoheit dem Herzog Ludwig besucht wurde. Mittlerweile entwickelte sich in der Stadt eine Beleuchtung die reicher und großartiger war als wir sie je hier gesehen. Es ist unmöglich die Einzelheiten aufzuzählen, aber des herrlich schimmernden Theatergebäudes, des Rathhauses und des Marktbrunnens müssen wir Erwähnung thun. Ein Fackelzug und eine Abendmusik wurde von den höchsten Herrschaften, nachdem sie die Beleuchtung besichtigt, aus den Fenstern des Landhauses entgegengenommen.

Nach 4 Uhr Morgens fuhr Se. Majestät mit dem Dampfboot „Austria" nach Wien. Um 8 Uhr verließ uns die hohe Braut auf

dem herrlichen und reich gezierten Dampfer „Franz Joseph",
der ausnahmsweise zu diesem Zweck in unsere obern Gewässer
gesendet worden war. Drei Schiffe, mit Abgeordneten, Sängern und Volk gefüllt, geleiteten das Brautschiff. Wie der
Empfang, geschah der Abschied unter einem Pavillon. Das
versammelte Volk geleitete das Schiff mit freudigsten Zurufen. Die hohe Braut antwortete dem tausendfältigen Schwenken von Taschentüchern sichtbar gerührt mit freundlichstem,
herzlichstem Wehen des ihrigen. In der That, die Liebenswürdigkeit gewann die Herzen dergestalt, daß wohl selten einer
Braut so vom Grund des Herzens viele tausend Segenswünsche
nachgerufen worden sind als dieser. Der Kaiser war über den
Empfang so erfreut daß er durch den Hrn. Statthalter dem
Gemeindevorstand seine Anerkennung aussprechen ließ. Den
Armen wies er 2000 fl. an. Möge der Segen so reich auf dieser
Verbindung ruhen als er von dem Volk erfleht wird!

⟨80.⟩ REDE ⟨VORGETRAGEN BEI DER ERÖFFNUNG DES LEHRERSEMINARS⟩

Rede.

Vorgetragen von Adalbert Stifter, k. k. Schulrathe und Volks-Schulen-Inspector, bei Gelegenheit der feierlichen Eröffnung des Schullehrer-Seminärs in Linz.

Die religiöse und sittliche Bedeutung dieses Hauses ist schon so erschöpfend hervor gehoben worden, daß es anmassend von mir wäre, hierüber noch etwas zu sagen. Ich will nur einige Worte in Hinsicht des weltlichen Unterrichtes sprechen. Jedes Ding, selbst das Einfachste, kann von der rechten oder unrechten Seite angefaßt werden, und wird am öftesten von der rechten angefaßt, wenn man überhaupt eine Gelenkigkeit des Geistes hat, die Zwecke der Dinge zu erfassen, und ihre Bedeutung zu erkennen. Dies gilt von dem Unterrichte in besonderem Maße, und wenn es auch der Unterricht in Dingen so einfacher Art ist, wie ihn die Landbewohner, die ich hier vorzüglich im Auge habe (denn die andern bekommen meist noch einen weitern Unterricht, als den der Volksschule) brauchen. Wenn der Lehrer nur so viel kann, als er lehren soll, und seine Art auf lebende Wesen anwendet, wird sie nur in dem einzelnen Falle passen, als sie eben zufällig einem Kinde gemäß ist, in jedem andern Falle wird der Lehrer mehr zu sich, als zu den Kindern reden. Er soll daher seinem Geiste durch Bildung jene Beweglichkeit geben, die Natur der verschieden-

REDE (VORGETRAGEN BEI DER ERÖFFNUNG DES LEHRERSEMINARS)

sten Kinder, die mit mannigfaltigen, aber geringen Vorbegriffen, oft nicht einmal der Sprache mächtig, in die Schule kommen, erkennen, um sie dieser Natur gemäß behandeln zu können, er soll seinem Herzen jene Entwickelung zu erringen suchen, sich in die Herzen der Kinder versenken, um sie von diesem Herzen aus erziehen zu können. Dazu geben außer der religiösen und sittlichen Erziehung die Wissenschaften den Weg. Ich rathe daher den Zöglingen dieses Hauses aus Erfahrung und dringend an, sich außer ihren Fächern noch die allgemeinsten aber zusammenhängenden Kenntnisse der Natur in Naturgeschichte und Naturlehre, dann der menschlichen Seele in Seelenlehre, und endlich des menschlichen Geschlechtes in Geschichte anzueignen. Dieses Haus giebt die beste Gelegenheit, das Maß dieser Erkenntnisse und ihre Erwerbungsart am wirksamsten und sichersten zurecht zu stellen, da Ihr Herr Director, als in diesen Wissenschaften bewandert, Ihnen an die Hand gehen wird, Bücher und Erlernungsweise zu regeln. Eine geordnete, wenn auch übrigens nur allgemeine wissenschaftliche Bildung bringt außer dem obgenannten Vortheile noch einen anderen, sie bewahrt vor der weltlichen Hoffart des Wissens, die ich oft beobachtete, und stets an jenen, die nur ein sehr einseitiges und kleines Wissen hatten, weil sie, die eben das Feld des Wissens nicht überschauen können, einen großen Schatz zu haben meinen, während der wahrhaft wissenschaftliche Mann immer demüthig ist, weil er den Wissensschauplatz übersieht, und sieht, wie unermeßlich groß das Feld noch ist, das der menschliche Geist noch nicht kennt, und wie klein das, das er überhaupt kennt, und wie noch kleiner das des Einzelnen. Zu solcher bescheidenen Einsicht gelangt man aber immer nur durch geregelte, wenn auch nicht in den ganzen Umfang einer Wissenschaft passende Erlernungsweise. Es wird mich, der ich derzeit beauftragt bin, über den Fortgang des weltlichen Unterrichtes in den Volks-

REDE ⟨VORGETRAGEN BEI DER ERÖFFNUNG DES LEHRERSEMINARS⟩

schulen dieses Landes meinen Vorgesetzten zu berichten, sehr freuen, wenn ich einmal Sie, die ersten Söhne dieses Hauses, in dem Lande wirksam finden, und aus dem Munde Ihrer Vorgesetzten der Herren Dechante und Pfarrer die Nachricht zurückbringen kann, daß schon die ersten Früchte dieses Hauses ausgezeichnetere und Gutes fördernde geworden sind.

⟨81.⟩ KIRCHE UND SCHULE

⟨I.⟩

Wenn man mit Aufmerksamkeit das Thun und Treiben des Menschengeschlechtes betrachtet, so wird man mit Betrübniß sehen, daß das Gute und Sittlichschöne aus dem inneren Leben, daß Gemeinsinn und Liebe für die Gesammtheit immer mehr zu verschwinden droht. Ja schon sind die Zeichen vorhanden, welche auf den Verfall der Völker in sittlicher Beziehung hinzudeuten scheinen; und wer die Geschichte des alten römischen Reiches und den Untergang desselben liest, wird gewiß einige Merkmale finden, mit welchen die Zeichen unserer Zeit große Aehnlichkeit haben.

Ich will die Mittel angeben, welche mir geeignet scheinen, dem Uebel abzuhelfen und uns wieder auf eine bessere Bahn zu bringen. Diese Mittel helfen aber nur, wenn wir selber den ernstlichen Willen haben, uns helfen zu lassen, und wenn wir unsere Krankheit einsehen; denn nichts ist schwerer einzusehen, als wenn wir von der sittlichen Kraft verlassen worden sind, und auf dem Wege des Genusses und Wohllebens fortgehen.

Es ist selber schon eine halbe Tugend, zu wissen, daß uns Tugend noth thut.

Das erste und oberste Mittel ist: daß jeder Einzelne sich auf das strengste bemüht, in sein Leben Mäßigung im Genusse, Ordnung in jeder Handlungsweise, und Rechtschaffenheit im Umgang mit Andern zu bringen. Hiemit verbinde er die Kenntnisse, die ihm in seinem Kreise nothwendig sind.

Thut jeder Einzelne das, dann werden wir Alle Achtung verdienen, werden uns nie zum Verderben hinreißen lassen, werden fest zusammen halten; denn die Guten haben immer vereinte Kraft und werden so das Wohl Aller viel fester gründen, als wenn Jeder ohne Gränze dem nachgeht, was er für seinen Vortheil hält, und wodurch er das gemeinschaftliche Wohl und damit auch sein eigenes in Gefahr bringt.

Aber es ist leichter gesagt: Sei tugendhaft ⁺als gethan; denn Tausende wissen nicht einmal anzufangen. Darum müßen alle die Mittelwege, welche den Menschen anleiten und ihm das Gute angewöhnen, und ihm die Kenntnisse beibringen, eingeschlagen werden.

Die zwei Hauptmittelwege sind Kirche und Schule.

Die Kirche gibt dem Menschen das heilige Gut der Religion, das Beste, was die Erde hat oder eigentlich den Himmel, der auf die Erde gekommen ist. Aus Religion folgt Tugend von selber, und alle Wege, die zu Ordnung und Recht führen. Daher ist ein religiöses Gemüth nicht nur das Heil des Einzelnen, sondern es führt auch zum Wohle Aller. Unsere gesammte Priesterschaft hat daher den heiligen Beruf, durch die eindringendste Lehre und namentlich durch das edelste Beispiel die echte Religiösität zu begründen und zu verbreiten. Ich wiederhole es: durch Beispiel; denn bei allen Menschen, insbesondere die der Erhebung erst bedürfen, steht das Beispiel hoch über der Lehre. Das Beispiel macht die Lehre lebendig, anschaulich und führt unwiderstehlich zur Nachahmung: während die Lehre ohne Beispiel oder gar mit entgegengesetztem Beispiel ein Korn ist, das keinen Fruchthalm treibt; oder ein Samen, aus dem das ⁺Unkraut keimt.

Wie in der Kirche die Erwachsenen belehrt und gebessert werden, so werden in der Schule die Kinder unterrichtet und erzogen. Ich glaube, es ist die erste und heiligste Pflicht des Staates, daß er die Menschen zu eigentlichen Menschen mache; dieß thut aber nur Unterricht und Erziehung. Ohne diesen bleibt oder wird die Menschheit verwildert, und zerstört sich selbst. Es sollen in dem Staate Schulen in allen Abstufungen sein, wo die Dinge gelehrt werden, die alle Stände bedürfen, von dem Einfachsten bis zu dem Zusammengesetztesten.

In allen Schulen müßen nebstbei auch die Dinge, die den Menschen veredeln und heben, in die Herzen der Kinder ⁺gebracht werden. Hiezu muß ein Lehrerstand gebildet und ernährt werden, der unterrichtet, edel, gemäßigt und weise ist.

Jeder Einzelne wird bald die guten Früchte einsehen, wird nicht nur gern seine Kinder in die Schule schicken, sondern wird mit Freuden Rath, That und Beistand spenden, daß die Schulen erhalten und noch immer verbessert werden können.

Diese zwei Mittel, Kirche und Schule sind die höchsten; aber es gibt noch andere, die in Gemeinden, Zünften, Körperschaften, Ständen liegen, und von denen ich ein andermal sprechen werde.

Der Verfall der Sittlichkeit der menschlichen Gesellschaft ist das Uebel unserer Zeit. Diesem muß abgeholfen werden. Alles Andere, was unsere Zeit bewegt und erschüttert, sind die Zeichen dieses Uebels; sie werden in der Gegenwart überwunden werden, und werden in der Zukunft verschwinden, wenn das Hauptübel selber verschwindet.

II.

Außer der immer steigenden Genußsucht, welche die Menschen von einander absondert, für das Gemeinwohl unempfindlich macht, und sie in Habsucht und Weichlichkeit stürzt, ist ein trauriges Zeichen unserer Zeit die Abnahme der Religion. Dieß hängt freilich wieder mit der Unterhaltungssucht zusammen. Wessen Sinnen und Trachten immer dahin geht, seinem Körper Lustbarkeiten und Ergötzungen zu verschaffen, der kann auf das Höhere und das Ueberirdische keinen Blick werfen. Es ist aber auch ein natürliches Ding, daß der Mensch, der einfach und mäßig lebt, der nicht immer auf Erheiterung seines Körpers denkt, Zeit und Muße hat, seine Seele auf das Höhere zu richten. Es kommt die Ahnung von Gott in sein Herz, er betrachtet die göttlichen Werke, bewundert die unermeßliche Schönheit und Wohlthätigkeit derselben, und es kommen Gefühle der Anbetung und Verehrung in seine Seele, es kommen Gefühle der Liebe für alle Geschöpfe, besonders für seine Mitmenschen. Er ist gut, wohlthätig, freundlich; er betrachtet seine Güter nicht als Dinge zum Genusse, sondern als Mittel Gutes zu thun, und scheidet endlich gerne von ihnen in ein anderes Leben, da er weiß, daß er doch all das, was ihn hier umgeben hat, zurücklassen muß. Das ist die Religion des einfachen Naturmenschen, und diese übt er aus. Aber zur allgemeinen Erhebung, zu gegenseitiger Stärkung und Bekräftigung in allem Göttlichen dient die gemeinschaftliche Gottesverehrung und der gemeinschaftliche Gottesdienst, der alle Glieder als Geschöpfe Gottes in Anbetung zu ihm und als Brüder in Liebe zu einander vereinigt.

Welches Volk in aufrichtiger Verehrung des allmächtigen Gottes vereinigt ist, das ist stark, gut, edel, treu, mäßig, gerecht, hilft überall dem Unglücke ab, strebt nicht nach dem Nutzen eines einzelnen Menschen, einer einzelnen Stadt, sondern nach dem Aller, und wenn ein äußerer Feind kömmt, steht es felsenfest zusammen, und errettet seine Kirchen, seine Häuser, seine Weiber, seine Kinder, seine Greise von dem Verderben, und schützt seine Gesetze und inneren Einrichtungen, die ihm Halt und Dauer verleihen.

Welches Volk aber zur Pflege der Lüste seines Körpers herabsinkt, das geht auseinander; Jeder sucht sein Vergnügen, wo er es findet, er denkt nicht an den Nachbar, er übervortheilt ihn, weil er Genußmittel braucht, er sucht nur sich oder höchstens seiner Stadt Gutes zuzuwenden, und wenn ein Feind hereinbricht, erschrickt er, ist feig, hat nicht den Muth sich zu opfern, sondern unterwirft sich, um nur sich selber und seine Genüsse zu retten.

In unsern Zeiten ist die Religion bedeutend gesunken; am meisten in großen Städten, wo man dem Menschen, gemeinen und hohen, alle Wege und Mittel der Lust und der Schwelgerei und der Ausschweifung an die Hand gibt, und ihn verdirbt. Oft nicht einmal mehr die äußere Gottesverehrung ohne inneres Gefühl ist vorhanden; man hält es für Bildung, sich um Gott und um göttliche Dinge nicht zu bekümmern. Oefter ist nur die Ausübung der Gebräuche und Zeremonien da, ohne die innere Tugend und Frömmigkeit. Wohin soll da die Welt kommen? Ist Religion nicht das Heiligste, was die Menschen haben? Wer hat hier einzugreifen? –

In Verbindung mit unserer Genußsucht und dem Verfalle der Religion zeigen sich auch im gewöhnlichen Verkehre des Lebens solche Zeichen, welche errathen lassen, wie sehr die Gesellschaft der Menschen von der Sitte und dem Rechte abweiche.

Seit einer Reihe von Jahren habe ich die gewöhnlichen Beschäftigungen der Menschen beobachtet, wodurch sie sich den Lebensunterhalt verschaffen, und wodurch sie die Sitten, den Umgang und den gebräuchlichen Verkehr herstellen. Da sind nun zwei Hauptbeschäftigungen: der Ackerbau und die Gewerbe. Im Ackerbaue sind noch am meisten die gesunden, einfachen Sitten geblieben, wodurch die Menschen glücklich werden und den Staat fest und dauernd machen. Nicht, als ob nicht da auch Mängel und Gebrechen in den Sitten und in der Lebensweise wären, namentlich in der Nähe großer Städte; aber sie haben sich noch nicht auf das Wohl und Wehe des ganzen Staates erstreckt, und werden gewiß verschwinden, so wie die andern Glieder der menschlichen Gesellschaft sich gebessert haben. Aber in den Gewerben, vorzüglich in den höheren, und in großen Städten, da sieht es anders aus. Wer den Gang seit vielen Jahren beobachtet, der sieht, daß das, was man Geschäftsehre nennt, immer mehr und mehr zu verschwinden beginnt. Unter Geschäftsehre aber verstehe ich ein solches Verfahren, vermöge dessen der Geschäftsmann mit dem einfachen, natürlichen Gewinne vorlieb nimmt, der ihn und die Seinigen nährt, der bei ordentlichem Betriebe ihn nach und nach wohlhabend und für das Alter sorgenfrei macht, und der auch noch andere Menschen neben sich bestehen und leben läßt. Hauptsächlich aber wird der Mann, der auf Geschäftsehre hält, sich es als einen Vorzug und Stolz anrechnen, immer die besten Waren zu haben, und Alles strengstens zu vermeiden, was wie Ueberviortheilung oder gar wie Betrug aussieht, oder es ist. In dem Hause eines solchen Mannes sieht es sehr einfach bürgerlich, obwohl behaglich und wohlhabend aus; er setzt einen Stolz in seine Bürgerehre und würde es für eine Schande erachten, in seinem Hause die Sitten und den Glanz der Vornehmen darstellen zu wollen. Die freie Zeit bringt er gerne im Schoße seiner Familie zu, in seinem Garten, auf seinem Felde, in seiner Familienstube. Ja mich schauen recht rührend die steinernen Bänkchen an, die man noch an Häusern von alter Zeit her trifft, und auf welchen der Geschäftsmann seiner Feierabendstunde zuzubringen pflegte. Jetzt sitzt höchstens ein Bettelweib auf solchen Bänkchen. Ich habe noch Geschäftsmänner solcher Art gekannt; aber sie werden leider immer seltener; man strebt nicht mehr dauerhafte und gute Ware zu machen, noch viel weniger die mühsame und kunstreiche unserer Vorfahren, wozu so viel Liebe gehörte; sondern man sucht nur die Sache aus den Händen zu bringen, sei sie, wie sie sei, wenn sie nur Geld einträgt, wenn nur ein neues Stück zur Bestellung kommt. Im Handel will man schnell reich werden, weil man die Sitten von

Vornehmen darstellen will, weil man Aufwand machen, weil man glänzen will, weil man sich in dem schlechtesten Stolze zeigen will, in dem Stolze der Verschwendung. Wie schnell sieht man daher heut zu Tage in Hauptstädten Unternehmungen entstehen und zu Grunde gehen. Selbst die Lüge, die Uebervortheilung, ja das Betriegen muß helfen, Geld herein zu bringen. Noch sind viele Ausnahmen von solchen leichtsinnigen und gewissenlosen Geschäftsmännern; aber man betrachte nur mit Aufmerksamkeit und selber mit Gewissenhaftigkeit den Gang unserer Dinge, so wird man mit Betrübnis sehen, daß sich die Zahl solcher unedlen Menschen immer mehr und mehr vermehrt, und daß wir, wenn wir so fort giengen, nur in lauteres Jagen nach Geld und nach Genuß hineinkämen, daß einer den andern mit schlechten Sachen betriegen würde, und daß Tugend, Ehrenhaftigkeit, Gemeinsinn und Liebe gegen die ganze Menschheit verschwinden würde.

Ich wünsche sehr und auf das Innigste, daß unsere Zeichen nicht in Erfüllung gehen mögen, namentlich, daß wir selber das Unsrige thun, sie wieder in bessere zu verwandeln. Aber vorhanden sind diese Zeichen, und sie sehen denjenigen sehr ähnlich, auf welche in älteren Zeiten immer ein großes Unglück gekommen ist. Damit aber dieses nicht komme, haben Kirche und Schule thatkräftig einzugreifen. Kirche und Schule sind die beiden Wege, um das, was da verloren gieng, wieder zu erlangen, und das, was dem Untergange nahe ist, noch zu retten.

⟨82.⟩ ⟨ALBUMBLATT⟩

Kein Urtheil ist schneller, u keines hält sich für sicherer als das der Unwissenheit.

Linz am 8ten Juli 1858.
                                        Adalbert Stifter

⟨83.⟩ ⟨ALBUMBLATT FÜR JOSEPHINE STIFTER⟩

Des Menschen größtes Glük ist seine That, des Menschen größte Freude ist der Mensch, des Menschen schönste Betrachtung ist die Natur, des Menschen ewige Hoffnung ist Gott.
Linz 1858.
        Adalbert Stifter.

⟨84.⟩ ⟨AUFRUF ZU EINER SAMMLUNG VON SPENDEN FÜR DIE BEWOHNER DES ABGEBRANNTEN MARKTES FRIEDBERG⟩

Es sei mir erlaubt, einiges über den furchtbaren Brand, welcher am 7. d. M. den im südlichen Deutschböhmen liegenden Marktflecken Friedberg in Asche legte, hauptsächlich aus dem Munde von Augenzeugen nachzutragen, damit vielleicht mancher, der geneigt wäre, den Unglücklichen mit einer freundlichen Gabe zu Hilfe zu kommen, nicht nur in die Lage gesetzt werde, von dem Unglücke überhaupt Kenntniß zu erhalten, sondern sich auch von der Größe des Elends und der Hilfsbedürftigkeit der Bedrängten zu überzeugen. Durch meine Geburt und mein Heranwachsen in jener Gegend so wie durch oftmaligen Aufenthalt in derselben bin ich einiger Maßen in der Lage, die Verhältnisse der Bewohner beurtheilen zu können. Friedberg liegt auf einem mäßigen Rücken, der sich von West gegen Ost an der Moldau hinzieht. In einem kleinen Häuschen an der Moldau brach ungefähr um 9 Uhr Morgens am 7. August bei starkem Südostwind Feuer aus. Es waren sogleich Leute bei der Hand, und meinten, des Feuers sofort Herr werden zu können. Allein während sie da löschten, trug der Wind die Flammen den Hügel hinan, und es standen Häuser im Markte so wie die Appretur- und Bleichanstalten des Kaufmanns Greipl, die sich auf dem Abhange des Hügels befanden, in Feuer. Mit unbegreiflicher Geschwindigkeit grif

AUFRUF ZU EINER SAMMLUNG VON SPENDEN

die Flamme über große Räume, und es brannte fast gleichzeitig an den entgegengesetzten Enden des Ortes. In der daraus entstehenden unbeschreiblichen Verwirrung verlor Alles die Haltung, und es wurde nur an Rettung von Vieh und Habseligkeiten gedacht. In Schnelligkeit war Alles in Rauch und Feuer, man mußte rückwärts aus den Häusern fliehen; denn auf dem sehr geräumigen Marktplatze wäre man vor Hitze des Todes gewesen, herbeieilende Spritzen konnten nicht auf den Platz dringen, und leere Wägen, die in der Mitte desselben standen, verbrannten bis auf das Eisen, ja so groß war die Hize, daß eiserne Fensterläden sich wie Papier bogen und in guten Gewölben bewahrte Sachen sich entzündeten und verbrannten. Gras Getreide und Bäume sind auf weithin versengt. Vier und fünfzig Häuser sammt Wirthschaftsgebäuden sind verbrannt. Die Kirche der Pfarrhof die Schule und einige Häuser im Osten so wie einige im Westen sind verschont geblieben. So heftig wüthete der Brand, daß in den 54 abgebrannten Häusern nicht sechs Wohnungen übrig blieben, sie brannten größtentheils ein, selbst Gewölbe und Mauern stürzten ein. Der Schaden wurde ämtlich überschläglich auf 250.000 fl. CM geschätzt. Die Ernte ist wohl noch auf den Feldern gewesen; aber das Futter für die Hausthiere ist verbrannt, und der größte Theil der Bewohner, der bei der Armuth der Gegend fast allein von seinen Hausthieren lebt, ist nun, da er sie nicht nähren kann, und weggeben muß, dem größten Elende ausgesetzt, da er auch nicht einmal einen Platz für sein weniges Getreide und für seine Kartoffeln hat. Um das Unglück voll zu machen, ist der größte Theil aus Besorgniß, nicht viel zahlen zu müssen, bei weitem zu geringe assekurirt, viele nach glaublichen Versicherungen nur zu 200 oder 300 Guld. und es ist daher wenig Hoffnung vorhanden, daß sie vor dem Winter auch nur unter ein nothdürftiges Obdach kommen. Manche Familie hatte am Abende des Brandes nichts als eine leere

Stätte ein wenig Vieh und etwas Getreide auf dem Felde und von der Anstrengung zerrissene Kleider auf dem Leibe. Es wurden von der Umgegend Lebensmittel und andere Dinge des täglichen Bedarfes sogleich zugeführt; allein in der großen Ausdehnung des Unglückes kann nur einiger Maßen geholfen werden, wenn auch in weiten Entfernungen sich mildthätige Hände aufthun und wenn auch in kleinen Spenden durch die große Zahl derselben nachdrücklich helfen.

⟨85.⟩ ⟨FÜR DAS STAMMBUCH DES DR. FRANZ ISIDOR PROSCHKO⟩

In ein Stammbuch.

Der Mensch sammelt so lange Erinnerungen bis er selbst eine Erinnerung wird.

Wer nach ewigem Ruhme strebt, hat im Grunde eine sehr schwere Arbeit, da es nur zwei unvergängliche Orte gibt, in denen ein solcher Ruhm möglich ist: der <u>Himmel</u> und die <u>Hölle</u>.

Adalbert Stifter.

⟨86.⟩ ⟨ALBUMBLATT FÜR JULIUS PAZZANI⟩

Schenken Sie mir wenn ich einmal dahin gegangen bin, manches Mal eine freundliche Erinnerung, wie mich Ihr Vater seiner Freundschaft werth gehalten hat.
Wien am 25. April 1860.   Adalbert Stifter.

⟨87.⟩ ⟨ALBUMBLATT FÜR K. M. BENKERT⟩

Alles wäre gewonnen, wenn es gewonnen werden könnte, daß kein Einziger Unrecht thäte.

Linz am 9$^{\underline{ten}}$ October 1860.

Adalbert Stifter

⟨88.⟩ DIE VOLKSSCHULE IN OBERÖSTERREICH IN DEN
JAHREN 1850–1865. (AUS MEINEM AMTSLEBEN)

Seit ich über Menschen u Menschenwohl zu denken angefangen hatte, richtete ich auch mein Augenmerk auf die Volksschule, u suchte zu erfahren, wie sie ist, u legte mir allgemach Ansichten zurecht, wie sie sein sollte. Freilich änderten sich diese Ansichten im Laufe der Jahre vielfältig. Meine Ansprüche an die Volksschule, die ich für gerecht hielt, wuchsen, u endlich kam ich dahin, zu erkennen, daß ein Staat, der diese Anstalt auf die Höhe hebt, zu der sie unzweifelhaft berufen ist, nicht nur seine erste u heiligste Pflicht gegen seine Unterthanen erfüllt, sondern auch zu einer Blüthe u Macht gelangt, davon sehr Viele jezt noch gar keine Vorstellung haben. Ich habe einmal zu dem jezt verstorbenen Fürsten Metternich gesagt: Der Landschulmeister ist eine der wichtigsten Personen im Staate. Wir sprachen weiter über die Sache, er stimmte mir bei, u fragte mich, woher wir das Geld zur Ausführung nehmen. Das wußte ich nicht, weil ich kein Geldmann bin. Ich weiß es auch jezt noch nicht; aber das weiß ich, daß die Staaten, um mit all den Schäden zurecht zu kommen, die aus unzulänglicher Volkserziehung entspringen, mehr Geld ausgeben, als wenn gleich die Volkserziehung recht eingerichtet würde. Den Entgang an Blüthe u Macht haben sie noch oben darein. Wer die Bestimmung der Menschheit auf dieser Erde nicht in einen ewigen blinden Kreislauf von

Tugend u Laster, von Recht u Gewalt, von Emporsteigen u Niedersinken sezt, was uns an Gott verzweifeln ließe, sondern wer glaubt, daß sie sich nach u nach zur höchsten Blüthe entwikeln wird, zur Vernünftigkeit, wie wir ja Alles hienieden sich entwikeln sehen, der wird auch überzeugt sein, daß eines der heiligsten Dinge, die Volkserziehung, seine Vollendung finden werde. Er wird aber auch wissen, daß wir auf dem Wege zur Vernünftigkeit noch lange nicht die Kinderschuhe ausgetreten haben. Lassen sich nicht die gebildetsten Staaten der Erde in ihrem Verkehre von Ereignißen, Zufälligkeiten, Nothwendigkeiten, Nüzlichkeiten leiten, u sind in stetten Wirrnißen u Nöthen begriffen, statt daß sie unerschütterlich das unantastbarste Gesez der Vernunft, das Rechtsgesez befolgten, wornach alle jene Dinge wegfielen, u jeder glüklich zu sein vermöchte? Und nicht bloß das unantastbarste Gesez ist das Rechtsgesez, es ist auch das höchste Klugheitsgesez. Aber so weit sind wir noch nicht, daß das Rechtsgesez im Bewußtsein unbezwingbare Gewalt erlangt hätte, u daß alle oder die meisten darnach handelten, u den, der es verlezt gemeinschaftlich für ehrlos erklärten u straften. Sie mißtrauen sich noch alle, u so entstehen die Wirrnißen u entsteht die größte Schande für Wesen, die sich vernünftig nennen, der Krieg. Sind dies nicht Merkmale des Kindheitlebens? Und wenn sie es sind, so wird das Leben des Jünglings folgen, des Mannes, des Greises. Wir sehen auch, daß der Plan für Entwiklung der Menschheit ungemein groß angelegt sein muß, u daß ein Jahrtausend eine Stunde ist. In dem steten Gange nach der höchsten Blüthe wird die Volkserziehung auch mitgehen, u es ist ein Gesez in solchen Dingen, daß sich Stimmen erheben, die da sagen, was noththut, u daß aus vielen Stimmen sich das ergibt, was im Allgemeinen zur Erreichung des Zwekes zu geschehen habe. Mit der Entwiklung der Menschheit wachsen auch die Zweke u die Mittel. Darum wäre es eine Überstürzung u vom

Übel, das Lezte schon auf den ersten Stufen einführen zu wollen; aber wir müssen uns dieses Lezte immer klarer zu machen suchen, damit wir die Schritte für die Gegenwart mit desto größerer Sicherheit thun können.

Ich habe fünfzehn Jahre das Amt eines Schulrathes u Inspectors der Volksschulen von Oberösterreich verwaltet, u werde in den folgenden Zeilen Einiges anführen, was ich in diesen Jahren über den Zustand des Volksschulwesens in Oberösterreich erfahren habe, u werde mir dann erlauben auch Einiges beizufügen, was ich über Volkserziehung u Volksunterricht denke.

Ich beginne mit den Schulhäusern.

In dieser Hinsicht haben sich unsere Voreltern große Fahrlässigkeiten zu Schulden kommen lassen, u es bedurfte bedeutender Verbesserungen.

In Linz ist die Normalschule des Landes, dann sind drei Pfarrschulen u ist eine Nebenschule.

Die Normalschule befindet sich noch gegenwärtig in einem Gebäude, welches ursprünglich kein Schulhaus gewesen ist, u wenn man auch nicht sagen kann, daß die Räumlichkeiten geradezu zwekwidrig sind, so haben sie viele Übelstände, u das Ganze ist der Würde einer Normalschule des ganzen Landes durchaus nicht angemessen. Außerdem liegt das Gebäude in einem unerquiklichen Stadtwinkel, u die Kinder haben als Hauptweg eine enge steile finstere Strasse. Es wird wohl schwerlich bald ein anderes Gebäude zu erzielen sein, da es aus öffentlichen Mitteln hergestellt werden müßte.

Von den drei Pfarrschulen, in denen wie in Hauptschulen unterrichtet wurde, fand ich im Jahre 1850 die Stadtpfarrschule in einem niederen finsteren u beengten Schulhause, dem Zweke auf keine Weise entsprechend. Die Vorstadt-Josephschule hatte gar nicht einmal ein eigenes Gebäude, sondern war auf der Post in Miethe, u auf eine Weise untergebracht, die kaum kläglicher hätte sein können. Die Vorstadt-Mathiasschule hatte die besten Räumlichkeiten, aber nicht zulänglich, u die Nebenschule auf dem Schulerberge war in Miethe.

In Steyr, der zweiten Stadt des Landes war die Kreishauptschule in kleinen finstern dumpfen Räumen untergebracht. Die Stadtpfarrschule hatte in einem einzigen kleinen erbärmlichen Zimmer alle Kinder bei einander. Die Mädchenschule hatte niedere finstere unzulängliche Zimmer. Die Nebenschule in der Vorstadt Ensdorf war in einem noch elenderen Zimmer als die Stadtpfarrschule. Das Schulhaus der Vorstadtpfarrschule in Steyrdorf war vor einigen zwanzig Jahren neu gebaut worden aber zu entlegen u zu klein.

In Wels war die Mädchenschule in getrennten u nicht zwekmässigen Räumlichkeiten.

Das Gebäude der Kreishauptschule in Ried fand ich in bedeutendem Maße unzureichend.

Eben so war es mit der Schule in Braunau.

Scherding bedurfte Verbesserungen.

In Freistadt war die Hauptschule in sehr kleinen unansehnlichen Zimmern.

In Ens waren die Schulräumlichkeiten durchaus zu verwerfen.

In Grieskirchen war die Schule in Miethe.

So war es in den Städten.

In den Markt- u Dorfschulen traf ich es mitunter noch weit ärger. Man sollte nicht glauben, daß es möglich wäre, daß Gemeinden ihre eigenen Kinder in solche Räume zusammen pferchen, wie ich es gefunden habe. Ich will ein Beispiel anführen. In Niederthalheim bei Schwanenstadt in einer sehr fruchtbaren Gegend fand ich ein hölzernes Schulhaus. Die Wände hatten durch u durch Löcher wie ein Kopf. Die Lehrersfrau stopfte sie mit Werg zu. An den Wändebalken konnte man mit den Fingern den Holzmoder herabrieseln machen. Das Dach war ein Bretterdach mit Steinen; aber es machte buchstäblich den verworrenen Eindruk, als hätte einer auf einem großen Wagen Bretter u Steine geführt, u hätte umgeworfen. Bei jedem stärkeren Regen mußten die Kinder Bücher u Papiere unter die Bank halten, daß sie nicht naß würden. Das Wasser rann auf dem Boden des Schulzimmers dahin. Zwanzig Jahre waren zwischen Dominien Verhandlungen zum Baue dieser Schule gepflogen worden. Viele Schulgebäude fand ich dem Zweke nicht entsprechend, viele nur theilweise, u eine Anzahl gut. Aber ich kann mich nicht erinnern, ein einziges Gebäude gefunden zu haben, das den erhebenden Eindruk gemacht hätte, jeden Zwek, auch den sittenfördernden, zu erfüllen.

Es wurde mit dem Eintreten der neuen Zeit zur Abhilfe geschritten.

Der damalige Statthalter in Oberösterreich, Eduard Freiherr von Bach, hat das Hauptverdienst. Er nahm sich der Schule mit größter Wärme an. Nicht nur, daß kein einziger meiner Anträge auf Untersuchung u Abhilfe von Übelständen unberüksichtigt blieb, so besuchte er auf seiner häufigen Reise jede Schule in allen ihren Winkeln, u besah sie der Baulichkeiten willen, u untersuchte ihre Unterrichtsweise. Schnell entstanden nun neue Schulhäuser, oder es wurden Zubauten u Verbesserungen angebracht. Wäre es nur noch mehrere Jahre in dieser Weise fort gegangen, so wäre kein einziges unzulängliches Schulgebäude mehr in Oberösterreich gewesen. Man hat ihm den Vorwurf gemacht, er habe die Leidenschaft, Schulhäuser zu bauen. Solchen Thatsachen gegenüber, wie ich sie oben angeführt habe, muß in jedem ernsten Menschen der Wunsch entstehen, zu helfen. Dazu bedarf er nicht eigens einer Leidenschaft. Er hat nicht willkürlich gebaut. Jedem Baue ging eine Comission voraus, die ihn beantragte, u beim

Baue selber war man, u ich muß sagen leider, an die alten oft höchst unzwekmäßigen Vorschriften der politischen Schulverfassung gebunden. Manche Gemeinden bauten freiwillig größer.

Mit einem glänzenden Beispiele ging die Stadt Linz voran. Sie errichtete für die Josephsschule einen wahrhaften Musterbau mit sechs großen freundlichen herzerhebenden Sälen. Ich hatte damals bei der Comission gesagt, daß außer der Erreichung der Zweke für Unterricht u Gesundheit der Kinder, das äußere u innere Aussehen einer Schule nicht gleichgültig sei, in wie ferne es auf Herz u Gesittung wirke, wie man ja auch den Kirchen eine andachterwekende Gestalt zu geben strebe. Und in diesem Sinne wirkt das neue Schulhaus. Die Kinder sizen in den neuen Räumen mit fröhlichen heiteren Angesichtern da, u sie schienen mir auch immer reinlicher zu werden. Später errichtete die Gemeinde einen ansehnlichen Bau für die Stadtpfarrschule. Nur war man da im Raume nicht frei genug, um so wie bei der Josephsschule bauen zu können. Bezüglich der Mathiasschule waren Verhandlungen, man bezeichnete schon den einen oder den andern Plaz für den Neubau. Aber es ist bis jezt noch zu keinem Ergebniße

⟨89.⟩ WINTERBRIEFE AUS KIRCHSCHLAG

I.

Gönnen Sie einem Manne, der zur Kräftigung seiner Gesundheit, die durch eine langes Leiden angegriffen war, sich der Meinung und dem Brauche zuwider einen Winteraufenthalt auf einem hohen Berge verordnete, zuweilen einen kleinen Raum in Ihrem Blatte, zu einem Berichte von diesem hohen Berge in die Ebene hinab. Vielleicht können diese Worte manchen Leidenden trösten und ihm Zuversicht zur Heilung geben, vielleicht können sie Manchem, der das Landleben liebt, zu einem Entschlusse dienen, vielleicht können sie einem Naturfreunde Freude machen, und ihm Lust erwecken, die Herrlichkeiten des Berges selber zu schauen, und vielleicht können sie die Eigenschaften dieses Berges in größern Entfernungen bekannt machen, als es bis jezt der Fall ist.

Dieser Berg ist der von Kirchschlag bei Linz.

Obwohl in der Nacht die Luster der Landeshauptstadt Linz auf den Berg hinauf schimmern, obwohl man von ihm unter Tags die Häuser der Stadt und den Donauspiegel erblikt, und das Läuten ihrer Kirchengloken ja oft sogar das Trommeln ihrer Krieger hört, so werden doch nicht alle Bewohner von Linz sich um den Berg gekümmert haben, noch wenigere aber sind hinauf gestiegen, ihn zu betrachten, und die allerwenigsten haben eine Kenntniß seiner Eigenschaften erlangt. Und diese Eigenschaften sind solche, daß man oft weite Reisen macht, um ihres Nuzens und ihrer Freude theilhaftig zu werden.

Es sei mir erlaubt, zuerst im Allgemeinen von einigen Dingen zu reden, welche die Grundwirkungen auf das menschliche Leben ausüben und welche auf Höhen anders sind als in Niederungen.

Beginnen wir mit dem Feinsten und Holdesten, was wir für das Leben unseres Körpers und unserer Seele auf dieser Erde haben, mit dem <u>Lichte</u>. Wer kennt nicht das schauerlich schöne Gedicht Byrons „die Finsterniß", in welchem der Dichter erzählt, was wurde, nachdem das Licht von der Erde genommen war. Die Menschen zünden endlich Häuser, Kirchen, Wälder an, um Licht zu haben. Und zulezt sind nicht mehr Menschen, Häuser, Kirchen, Wälder, und die Erde ist ein todter Klumpen. Welche Glut und Pracht der Farben haben Pelze, Gefieder, Blätter, Blumen und Früchte des lichtreichen Mittelgürtels der Erde, und wie geht das Alles in ein eintöniges Graugrün, Grau und Weis in den Gürteln der lichtarmen Pole über. Man gebe einer Pflanze Wärme, Feuchtigkeit, Luft und Erde in der besten Güte, und lasse ihr gar kein oder nur ein mattes Licht, und sie wird farblos, unkräftig, spindelnd, und strebt mit Angst in die Länge, um irgend wo durch eine Rize oder ein Loch hinaus in das freudige Licht zu gelangen. Und wer weiß es nicht an sich selber, wie Klarheit des Lichtes Klarheit der Seele ist, und Dumpfheit des Lichtes Dumpfheit der Seele. Nervenleidende können durch einen in die Wochen dauernden gleichfärbigen bleiernen saumlosen Himmel nach und nach zur Verzweiflung gelangen. Menschen mit geringem Leben der Nerven und der Einbildungskraft verharren in dumpfem Lichte ohne Klarheit und ohne Dumpfheit, und sie verharren in klarem Lichte ohne Klarheit und ohne Dumpfheit.

Die Hauptquelle des Lichtes für unsere Erde ist die Sonne. Ihr Licht stürmt mit einer Schnelligkeit, davon wir keine

Vorstellung haben, in die Räume. Es durcheilt in jeder Sekunde über 40.000 Meilen. Körper von völliger Gleichheit ihres Wesens pflanzen die Bewegung des Lichtes fort, und heißen durchsichtig, solche, deren Wesen durch Stoffmischung unterbrochen ist, leiten es nicht so leicht, und heißen undurchsichtig. Das dichte feste Glas, der noch dichtere Diamant sind durchsichtig, das lokere luftdurchzogene Glaspulver ist undurchsichtig, eben so der Badschwamm, der doch voll von Löchern ist. Das Licht wird nehmlich beim Uebergange von einem Stoffe in den andern immer zum Theile in den alten Stoff zurük geworfen, und je mehr solche Uebergänge in einem Körper sind, desto weniger wird endlich das Licht, wenn es von dem Körper heraus kömmt, und da kein Stoff vollkommen gleichartig ist, ist auch keiner vollkommen durchsichtig, selbst die Luft nicht. Daher ist das Licht, welches endlich durch die Luftschichten der Niederungen auf die Erde gelangt, schwächer, als das, welches auf den Gipfel eines hohen Berges nieder glänzt. Das wissen Bergsteiger recht gut, wie ihnen alles an heitern Tagen auf dem Berge in scharfem Lichte entgegen schaut, und bestimmte Schatten bildet, und wie selbst auf wagrechten Ebenen der Hochgebirge der sonnige Schnee leuchtet, daß er sogar Augen-Entzündungen zuwege bringt, was der sonnige Schnee der wagrechten Ebenen der Niederungen nie kann. Und das wissen auch die, welche länger auf einem Berge gelebt haben, wie ihnen in den Niederungen an den klarsten Tagen wegen größerer Dunkelheit gewissermassen bange wird. Dazu kömmt noch etwas Anderes, besonders bei größeren Städten. Wir sehen an den heitersten Tagen von unserem Berge hinab über der Donau-Ebene und namentlich über Linz einen schmutzig blauen Schleier schweben, die Ausdünstung der Niederung und insbesonders die Ausdünstung der Menschen, Thiere, Schornsteine, Unrathkanäle und anderer Dinge der Stadt. Der Mann, der aus der durchsichtigsten Bergklarheit auf diese Erscheinung nieder blikt, denkt unwillkührlich mit einer Art unheimlichen Gefühles daran, daß die da unten in diesem Schwaden und Brodem leben müssen. Endlich ist in Bezug des Lichtes noch zu beachten, daß die Niederungen hauptsächlich die an Wässern sehr oft an sonst heitern Tagen Erdnebel oder Hochnebel ohne Sonne haben, während die Bewohner des hohen Berggipfels auf diesen Erdnebel oder Hochnebel wie auf ein silberschimmerndes Meer niederschauen, und über sich den blauen Himmel und die leuchtende Sonnen haben. Ich werde von der unaussprechlichen Pracht dieser Silbermeere, die wir heuer genugsam beobachten konnten, ein anders Mal sprechen, und mir auch erlauben, eine genaue Zusammenstellung der Licht- Wärme- Nebel- und Regenverhältnisse zwischen hier und Linz einzusenden. Ich bemerke an diesem Orte nur, daß wir im Spätherbste oft 5 – 6 Tage, dann nach Unterbrechung wieder mehrere Tage den hellsten Sonnenschein hatten, während in der Ebene Nebel lag. Vom 19. Dezember bis 2. Jänner, also 14 Tage, war in Linz ununterbrochen mit Ausnahme von ein paar Abendstunden und 2 Mittagstunden des 31. Dezembers theils Hochnebel theils Erdnebel, und in Kirchschlag waren 12 Tage davon ganze Sonnentage und 2 Tage waren bewölkt.

II.

Ehe ich diesen Brief beginne, muß ich zwei kleine Irrungen, die sich durch den Druck im ersten einfanden, berichtigen. In der zweiten Zeile des dritten Absatzes der ersten Spalte ist statt Luster zu lesen Lichter, und in der drittletzten Zeile des zweiten Absatzes der zweiten Spalte ist statt saumlosen zu lesen sonnenlosen.

Ich gehe zu dem zweiten Gegenstande, der zu den höchsten Lebensdingen gehört, über, zu der Wärme. Die Wärme ist für uns noch eine der räthselhaftesten Erscheinungen, und ihre Gesetze sind noch weit weniger erschöpft, als die des Lichtes. Wir empfinden die Wärme durch den Tastsinn, und diese Empfindung ist so wenig zu beschreiben als z. B. die des Süßen, Sauern und dergleichen. Wärme, die für uns groß ist, heißen wir Hize, die für uns klein ist, Kälte. Völlige Wärmelosigkeit können wir uns gar nicht vorstellen. Für alles Leben ist eine gewisse Wärme schlechterdings nöthig, und zu große Wärme und zu wenig Wärme tödten geradezu das Leben. Es sind verschiedene Quellen der Wärme, und sehr oft trit sie zugleich mit dem Lichte auf. Wie der Schall kein Stoff ist, sondern in Schwingungen eines Stoffes besteht, welche Schwingungen sich bis zum Gehörnerven fortpflanzen, und dort ein Bewußtwerden des schallenden Körpers besonders aber eine eigene Empfindung erzeugen, die uns am lieblichsten als Klang anmuthet, und wie das Licht fast gewiß aus Schwingungen besteht, die an den Sehnerv treten, und ein Bewußtwerden des lichtsendenden Körpers und eine dem Klange ähnliche Empfindung erzeugen, die Farbe: so ist das Wesen der Wärme wahrscheinlich auch in Schwingungen zu suchen, und zwar in solchen, die denen des Lichtes sehr nahe verwandt sind. Die Wärme ist nie ruhend, sondern pflanzt sich stets fort, und thut dies auf zweierlei Weise: erstens wie das Licht in geraden Linien, die wir Strahlen heißen, und zweitens dadurch, daß jeder wärmere Stoff dem angrenzenden kälteren Wärme abläßt, was wir Mittheilung nennen. Stoffe, in denen die Wärme sich schneller verbreitet, heißen wir gute Wärmeleiter, die andern schlechte. Gute Wärmeleiter sind z. B. die Metalle, schlechte die Luft, das Wasser, das Holz, die Wolle. Schlechte Wärmeleiter entziehen dem Körper langsam die Wärme, die er hervorbringt, daher sind unsere Kleider und Wohnungen aus schlechten Wärmeleitern. Die Wärmestrahlen werden durch Körper, auf die sie treffen, zurükgeworfen, und zwar noch vollständiger als Lichtstrahlen. Die Luft läßt sie am meisten durch, fast alle andern Körper werfen sie beinahe ganz zurük. Die Hauptwärmequelle für unsere Erde ist die Sonne, und hier zeigt sich eine höchst merkwürdige Erscheinung. Wenn das Licht der Sonne auf einen Körper trift, so wird ein Theil zurükgeworfen, und ein Theil dringt ein; aber beide Theile enthalten zusammen nicht mehr die ursprüngliche Lichtmenge, sondern ein dritter Theil geht verloren, und dieser Theil ist dann Wärme. Es sei mir erlaubt, diese Erscheinung kurz auf Schwingungen zurük zu führen. Wenn Schwingungen eines Stoffes auf einen angrenzenden Stoff von anderem Schwingungsvermögen treffen, finden sie Widerstand, der wie ein Stoß rükgehende Schwingungen erzeugt, indeß sich der Körper auch auf seine Weise zu vorwärtsgehenden Schwingungen bequemt, die aber nothwendig auch andere Bewegungen seiner Theilchen zur Folge haben, die wieder Schwingungen sind, aber andere, weil eben der Körper ein anders Schwingungsvermögen besitzt. Diese Schwingungen sind in unserm Falle Wärme. Wir haben also dann rükwärtsgehendes und vorwärtsgehendes Licht und Wärme. Aus dieser Thatsache erklärt sich, weßhalb Körper, in denen das Licht sehr viele Rükwerfungen erduldet, in der Sonne so heiß werden, z. B. Sand, dann die Luft unter mehreren übereinander gestellten Glasstürzen, die so heiß wird, daß darin Eier in Schnelligkeit fest gebraten werden. Wie solche Glasstürze, nur im minderen Maße, wirken die übereinander liegenden Schichten unserer Luft, und zwar desto mehr, je dichter also schichtenreicher die Luft ist. Wenn daher die Sonnenstrahlen durch einen großen Luftraum und besonders durch die niedere dichtere Luft gehen, so wird das Licht immer schwächer und die Wärme immer größer. Die Luft macht also aus Licht Wärme. Dies ist ein Hauptgrund, weßhalb die höhere Luft kälter ist, u. z. um so mehr, je stärker die Lichtmacht einfällt.

Außer der Luft machen auch noch andere lokere Körper aus Licht Wärme, und theilen sie der Luft mit. Daher auch aus diesem Grund körperreiche Niederungen so heiß werden können, und körperarme Bergspizen so kühl. Diese Art Wärme empfinden wir in bestimmten Grenzen als sehr angenehm, steigt sie, so heißen wir sie Schwüle, und erreicht sie ein hohes Maß, so kann sie unerträglich beängstigend werden. Die strahlende Wärme wird anders empfunden als die schwüle, und zwar brennend, was in gewissem Maße höchst angenehm ist, in höherem Maße als Sonnenbrand quälend wird, und in noch höherem als Sonnenstich den Tod bringen kann. Die strahlende Wärme ist in höheren Lufträumen stärker als in niederen, weil jede tiefere Luftschichte Strahlen zurükwirft. Auf schwülelosen Höhen wirkt daher das Brennen der Wärmestrahlen so äußerst wohlthätig, während in Niederungen ein unbedeutendes Brennen zu der Schwüle hinzu kommend das Ganze unausstehlich macht. Auf Höhen wirken meistens nur die unmittelbaren Wärmestrahlen in Niederungen besonders in Städten wird die Hize, welche durch die von allerlei Körpern zurük geworfenen Strahlen vermehrt wird, beängstigend. Daß die Wärmestrahlen desto stärker wirken, je senkrechter sie auffallen, weiß jedermann, doch gehört diese Erscheinung nicht in den Bereich unserer Betrachtung, da wir nicht von verschiedenen Erdbreiten, sondern von verschiedenen Erhöhungen in derselben Breite reden. Je heißer ein Sommer ist, desto segenbringender für menschliche Gesundheit sind die Wärmeverhältnisse auf Höhen zwischen 2000 bis 5000 Fuß, dieß weiß wohl vielleicht jedermann. Aber wenigere werden wissen, wie es im Winter ist. <u>Im Winter sind bei uns im Allgemeinen die Höhen wärmer als die Niederungen</u>. Wenn die Sonne für die Nordhälfte der Erde so tief an dem südlichen Himmel steht, daß wir gleichsam in einer nördlicheren Breite liegen, so ist die Wärmeerzeugung aus ihrem Lichte so gerin-

ge, daß sie für uns wenig bemerkbar ist, ja daß wir sogar im
Sonnenglanze ⁺Kälte empfinden. Da macht sich nun ein anderer Wärmezufluß geltend, nehmlich wärmere Luft, die aus
südlichen Gegenden herzieht, und da die wärmere Luft als die
dünnere, weil die Wärme die Körper ausdehnt, auf der kälteren wie Oel auf Wasser schwimmt, so sind in diesem Falle die
Höhen wärmer als die Niederungen. Und je gerader die Luft-
zuflüsse aus Süden kommen, desto wärmer sind die Höhen im
Gegensatze zu den Thälern. Darum sind warme weiche Winde, die im Winter kommen, immer zuerst auf den Höhen, und
werden erst durch Nachdrang anderer Luftströme in die Tiefe
gestoßen. Darum erscheinen an stillen Tagen in den Niederungen die Nebel, während auf den Höhen der klarste Sonnenschein ist, und so scharf grenzen oft warme und kalte Luft
aneinander, daß die Oberfläche des Nebels von oben gesehen
meistens eine wagrechte Fläche wie eine riesige ebene Tisch-
platte bildet. Für Kirchschlag und Oberösterreich kömmt noch
hinzu, daß die aus Süden ziehende Luft nur oberhalb der Alpen
herüberkommen, und daher nur desto langsamer den tieferen
⁺Luftschichten Wärme mittheilen kann, wovon die Höhen
eher ihren Theil und einen größeren empfangen als die Niederungen. Wenn Winde ⁺aus nördlichen Richtungen kommen
also kalt sind, so treffen sie eher die Höhen als die Tiefen,
daher dann auf den Höhen meist Schnee fällt, wenn es in
Niederungen noch regnet, und daher die Höhen überhaupt
schneereicher sind. Winter, in denen solche Windrichtungen
vorherrschend sind, wären dann allerdings auf den Höhen
kälter als in Niederungen, sie sind aber dann überhaupt so
kalt, daß überall vorzugsweise der Ofen zur Geltung kömmt.
Solche Winter gehören jedoch bei uns zu den Seltenheiten. Im
März, wenn die Sonne Gewalt erlangt, werden die Thäler
allgemach wärmer als die Höhen, weßhalb in der Tiefe der
Frühling eher erscheint als in der Höhe. Ich verzeichne an

dieser Stelle mehrere Wärmebeobachtungen, die ich im Monate Jänner auf einem 80gradigen Thermometer, der sich gegen Süden außerhalb eines Fensters befindet, in der Sonne um 12 Uhr machte. Am 7. 18°, am 15. 23°, am 19. 24°, am 20. 20°, am 21. 19°, am 22. 21°, am 27. 19°, am 28. $21^1/_2°$. An diesen Tagen sahen wir auf dem Donauthale unbeweglichen dicken Nebel liegen. Es mögen noch einige Mittags-Wärmebeobachtungen von trüben Tagen, welche einzelne Sonnenblicke hatten, folgen: Am 9. $8^1/_2°$, am 11. 6°, am 16. 7°, am 23. 6°, am 24. 5°, am 29. 7°. Zum Schlusse führe ich Mittag-Beobachtungen bei Schneefällen an: Am 8. 1°, am 10. 0°, am 12. -0.2 °, am 30. 2°. Als etwas ganz besonderes bemerke ich, daß am 24. November Mittags 25° Hitze waren, daß an diesem Tage die Käfer im Grase liefen, die Fliegen in der Sonne summten, und ein Falter gegen das Fenster von Haslinger's Landhaus flog. Genaueres wird sich ergeben, wenn ich werde das vergleichende Gradverzeichniß der Wärme von Linz und Kirchschlag vorgelegt haben. Wer also milde sanfte Wärmeverhältnisse wünscht, der muß im Winter fast noch sicherer als im Sommer aus Niederungen, besonders, wenn in ihnen große Wässer sind, auf entsprechende Höhen, d. h. solche, die nicht unter 2500 Fuß sind, gehen. Dort hat er die schönen Tage, an denen in der Niederung meist Nebel herrschen, sonnenhell und warm. Die stürmischen mit Regen und Schnee sind zwar auf den Höhen stürmischer und kälter, aber der Kälteunterschied ist nicht sehr groß. Von anderen Vortheilen, die auch an solchen Tagen die Höhen vor den Niederungen bieten, werde ich später sprechen.

III.

Wir kommen zu einer dritten Lebensgrundlage, welche eine der wunderbarsten ist. Wenn Bernstein mit einem Wolllappen gerieben wird, zieht er leichte Körperchen an, und stößt sie nach einem Weilchen wieder von sich. Man hat dieser Kraft den närrischen Namen Electricität gegeben. (Electrum, Bernstein, also zu deutsch etwa: Bernsteinerei.) Man hat später erfahren, daß Harz, Glas und andere Körper durch Reiben dieselbe Eigenschaft bekommen. Hat ein electrischer Körper diese Eigenschaft in einem höheren Maße, und hält man sich ihm nahe, so hat man im Angesichte eine Empfindung, als wäre man in Spinnenweben gerathen, man spürt einen Phosphorgeruch, und, ist die Electricität stark genug, so springt sie als ein Funken mit Knistern in einen hingehaltenen Finger, und erregt eine eigene eindringliche Erschütterung in den Nerven. Weiter hat man die Beobachtung gemacht, daß sich Glaselectricität und Harzelectricität anziehen, vereinigen, und sich nach gleichen Maßen aufheben, weßhalb man ihnen den Namen positive und negative Electricität gab. Positive und positive, und negative und negative Electricität stoßen sich ab. Im Laufe unzähliger Versuche hat sich ergeben, daß es keine Veränderung an einem Körper gibt, und keine Einwirkung von Körpern auf Körper, die nicht Electricität hervor ruft. Immer aber treten beide Electricitäten zu gleicher Zeit auf. Reißt man ein Seidenband entzwei, so ist ein Stück positiv, das andere negativ electrisch. Verdünstet Wasser, oder wird Dunst zu Wasser, so haben Wasser und Dunst entgegengesetzte Electricität. Trennt sich ein Stoff in zwei chemische Bestandtheile, so haben diese Bestandtheile entgegengesetzte Electricität. Ja schon eine gewisse Stellung eines Körpers gegen die Weltgegenden ruft Electricität hervor. Bringt man einen nicht electrischen Körper in die Nähe eines electrischen, so erhält das zugewendete Ende die ungleichnamige das abgewendete die gleichnamige Electricität von der des electrischen Körpers. Die ungleichnamigen Electricitäten vereinigen sich dann oft, was eben das Ueberschlagen des Funkens ist. Da nun alle Körper nahe an der Erde oder auf der Erde sind, so geschieht die

Vereinigung am meisten mit der Erde, weßhalb man einst glaubte, die Erde ziehe alle Electricität an sich. Oft fließt die Electricität ungesehen in die Erde; denn auf manchen Körpern z. B. Metallen verbreitet sie sich sehr schnell, sie heißen dann Leiter, auf andern sehr langsam, sie heißen dann Nichtleiter, z. B. Luft, Seide, Harz, Glas. Springt Electricität zwischen zwei Leitern durch einen Nichtleiter über, so durchbort sie ihn als Funken mit Knistern. Auf Leitern läuft sie ungesehen fort. Am pracht- und machtvollsten erscheint für unsere Sinne die Electricität im Gewitter. Wenn mit stürmischer Schnelligkeit Dunst zu Wasser wird, so entstehen mit stürmischer Schnelligkeit beide Electricitäten und vereinigen sich durch den Nichtleiter: Luft. Der Funke ist der Bliz, das Knistern der erhabene Donner. Der Donner ist immer nur ein Schlag; da aber der Bliz oft ungeheure Wege macht, so hören wir aus den von unsern Ohren ungleich weit entfernten Punkten dieses Weges den Schlag zu ungleichen Zeiten, also das Rollen. Auch das Echo und andere Umstände tragen zu dem Rollen bei. Es ist nicht unsere Aufgabe, diese Dinge weiter zu verfolgen. Am meisten schlagen die Blize von Wolke zu Wolke durch die Luft, oft aber auch von einer Wolke in die Erde. Donner und Bliz sind nur bei schneller Wolkenbildung (Uebergang des Dunstes in Wasserstaub, der eben die Wolke ist) vorhanden, wobei meist starke Niederschläge (Regen, Schnee) erfolgen. Die Electricität sucht vorzugsweise Leiter, deßhalb kann man einen Bliz über einem Dache mit einer eisernen Stange fangen, und am Eisen in die Erde leiten. So hinreißend die Erscheinung des Gewitters ist, so ist diese Wirkung der Electricität doch nicht die bedeutendste. Die Wirkungen der Electricität auf Stoffe sind so zahlreich und mannigfaltig, daß ihre Aufzählung hier unmöglich ist. Wir führen nur einige Beispiele an. Ein Platindraht (also von einem der schwerestschmelzbaren Metalle) kann durch einen electrischen Strom glühend werden, schmelzen und wie dünnes Wasser hinab träufeln, Queksilber, Gold, Silber verbrennen mit lebhafter Flamme, Buchskohle glüht mit einem Lichte, das die Augen nicht ertragen, ein Apfel wird durchsichtig, das Wasser wird in die zwei Luftkörper, Sauerstoffluft und Wasserstoffluft zerlegt, welche Zerlegung sonst so schwer war, da diese Lüfte eine solche Verschwandtschaft haben, daß sie einander heftig fassen, zu dem dichten Wasser sich zusammen drängen, und sich (zu unserm Glüke) nicht so leicht auseinander reißen lassen, die Magnetnadel wird durch den electrischen Strom abgelenkt, ja ein von einem electrischen Strome umkreister Körper ist selber eine Magnetnadel. Wie die Electricität auf das Leben wirkt, ist unermeßlich und unergründlich, da sich immer und überall Electricität erzeugt und vereinigt, also strömt. Sie ist das Ausgebreitetste unter allen Naturdingen. Wie tief sie wirkt, zeigt uns schon der nervenerschütternde Schlag des kleinsten Funkens; aber wie nicht das Gewitter die höchste Wirkung der Electricität ist, so ist es auch nicht der Schlag des Funkens in unsere Nerven: das sanfte, holde und lindernde Strömen derselben in dem All wird das lebenserwekendste und beseligendste sein, wie jedes zarte Maß beglükt, das Unmaß ⁺zerrüttet. Wie ein Zustand ohne alle Electricität wäre, wissen wir nicht; wie zu viel Electricität wirkt, wissen wir; sie tödtet. Die Forschungen über die Lebenswirkungen der Electricität werden eifrig fortgesezt, man wendet sie schon oft als Heilmittel an; aber das errungene Feld ist winzig klein, das unerforschte ahnungsreich groß. Die Werkzeuge zur Messung electrischer Zustände der Luft und der Erdkörper so wie unsers Körpers sollten sehr verbreitet sein, und die Erfahrungen sollten sorgfältig gesammelt werden. Auf Höhen ist die Luft durchschnittlich trokener, troknere Luft ist ein schlechterer Leiter als feuchte, also sind auf Höhen die electrischen Zustände weniger stürmisch als in Niederungen, sondern stetiger, sachter, ruhiger verlaufend und wandelnd, was gewiß zu der gehobenen freudigen erquikenden Stimmung, die uns auf Höhen, uns unerklärlich, ergreift, nicht weniger beiträgt als andere Umstände, namentlich wenn man bedenkt, daß die electrische Spannung und Strömung der ganzen ungeheuren Himmelsgloke, die uns umfängt, auf unser Nervengewebe wie auf das feinste und edelste Saitenspiel wirkt. Ich rede nicht einmal davon, wenn Gewitter in dieser Himmelsgloke stehen, und gegen einander spielen, und man wie im Mittelpunkte dieser Gloke ist. Von den Gemüthsempfindungen, wenn Gewitter an Bergen hin ziehen, sich entladen, vereinigen, wenden, Lichterspiele auf ihrem Rüken und Flammen in ihrem Inneren tragen, und Wasserflächen auf die Fluren nieder senden, und wir dies Alles von der Ferne betrachten, oder wenn Gewitterballen wie Häuser oder Städte längs der Neigung des Kirchschlager Berges hinab rollen, und über Linz sich lagern und ausschütten, oder wenn nach einem Gewitter die balsamische Luft sich ins Unendliche ausgießt – von diesen Empfindungen werde ich an einer späteren Stelle sprechen. Die Darlegung einzelner Wirkungen der Electricitäten auf einzelne Theile oder Verrichtungen unsers Körpers, so weit solche schon sicher gestellt sind, verspare ich mir auf eine umfassendere Schrift über diesen Gegenstand.

Was ist nun aber eigentlich Electricität?

Das weiß kein Mensch dieser Erde. Wir wissen es noch weniger, als was Licht und Wärme ist. Da bei der Electricität Licht, Wärme und Magnetismus auftreten, so sind Licht, Wärme, Magnetismus und Electricität wahrscheinlich nur eins in verschiedenen Richtungen, Electricität ist dann das Ganze, die anderen dieser Dinge einzelne Wirkungen.

IV.

Von keinem Stoffe nehmen die lebenden Wesen so viel und so beständig in sich auf als von der Luft, u. z. von jener Luft, die den Erdball als ein ungeheures Meer, als seine äußerste weichste und flüssigste Hülle umgibt. Einst hielt man diese Luft für die einzige, die besteht, und hielt sie für einen unzersezlichen Grundstoff der Erde (Element). In neuer Zeit hat man mehrere Luftarten kennen und darstellen gelernt. Alle Lüfte, (man nennt sie gewöhnlich Gase) haben die Eigenschaft, daß sich ihre Theilchen stets von einander zu entfernen streben. Den letzten Grund dieser Eigenschaft kennt man nicht. Man gebraucht dafür das Wort Ausdehnsamkeitskraft, Spannkraft, Elasticitätskraft, ich will kurz Dehnkraft sagen. Die Folge der Dehnkraft ist, daß Lüfte in alle Räume, die ihnen zugänglich sind, fließen, wobei sie dünner werden, und an Dehnkraft abnehmen. Darum kann man keine Luft in einem offenen Glase wie Wasser aufbewahren, außer das Glas wäre so hoch, daß darin die Luft so dünn und ihre Dehnkraft so klein würde, daß die Schwere der Luft, der Dehnkraft das Gleichgewicht hielte, in welchem Falle die Luft sich dann nicht weiter nach aufwärts ausdehnen könnte, und eine freie Oberfläche hätte. Aus diesem Grunde hat auch das Luftmeer, welches auf der ganzen Erde liegt, eine solche freie Oberfläche. Weil die Luft so dehnbar ist, ist sie auch zusammendrückbar, und darum ist die untere Luft unserer Erde dichter, weil die obere auf ihr liegt, und sie durch die Schwere drückt. Die Lüfte haben die merkwürdige Eigenschaft, daß nur Theilchen derselben Luft sich abstoßen, nicht aber verschiedene Lüfte. Wenn ein geschlossener Raum schon so mit einer Luft erfüllt ist, daß man mit großer Gewalt nichts mehr von dieser Luft hinein drüken kann, so geht eine andere Luftart ganz leicht hinein. In der Wissenschaft sagt man daher: Jede Luft steht mit sich selber im Gleichgewichte. Ich will diese Eigenschaft Selbständigkeit nennen. Aus dieser Selbständigkeit folgt, daß, wenn in einem Luftraume an einer Stelle neue Luft dieser Art hinzu- oder hinwegkömmt, die Zu- oder Abnahme sich gleich auf die ganze Luftmenge vertheilt, welche dann durch die Zunahme dichter durch die Abnahme dünner wird. Je größer der Luftraum ist, desto weniger werden solche Zu- oder Abnahmen bemerkbar. Im irdischen Luftmeere würde keines unserer Werkzeuge eine Aenderung angeben, wenn die Luft um tausende von Centnern verdichtet oder verdünnt würde. Unser Luftmeer ist ein Gemenge von zwei Lüften: Sauerstoffluft und Stickstoffluft, u. z. sind unter hundert Raumtheilen des Luftmeeres 21 Raumtheile Sauerstoff und 79 Raumtheile Stikstoff. Da jede der beiden Lüfte mit sich selber im Gleichgewichte steht, so zeigen unsere wissenschaftlichen Werkzeuge an allen Stellen unseres Luftmeeres und in allen Räumen, die mit ihm zusammenhängen, immer das nehmliche Verhältniß. Es gibt daher keine sauerstoffreicheren oder sauerstoffärmeren Theile des Luftmeeres. Von den Wasserdünsten, welche auch hauptsächlich in den unteren Theilen der Luft sind, rede ich später. Gesunde Luft ist also Luft in den oben angegebenen Bestandtheilen, ungesunde Luft ist Luft, in welcher sich noch andere schädliche Stoffe befinden. Der Sauerstoff mischt sich beim Athmen mit dem Blute in der Lunge, man meinte einmal, er sei das einzig Belebende der Luft, daher man ihn auch Lebensluft nannte; aber in reinem Sauerstoffe lebt zwar ein athmendes Thier Anfangs viel fröhlicher; stirbt aber dann, also ist auch der Stikstoff nöthig. Im Stikstoffe stirbt das Thier auch, weil der Sauerstoff fehlt, mithin sind beide zusammen die Lebensluft. Die Luft, welche wir ausathmen, ist vorzugsweise eine Verbindung von Sauerstoff und Kohlenstoff, nehmlich Kohlensäure. Ausgeathmete Luft ist zum Einathmen schädlich. Die Pflanzenblätter athmen in der Sonne Sauerstoff aus. Sie verbrauchen Kohlenstoff. So gleicht sich im Luftmeer Ab- und Zunahme aus, ohne daß unsere Werkzeuge die Schwankungen anzugeben vermögen.

Da der Mensch von der ersten Sekunde seiner Geburt bis zur letzten seines Todes athmet, so ist die Luft für sein Leben und seine Gesundheit eines der allerwichtigsten Dinge, und doch ist er kaum für irgend etwas fahrlässiger als für seine Lebensluft. Wer Einem zumuthete, täglich ein Quentchen stinkendes Fleisch zu essen, würde für verrükt gehalten werden, und wie viele tausend Quentchen stinkender Luft oder ungesunder athmen wir täglich. Es wird aber nicht darauf geachtet, das Blut wird langsam vergiftet, und das Heer der Krankheiten folgt, besonders die Pest großer Städte, die sogenannten Tuberkeln. Jeder Stoff, selbst der scheinbar unschuldigste ja sogar anmuthigste z. B. künstliche Wohlgerüche, in die Luft gemischt, schadet. Um so mehr schaden Stoffe, welche unverarbeitlich sind, wie kleine Steinchen in der Gestalt des Staubes, oder allerlei Lüfte und Ruß in Gestalt des Rauches, oder gar Stoffe, welche von Menschen und Thieren als unbrauchbar ausgeworfen wurden, als z. B. ausgeathmete Luft, Luft aus Unrath, Luft aus Schweis, Luft aus Schleim, oder dann auch Lüfte aus chemischen Anstalten, wie die Brennluft u. dgl. Wenn diese Lüfte an ihrer Entstehungsquelle, ehe sie sich im großen Luftraume verlieren, geathmet werden, tödten sie nach und nach den Körper an irgend einer Krankheit. Ich habe einmal in Wien nach langer stiller Trokenheit, die ersten fallenden Schneefloken unter das Vergrößerungsglas gebracht, und es hingen solche zottige schwarze, braune und andere Dinge an der Floke, daß sie eher einem Theilchen eines Misthaufens glich. Da der Schneefall solche feste Körperchen aus der Luft mit sich herab nimmt, also die Luft gleichsam ausbürstet, so empfinden Städter und Bewohner der Niederungen auf den ersten Schneefall nach langen

Nebeln oder stiller Zeit ein wohlthuendes Athmungsbehagen in freier Luft. Jeder weiß, daß Menschen, deren Beruf sie in Zimmer fesselt, an Schwindsuchten, Unterleibsleiden und Uebeln aller Art erkranken. Wie Wasser an Dingen durch Anziehungskraft kleben bleibt, und sie naß macht, so klebt Luft auch an den Oberflächen der Dinge, besonders feinerer oder gröberer löcheriger Körper. Ein Badschwamm, der in stinkender Luft gelegen ist, stinkt noch, wenn er darauf Monate lang in freier Luft war. Und Städte sind solche groblöcherige Körper: aus mancher Kellertreppe, aus manchem Gange, aus manchem Gäßchen, aus manchem hohen engen Hofe ist die schlechte Luft völlig nicht hinauszubringen. Soll man also keine Städte bauen? Gewiß nicht. Es wird eine Zeit kommen, in welcher Städte nicht mehr sind, wenigstens nicht so große, oder gleich außerordentlich große, wie in China, in denen Gärten, Wiesen, Felder und Wälder sind. Unsere Vorväter hatten keine Städte, sie zerstörten die des römischen Reiches. Im weiteren Mittelalter bauten sie steinerne Panzer gegen die Ungarn und gegen einander. Und unter diesem Uebel leiden wir noch.

Ich brauche nun über den Nutzen des Aufenthaltes in Höhen nichts mehr zu sagen. Ehe dahin die Giftlüfte der Städte und Niederungen kommen, haben sie sich bis zum Unmerklichen ausgedehnt und verloren, die Luft ist rein, sie erhält das Blut rein, oder reinigt das unreine, und jeder Athemzug bringt erneute Gesundheit und Fröhlichkeit. Daher die Erfahrung stammt, daß Höhen rosenrothes Blut machen. Dieses Blut, sagt Werber, ist für Stubensitzer und ähnliche Kranke das Heilendste. Wer auf krankhafte oder dahin zielende Art ohnehin zur Bildung rosenrothen Blutes (arterielles Blut) geneigt ist, bei dem dürften Höhen bedenklich sein, weil Entzündungen zu befürchten wären. In der Schweiz sind schon zahlreiche Punkte für Luftgenuß eingerichtet.

Zum Schluße noch etwas über den Luftdruck. In Niederungen, wo der Barometerstand 28" ist, beträgt der Luftdruk auf einen Menschen bei 30.000 Pfund. Die Luft im Innern des Körpers hält der äußeren das Gleichgewicht, unser Körper ist für den Druk eingerichtet, also spüren wir ihn nicht. Auf Höhen ist er geringer. Kirchschlag liegt gegen 3000 Fuß über dem Meere (2803), der Barometerstand ist im Mittel nicht ganz 26", also ist der Luftdruk auf unsern Körper dort um mehrere tausend Pfund geringer, was nach Werber ein Strömen der Säfte gegen die Oberfläche des Körpers zur Folge hat, also eine augenblikliche Erleichterung für hipochondrische Leute und solche, bei denen innere Stokungen in den feinsten Gefäßen vorhanden sind. Die neue Heilkunde wendet ihr Auge schon immer mehr und mehr diesen Dingen zu, und wird daher einem Manne nicht gram sein, daß er unbefugt in ihr Gebiet streift, einem Manne, der nach langem Siechthume die Höhen suchte, und dort schnell fortschreitende Genesung und Lebensfreude gefunden hat.

V.

Nach der Luft wird wohl kein Stoff sein, den das Leben dringender braucht, und stetiger einnimmt als das Wasser. Man hielt einst das Wasser wie die Luft für einen unzusammengesetzten Grundstoff der Erde (Element); allein die neue Zeit hat auch das Wasser zerlegt. Dasselbe ist eine chemische Verbindung von Sauerstoffluft und Wasserstoffluft. Der elektrische Strom sondert rein die zwei Luftarten des Wassers von einander ab. Man hat jezt schon mehrerlei Wege, das Wasser zu zerlegen. Es kömmt auf der Erde in drei Gestalten vor, als Eis, tropfbar flüssiges Wasser und als Dunst. Als Eis liefert es nicht einen unmittelbaren Lebensbedarf, als tropfbares Wasser ist es Getränke und Badmittel, und als Dunst wird es unaufhörlich eingeathmet und durch die Oberfläche lebender Wesen eingesaugt. Das Wasser ist in ungeheurer Menge auf der Erde vorhanden, und ist in unaufhörlicher Bewegung und Wandlung begriffen. Es sendet bei jeder uns bekannten Wärme, selbst als Eis, Dünste in die Luft, und stürzt aus derselben wieder als Regen, Schnee, Hagel, Thau nieder, und sikert in die Erde, quillt aus ihr hervor, und rinnt als Quelle, Bach, Fluß, Strom dem Meere zu. Der Dunst, der als solcher unsichtbar ist, hat wie die Lüfte eine Spannkraft, die bei höherer Wärme größer ist, und bei Erhizung ungemein groß werden kann. Diese Spannkraft aber hat eine Grenze, über die hinaus sie nicht durch Zusammendrüken des Dunstes oder durch Zugabe neuer Dünste erhöht werden kann, ohne daß ein Theil dieser Dünste sogleich in den tropfbaren Zustand übergeht. Diese Spannungsgrenze ist bei größerer Wärme weiter als bei geringerer, daher Dünste, wenn sie erkältet werden, zum Theile in feinen Wasserstaub übergehen, der sich als Thau an kältere Körper ansezt, oder als Nebel und Wolken in der Luft ist. Mehrt sich der Wasserstaub in der Luft, so fließen die Tröpfchen zusammen und fallen als Regen herab, oder sie bilden kleine Kristallchen, die sich an einander schließen, und als Schneeflocken hernieder kommen. Die Entstehung der oft sehr großen Hagelkörner ist noch nicht völlig ergründet, sie scheint auf einem elektrischen Vorgange zu beruhen.

Wie für alles Leben so auch für den Menschen ist der Werth des Wassers unermeßlich. Es ist in allen Theilen unsers Körpers, und waltet dort rein als solches, oder auch seine Bestandtheile. Wir erwähnen hier insbesonders seiner Eigenschaft, viele feste Körper in flüssige verwandeln zu können (aufzulösen), durch welche Eigenschaft es abgenüzte Stoffe unsers Körpers fähig macht, ausgeschieden werden zu können. Jedem wird klar sein, daß das Wasser am heilsamsten ist, wenn es rein ist. Unrein wird es durch Stoffe, die es auf seinem Wege durch die Erde findet, und auflöst, besonders Salze, in welchem Falle wir es hartes Wasser nennen. Wenn hartes Wasser verdünstet, läßt es die Salze zurük, und der Dunst gibt weiches Wasser. Daher ist Regenwasser weich, und das salzige Meer gibt Dünste, die weiches Wasser liefern. In der Erde läßt der Granitboden das weichste Wasser aus sich rieseln, also das gesundheitszuträglichste.

Unrein wird Wasser auch durch Stoffe, die in ihm schwimmen, z. B. feine Erdtheilchen wie in den meisten Flüssen. Höchst verderblich wird das Wasser, wenn pflanzliche oder thierische Ausscheidungen oder Verwesungsstoffe in ihm aufgelöst sind oder schwimmen. Im Wasser ist immer auch unsere gewöhnliche Luft, welche natürlich nur heilsam wirkt. Dann ist oft kohlensaure Luft in ihm, der man Heilkräfte zuschreibt. Die meisten Lüfte aber dürften das Wasser schädlich machen.

Wie verfährt nun der Mensch mit dem unschäzbaren Kleinode des Wassers? Die Römer bauten mit dem Aufwande von Millionen Anstalten, sich gutes Wasser oft aus großen Fernen zuzuleiten. Ueberhaupt schäzte das Alterthum gutes Wasser sehr. Was thun wir? Wir graben in den meisten Fällen ein Loch in die Erde, und trinken das Wasser, das wir da finden. Auf Bergen und besonders im Granitboden mag das hingehen. In Niederungen ist ein solcher Brunnen wenig mehr, als ein Sumpf. Liegt eine Stadt an einem Flusse, oder gar wie Linz zwischen zwei Flüssen, so ist es das Flußwasser, das die lokere Erde auf weite Streken hin durchdringt, welches getrunken wird, und welches, wenn es auch durch Seihung in der Erde seine schwimmenden Stoffe verloren hat, doch noch die aufgelösten Stoffe mit sich führt. Man kann aber denken, was ein Strom aus Städten und bewohnten Niederungen mit sich bringen mag. Da ferner in großen Städten der menschliche und thierische Unrath in verschiedener Menge in der Erde ist, und durch ihre Lokerheiten nach allen Richtungen hin sich verbreitet, so ist das Brunnenwasser auch mit Jauche durchsezt. Man verzeihe mir, daß ich den eklen Gegenstand nenne; aber Angesichts der Thatsache, die mit unserer Bildung, die wir erklommen zu haben meinen, so sehr im Widerspruch steht, und Angesichts der Dringlichkeit des Gegenstandes kann es nicht klar genug und oft genug gesagt werden. Zeuge dessen sind die Seuchen, die in Städten auch am Wasser den innigsten Helfer ihres Giftes finden, und in großen Städten tausende von Opfern dahin nehmen. Eigentlich sollte nur aus der Erde quellendes Wasser zugeleitet und verwendet werden, und wo es sein kann, Granitwasser. Wien schreitet jezt zur That, und will weiches Wasser in die Stadt leiten. Wir verweisen auf den vortrefflichen Vortrag des Professors Simony über diesen Gegenstand.

Habe ich den Vortheil, den Kirchschlag in Hinsicht von Licht, Wärme, Electricität und Luft gegen die Niederungen hat, genannt, so theilt es diesen Vortheil mit vielen Höhen: in Hinsicht das Wassers ist es fast einzig. Ich hoffe, im nächsten Sommer eine genaue Zerlegung dieses Wassers veranlassen und vorlegen zu können, bisher ist mir keine solche zugänglich geworden. Wohl aber sind schon Untersuchungen desselben geschehen, die vorliegen, und sehr verläßlich sind. Das Wasser hat 5° R. und nur $2\,^3/_{10}°$ Härte, ist also weicher als das berühmte Gasteiner Wasser, welches 5° Härte hat. Nach zweistündigem Kochen ist es noch immer ungetrübt, und hat eine Härte von $2\,^2/_{10}°$. Nur noch in Schweden sollen Wässer ähnlicher Art von fast chemischer Reinheit vorkommen. (Schreinzer Jahresbericht der Oberrealschule 1854.) Wer nun den unermeßlich heilsamen Einfluß des reinen Wassers in Verbindung mit reiner Luft auf unsern Körper, wenn beides auf gewöhnlichen Wegen gebraucht wird, kennt (von den stürmischen Einwirkungen mit Wasser auf den Körper rede ich nicht, da ich hierüber durchaus kein Urtheil habe), und wer bedenkt, daß die neue Zeit diesen Dingen immer mehr Aufmerksamkeit zuwendet, wie ja schon zahlreiche solche auf gewöhnlichen Gebrauch gerichtete Heilpunkte in der Schweiz sind, der wird ermessen, daß Kirchschlag zu einer Stelle europäischer Bedachtnahme bestimmt ist, und wird sich nur wundern, daß bisher noch nicht die Bedingungen zu Stande gebracht sind, die Güter dieses Berges zu verwenden, wie sie verwendet werden könnten.

VI.

Da ich nun bezüglich des Lebens und Gedeihens der Menschen auf dem Kirchschlagberge über verschiedene äußerliche Dinge gesprochen habe, will ich auch von innerlichen reden, die nicht minderen, vielleicht noch größeren Einfluß auf unser Dasein nehmen. Wer weiß nicht, wie sehr Gefühle den Körper heben oder zerstören können. Oben an als Wohlthat stehen die religiösen Gefühle, Gottvertrauen, Gottergebung, Zuflucht zu Gott. Es kömmt mir nicht zu, hievon zu sprechen, jeder kömmt mit seinem Gewissen hierin zurecht, und höhere Gewalten haben dieses Gewissen zu leiten. Aber von einem Andern will ich sprechen, was nach der Religion am zartesten unser Herz beseligt, und was wie die Religion auch das Göttliche bringt, nur im Gewande des Reizes, nehmlich das Gefühl des Schönen. Alle Menschen haben dieses Gefühl, von dem stumpfesten an, der an einem rothen Lappen Freude hat, bis zu dem weisen, der den Sternenhimmel betrachtet.

Was ist Schönheit? Männer der ältesten und jüngsten Zeiten haben sich bestrebt, die Frage zu beantworten. Sie sagen: schön ist, was unbedingt gefällt, oder, schön ist das Göttliche, das dem Sinne erscheint, oder noch Anderes. Aber die Sache scheint von dem Worte schön hier nur auf andere Worte übertragen zu sein. Etwa ist es mit der Schönheit wie mit tausend Dingen, die wir haben und genießen, ohne zu wissen, was sie sind. Sicher ist, daß das Gefühl für Schönheit ein Gefallen ist, und daß wir die Schönheit durch den Sinn wahrnehmen. Und so haben wir sie, und jeder hat eine andere. Je mehr das Gefühl für Schönheit angeboren und durch sich und durch Kenntnisse etnwickelt ist, desto höhere empfinden wir, und desto höher empfinden wir sie. Wenn man den Sternenhimmel betrachtet, und wenn man weiß, daß das Licht, welches in der Sekunde einen Weg von 40.000 Meilen macht, von manchen Sternen zu uns her Jahrtausende braucht, wenn man weiß, daß eine Million Erdkugeln in der Sonne Platz hätten, oder daß die Erde sammt ihrer Mondbahn in der Sonne +Raum fände, wenn man weiß, daß unser ganzes Sonnensystem mit seinen entferntesten Planeten in der Höhlung des Sternes Capella unbeirrt wohnen könnte, wenn man weiß, daß der Nebelring der Milchstraße aus lauter Sonnensistemen in ungeheuerem Abstande von uns besteht, daß Lichtnebelfleke, die wir sehen, im Fernrohre wieder Sternsammlungen sind, noch ferner und vielleicht noch größer als unsere Milchstraße, wenn man mit dem Fernrohre in den tiefsten Fernen des Himmels wieder neue Lichtnebelfleke entdekt, und wenn man nun frägt, hat dieses Alles eine Gränze, und wenn man sich vorstellen will, daß außerhalb der Gränze der leere Raum fortgeht, und wenn man sich dies nicht vorstellen kann, und wenn man sich vorstellen will, das Weltall geht ins Endlose fort, und wenn man sich das auch nicht vorstellen kann: so steht eine Schönheit vor uns auf, die uns entzükt, und schaudern macht, die uns beseligt und vernichtet. Da hat menschliches Denken und menschliche Vorstellung ein Ende. Und doch kann auf der Spize des Berges unter der ungeheuren Himmelsgloke, wenn in klaren Winternächten die millionenfache und millionenfache Welt über unsern Häuptern brennt, und wir in Betrachtung unter ihr dahin wandeln, ein Gefühl in unsere Seele kommen, das alle unsere kleinen Leiden und Bekümmernisse majestätisch überhüllt und verstummen macht, und uns eine Größe und Ruhe gibt, der man sich beugt. Und wer das nicht empfinden kann, weil ihm die Entwicklung fehlt, der wird doch sanft bewegt, wenn in stiller Nacht der nahe Mond im Volllichte nieder scheint, und über Alles, so Wolken als Fluren, weithin das Silbernebellicht breitet, das fortdämmert, und schweigt. Und wenn die Lichtkönigin unserer Erde, die Sonne, am Morgen aufgeht, und am Abende untergeht, und wir unseren Augen das Schauspiel gönnen: welche Pracht von Farben und Gestaltungen, immer groß, immer herrlich, immer reizend, und nie das Gleiche. Und wer es unternimmt, dem unermeßlichen Leben unseres irdischen Himmelsgewölbes mit seiner Betrachtung zu folgen, das Blau des heitern Himmels anzusehen, immer die Einsamkeit, und immer ein anderes, auf die Wolken zu blicken, wie sie werden, sich gestalten, sich verändern, mit Lichtern oder sanften oder tiefen Schatten spielen, sich heben, thürmen, sich verbinden, sich trennen, sich ausbreiten, in ländergroßen Flächen dahin gehen, oder in Streifen und Faden verschwimmen, wie sich Nebel bilden, wogen, wallen; mit Bergen in Umarmung liegen, oder die Ebene als Meer bedeken, oder an der Bergspize als Wolken hinziehen, und das Angesicht des Betrachtenden streifen, wie sich Regen, wie sich Schnee, wie sich Thau und Reif bildet, wie Alles wechselt, lebt und wandelt: wer dieses ergründen wollte, dem würde für dieses scheinbar kleine Ding sein Leben nicht hinreichen. Dann sind die Gestaltungen der Fluren von dem Berge aus zu sehen, die unzählbaren Abwechslungen der Höhen und Hügel des untern Mihlkreises, die ausgebreitete Ebene, in der die Glanzstreifen der Donau und der Traun schimmern, und zum Schlusse in der Mittagsgegend der Gürtel der Alpen, von den Bergen, die im Mittage des Chiemsees stehen, bis zum Schneeberge und den

Höhen, die in die ungarische Ebene ausgehen. Es ist eine so sanfte Hoheit in diesen Gebilden, eine so edle Gestaltung und so reich, daß keine Linie der andern gleich und doch jede schön ist, eine so holde Stille in diesen gewaltigen Gebilden, und in der klaren Winterluft treten sie oft so scharf hervor, wie im Sommer kaum jemals, die Spalten glaubt man zählen zu können, mit einem Kanonenschusse glaubt man hinlangen zu können, und die Schneefelder des Winters lassen den Bau rein und sicher geführt hervortreten. Und wenn man mit dem Fernrohre durch den Bergzug wandert, so grüßt diese Welt erhaben und stumm und herrlich herüber. Den Freund solcher Dinge kann der Anblik stundenlang ergözen, und doch hat das Vergnügen kein Ende, es beginnt bei der nächsten Veränderung an dem nächsten Tage ja oft in dem nächsten Augenblike wieder.

Einer Erscheinung muß ich besonders gedenken. Im späten Herbste und im frühen Winter liegt oft der Nebel wochenlang, zuweilen noch länger, auf der Ebene, während auf dem Berge heller warmer Sonnenschein ist. Dann zeigt sich ein Schauspiel eigener Art. Die Grenze des Nebels ist wagrecht wie die Ebene eines Tisches. Gegen Ungarn und gegen Baiern hin ist sie von dem blauem Himmel gesäumt, gegen Steiermark hin von den Alpen. Ehe die Sonne aufgeht, ist die Oberfläche des ungeheuer hingedehnten Nebels bleigrau, wenn die Sonne aufgegangen ist, wird sie rosenroth, später aber schimmert sie den ganzen Tag wie funkelndes geschmolzenes Silber, an dessem Rande das scharfe Blau der Alpen steht, und wenn der Vollmond scheint, ist ein geisterhafter milder Glanz über die riesige Masse ausgegossen. Sind an einem Tage Wolken an dem Himmel, so legen sie blaue Schatteninseln auf das Silber, und es wird durch sie noch großartiger und lebendiger, und die Fläche scheint ausgedehnter zu sein. Außer dem Meere habe ich nie etwas Schöneres auf der Erde gesehen.

Eines Tages war die Ebene des Nebels in Bewegung. Wogen richteten sich empor, und blähten sich, daß der Oetscher wie ein Häufchen, das man in die Hand nehmen kann, daneben stand, Walzen wie unermeßlich riesengroße Thiere krochen
5 den Pfennigberg hinan, über Linz war ein Abgrund in den Nebel gerissen, dessen eine gegen uns herauf schauende Wand wie eine ungeheure steilrechte schwarze Mauer empor stand, am Rande mit weißem Schaume überschüttet, und rechts von dem Schlunde stieg eine Säule empor, unfaßbar an Größe des
10 Durchmessers und der Höhe, wie eine Wasserhose, die Länder verschlingen will, und oben breitete sich die Säule palmenartig aus, und wie ich das betrachtete, hob sich auch auf dem Berge der Wind, braune Nebel flogen vom Schauerwalde und der Giselawarte herüber, und deckten Alles zu, und sie flogen
15 vorüber, und Alles war wieder sichtbar, und wieder kamen verhüllende Nebel, und wieder gingen sie vorüber, und das geschah öfter, bis dauernde fliegende Wolken Alles auf immer verhüllten. Und der Anblick des Schauspiels dieses Morgens war für mich noch erhabener als der des Meeres.
20 Und wenn man in der Natur auch etwas klein nennen könnte, so würde ich sagen, daß sich die Menschen auf dem Berge noch an sehr vielen kleinen Dingen ergözen können: an den Bäumen des Waldes, wenn sie im Sommer in dem düsteren Grün, im Winter prachtvoll im Schimmer des Schnees
25 und Eises dastehen, an den Blumen der Wiesen, an dem Wallen der Getreide, an dem Gesange der Vögel, an Gras und Kraut und Pflanze bis zu dem lezten Steinchen herunter.

Die Menschen haben, da ihnen das Gefühl für Schönheit so eingepflanzt ist, auch versucht, selber Schönheit hervor zu
30 bringen. Sie haben die Künste erfunden: Dichtkunst, Tonkunst, Malerei, Bildnerei, Baukunst, Schauspielkunst und so fort bis zu der Kunst herunter, den eignen Leib mit Gewändern zu schmücken. Die Künste ahmen die Natur nach, die

menschliche und außermenschliche, und weil in den Künsten
das Schöne der Natur beschränkter, kleiner, und nur von
Menschen hervor gebracht erscheint, so wird es von den
meisten Gemüthern viel leichter aufgefaßt als in der Natur,
ja es ist ein sehr gewöhnlicher Weg, daß ein Mensch erst aus
dem Empfinden der Schönheit in der Kunst zum Empfinden
der unendlich größeren Schönheit in der Natur hinüber geführt wird.

Und so ende ich meine Winterbriefe, da ja der Frühling
schon in aller Pracht bei uns ist. Möge mancher Mensch, dem
es nicht um die Unterhaltung in der Stadt allein zu thun ist,
ein Körnchen Gutes darin gefunden haben, und möge der Berg
von Kirchschlag der Seele etwas näher gerückt sein. Er kann
noch vielen Labsal geben; aber man bedenke, daß er es nicht in
einigen Stunden oder einigen Tagen gibt, sondern ein freundschaftliches Zusammenleben mit ihm fordert, das er aber dann
auch sicher vergilt.

⟨90.⟩ KAISER MAXIMILIAN

Es sei einem Manne, der einen großen Schmerz über das empfindet, was jenseits des Oceans geschehen ist, gegönnt, einige Worte über das Ereigniß zu sprechen. Es ist nun gewiß, daß Maximilian, der Kaiser von Mexico, durch die Hände der Republicaner den Tod gefunden hat. Als Maximilian, ein Sprosse des österreichischen Kaiserhauses, die dargebotene Krone von Mexico annahm und in dieses Reich abreiste, haben manche Oesterreicher schweren Kummer gefühlt. Der Prinz Maximilian hatte sich die Aufgabe gestellt, dieses wundervolle Land in die Reihe der gesitteten Staaten einzuführen oder doch wenigstens durch Beendigung der Wildheit, die nun schon so lange über jene unglücklichen Erdstriche ausgelassen war, den Weg hiezu anzubahnen.

Welche herrliche, welche lockende Aussicht! Wenn Maximilian irrte, wenn die Lösung der Aufgabe nach der Wesenheit der Bevölkerung und nach anderen Umständen für die Kraft eines Mannes unmöglich war, so liegt dieser Irrthum einem großen Herzen mit großem Verstande näher als einem kleinen Herzen mit kleinem Verstande. Was groß ist, neigt dem Großen zu und wagt das Unglaubliche. Nur das Ende hat erst recht deutlich gezeigt, daß Maximilian von solchen Gedanken beseelt war. Als die Sache des Kaiserthums sich zum Ueblen wendete, als er das Land hätte ungefährdet verlassen können, that er es nicht, er harrte in demselben aus.

Maximilian täuschte sich nicht in der Gesinnung seiner Gegner, er wußte, was ihm bevorstehen könne, falls der unglücklichste Ausgang einträfe. Aber dennoch blieb er. Wer bloß das leibliche Wohl und den Nutzen vor Augen hat, der tadelt ihn, daß er nicht fortgegangen ist; aber die erfüllte Kaisertreue steht höher als das Leben, und nun er durch seine That jugendliche Herzen entzündet und begeistert und zu erhabenen Gedanken und hoher Pflichterfüllung führt, so ist das in unserer Zeit, die nach Geld und Gut und sinnlichem Genusse strebt, mehr werth als hundert eroberte Königreiche, so wie Hagen in dem großen deutschen Liede mit seinem Könige in den Tod geht, obwohl er weiß, daß ihm der Tod bevorsteht, und so wie der König den Tod vorzieht, ehe er Hagen opfert, welche Mannestreue und Königstreue das Lied hoch über andere emporhebt.

Als Maximilian nicht durch Waffen bezwungen, sondern von dem, welchem er vertraut und welchem er Wohlthaten erwiesen hatte, verrathen und verkauft worden war, übten seine Feinde Rache und nahmen ihm das Leben. Haben sie ihren Zweck erreicht, haben sie sich ein Gut und ihm ein Uebel zugewendet? Nein. Haß und Abscheu der ganzen Erde lastet nun auf den Mördern, und Weiteres wird folgen; eine Regierung, die solches thut, ist keine Regierung und die Stunde wird bald schlagen, daß das unglückselige Land aus ihren blutigen Händen genommen und jetzt weit eher und sicherer dem entgegengeführt wird, was das Vermächtniß Maximilians ist, der Gesittung und der Besserung.

Hätten sie den Kaiser an das Meeresufer geführt und nach Europa geschickt, so hätte er ein gedrücktes Leben fortgelebt, dem sein tiefster Inhalt zertrümmert worden ist; jetzt aber steht er siegesglänzend da, eine Gestalt, die in den Herzen aller Menschen dieser Erde lebt, die ein Gefühl haben, eine Gestalt, die wie die schönsten des reinen Ritterthumes ist, eine Gestalt,

welche die Geschichte verherrlichen wird, eine Gestalt, zu der
der Künstler und Dichter emporschaut, sie seinem Volke zu
verklären, eine Gestalt, die in den Gesängen der Zeiten blühen
wird, wie die alten Helden in den alten Liedern blühen, eine
Gestalt, die immerwährend die emporstrebenden Seelen lehren wird, daß es etwas höheres gebe, als das bloße Leben und
den Genuß im Leben. Möge diese Betrachtung, so wie sie
meinen Schmerz lindert, einen Tropfen Labung in die Herzen
der erhabenen Eltern des hohen Todten bringen, in die Herzen
seiner Geschwister und Angehörigen, in die Herzen, die in
Oesterreich, die in Europa, die in jedem Welttheile um dieses
Leben trauern.

Das Vorhaben der Historisch-Kritischen Ausgabe
der Werke und Briefe Adalbert Stifters
wurde von der Fritz Thyssen Stiftung
und vom Freistaat Bayern
sowie von
der Österreichischen Akademie der Wissenschaften,
der Oberösterreichischen Landesregierung und dem
Adalbert-Stifter-Institut des Landes Oberösterreich
gefördert.

Alle Rechte vorbehalten
© 2010 Verlag W. Kohlhammer GmbH Stuttgart
Gesamtherstellung:
W. Kohlhammer Druckerei GmbH + Co. KG, Stuttgart
Printed in Germany.

ISBN 978-3-17-015884-9